本书受到教育部人文社会科学研究青年基金项目“朗西埃平等主义哲学的批判性研究”（20YJC720004）、安徽省高等学校高峰学科安徽师范大学“马克思主义理论”学科的经费资助

经典诠释视域下的《历史与阶级意识》

单传友◎著

人民出版社

序　言

明年是卢卡奇的《历史与阶级意识》一书出版100周年。单传友的《经典诠释视域下的〈历史与阶级意识〉》现在呈出版社，可望在明年(2023年)正式推出。作者选择这样一个时间节点，大概是出于这样的动机：以此纪念卢卡奇的这一具有划时代意义的著作在世界上广泛流行100周年。

单传友是2011年进入复旦大学哲学学院攻读当代国外马克思主义方向的博士学位的，我是他的导师。在决定撰写博士论文的主题时，我与他发生了分歧，甚至争执。我根据他已有的学术成果以及当时学术界，特别是西方马克思主义学术界的热点，给他选择了一个主题。但他就是不从，他反复提出要重点研究卢卡奇，并以评述卢卡奇作为博士论文的方向。我当时用研究卢卡奇的人太多，已经达到了很高的研究层次，要突破、要研究出新意来实在太难为理由，来说服他。他则这样反驳我：我到复旦大学来主要是为了掌握西方马克思主义，乃至整个马克思主义的基本理论的，我认准，只要真正透彻理解了卢卡奇的作为西方马克思主义"圣经"的《历史与阶级意识》的基本思想，也就等于大致把握了西方马克思主义，而把握了西方马克思主义，又有利于我掌握整个马克思主义。所以，我要通过撰写博士论文，真正把卢卡奇的这一代表作弄懂弄通。见他态度如此坚决，我也改变主意支持他。于是，连续几年，我与他一起潜心研究卢卡奇的这一著作，把我几十年所积累的关于卢卡奇思想的一些感悟和心得毫无保留地传递给他。后来，他研究卢卡奇的博士论文终于写成,在答辩时受到了众专家的好评。现在推出的这一著作就是在他的博士论文基础上改写而成的。

现在看来,单传友当年执意研究卢卡奇,执意以卢卡奇为题撰写博士论文,这一选择是正确的。后来我发现,正因为他通过研究卢卡奇,撰写了研究卢卡奇的博士论文,从而打下了很坚实的西方马克思主义乃至整个马克思主义的理论根基。有了这样一个基础,他走上工作岗位以后,进行学术研究就显得特别的从容与扎实。他从复旦大学获得博士学位已有快 10 年了,纵观他近 10 年的学术道路,是十分成功的。最近他发表的一篇学术文章,竟然被《新华文摘》、《中国社会科学文摘》、人大复印资料等同时全文转载。细看他的学术文章,有一个特点就是尽管研究的是现实问题,但学术性很强。我总把他学术上的成功与当年执意研究卢卡奇联系在一起。

单传友在我脑海里是一个十分固执的学生。这种固执不仅表现在对博士论文主题的选择,更体现在对工作去向的选择。实际上,博士毕业时他"搞学问"的潜能已有所体现,所以,我的一些同事都建议我想办法把他留在身边,留在上海。我也数次把我们的意图告诉了他。但是他根本没有这个打算,他一心想回到安徽芜湖,到那里的安徽师范大学去当个教师。在那里工作数年后,我发现他在学术上发展得不错,总感到那里的"平台"对他来说可能太小了。于是我就千方百计地想办法把他从那里"拔"出来。那时正好复旦大学马克思主义学院要招聘年轻有为的人才,我好不容易说服他来复旦大学应聘。复旦大学的应聘面考是十分严格的,结果 10 余位名师竟然一致投了赞成票引进他。这下子我以为他可以到复旦大学来与我们一起进行学术研究了。可实在没有想到的是,没过多久,他竟然回复我:感谢母校对他的信任与支持,但他还是想继续在芜湖的安徽师范大学工作。回想数十年来我的学生的工作去向选择,总的来说有两种:一种选择去大城市,去名校;另一种选择去中小城市,去一般的高校。事实告诉我,后一种选择并不意味着前途暗淡。我的数位去中小城市的学生后来都发展得很好,其中就有单传友。

可以预料,明年国内学界,特别是当代国外马克思主义学术界,会围绕着卢卡奇的《历史与阶级意识》一书撰写一系列学术文章，加以纪念。但我相信，即使会出现许多研究卢卡奇的《历史与阶级意识》的学术文章和著作，单传友的这本书会具有特殊的地位，产生深远的影响。该著开创了研究卢卡奇的《历史与阶级意识》的新境界，其新意主要表现在以下三个方面。

1. 研究了新文本。1923 年，卢卡奇出版了《历史与阶级意识》，1924 年就受到了共产国际第五次代表大会的批评。一般认为，面对这种批评，卢卡奇并没有反驳，而是进行了自我批评，但 1996 年出版了卢卡奇的《尾巴主义与辩证法——捍卫〈历史与阶级意识〉》。这表明实际上在 1925 年到 1926 年期间，卢卡奇也进行了反批评，捍卫了《历史与阶级意识》。这个文本的出现为研究《历史与阶级意识》提供了新材料，但这一文本（尚无中译本）尚未引起中文学界的重视。在这个文本中，卢卡奇明确指出了《历史与阶级意识》的思想主旨，其“关于马克思主义辩证法的研究”（《历史与阶级意识》的副标题）就是要证明无产阶级政党是马克思主义辩证法的逻辑必然结果。这一判断为正确理解《历史与阶级意识》的理论主题提供了基本遵循。从主要内容来看，卢卡奇在这本书中主要回应了两个问题：一是主观主义问题，二是自然辩证法问题。针对主观主义问题，卢卡奇认为，对他的批评并不合理，认为他陷入了主观主义实际上未能理解革命过程中主观与客观之间的相互作用，未能充分理解列宁的时机理论；针对自然辩证法问题，他指出他并不是简单地反对自然辩证法，而是主张自然是一个社会范畴，不能脱离社会历史辩证法来讨论自然辩证法。卢卡奇的这本捍卫之作为我们重新理解《历史与阶级意识》提供了文本依据。

约翰·里斯（John Rees）在这本书的英文版导论中指出，这本书至少在三个方面改变了人们对《历史与阶级意识》的传统观点。其一是传统观念认为，作为西方马克思主义开创者的卢卡奇最根本的特征就是制造了政党组织理论与社会批判理论（异化、商品拜物教）的分离，但事实并非如此。从物化、异化、商品拜物教等角度讨论《历史与阶级意识》的思想遗产实际上是对卢卡奇思想主题的背离。其二，人们通常认为《历史与阶级意识》时期的卢卡奇还处在早期“激左”阶段或“浪漫地反对资本主义阶段”，但捍卫之作表明，《历史与阶级意识》已经告别了早期阶段，已经对早期“激左”思想进行了反批评。其三，卢卡奇捍卫了他的“被赋予的意识”概念。这个概念并不意味着无产阶级阶级意识与政党之间的分离或对立，而是强调了社会历史过程中主体与客体之间的相互作用，强调无产阶级政党走出尾巴主义，发挥历史主动精神，积极介入历史。齐泽克在卢卡奇捍卫之作的“后论”（postface）中指出，卢卡奇的捍卫是对他作为列宁主义哲学家立场的捍卫，卢卡奇并不与列宁主义对立，今天激进左翼事业依然需要汲取卢卡奇的思想遗产。这一切都表明我们不能忽视卢卡奇的捍卫之作，不能抛开这本书来研究《历史与阶级意识》。这个文本虽然已经出版数年，算不上什么新材料，但国内学界除了零星的介绍之外，并没有展开充分讨论，消化吸收其理论观点，这不能不说是一个缺陷。单传友的这本著作虽然也没有以卢卡奇的捍卫之作作为研究对象，但消化吸收了这本书的观点，权当抛砖引玉。

2. 运用了新方法。任何理论创新都离不开方法论的创新。不同的研究视角和方法，会形成不同的观点。阿尔都塞在《保卫马克思》中曾指出，马克思走出德意志意识形态的关键是问题结构的转变，是提问方式的转变。没有问题式的转变，就不可能有马克思思想的真正形成。这足见研究方式、研究范式对于科研创新的重要意义。单传友在该著中借鉴了西方诠释学经典诠释的方法。经典诠释强调理解的历史性，任何理解总是受到诠释者前理解的影响。不同的视域会形成不同的理解。经典诠释本质上是一场对话。在这场对话中，文本、作者、诠释者都没有绝对的自主性，文本的意义总是在对话中不断地生成。“问题”在经典诠释中具有优先性，经典诠释的逻辑就是问—答的辩证法。经典诠释还具有应用性，任何经典诠释的本质意义都在于将诠释经验转化为实践智慧。

在经典诠释方法论的洗礼下，单传友指出，在诠释《历史与阶级意识》时，我们首先要抛弃回到卢卡奇的幻觉，我们不可能回到真正的卢卡奇，只能基于我们自身的前理解，在与卢卡奇视域融合的过程中，阐发卢卡奇思想的当代意义。其次,经典诠释的对话逻辑要求我们抓住核心问题。该著指出在《历史与阶级意识》中有两个核心问题。一是物化批判,二是历史哲学。对这两个核心问题的诠释构成了两条主线,也构成了该著三篇的主体框架,使三个篇章具有了形散神不散的特征。最后,经典诠释的应用性要求我们基于自身的历史语境阐发文本的当代意义,从文本及其诠释的历史经验中汲取思想营养。这是经典诠释的思想主旨,也是该著的落脚点。

3. 作出了新诠释。该著从经典诠释的角度讨论了《历史与阶级意识》的问题结构。法兰克福学派和当代西方激进哲学各执一端。法兰克福学派从理性批判的角度阐释了物化问题,将物化批判理解为工具理性批判、生活世界殖民化、承认的遗忘。该著不仅在历史语境中分析了法兰克福学派物化批判的理论嬗变,而且指出了其规范批判的方法论路径。以齐泽克为代表的当代西方激进哲学则基于卢卡奇的捍卫之作,接续了历史哲学的主题,但该著指出齐泽克对历史哲学向度的阐释,解构了历史的必然性,将无产阶级的普遍性理解为空洞的普遍性、彻底的否定性。这种诠释具有明显的浪漫主义色彩。

该著的最后部分指出,面对国外马克思主义对《历史与阶级意识》的两条诠释路向,我们不能停留在理论评述层面,还应该积极参与这场对话。作者指出,卢卡奇的历史哲学思考的是如何超越物化阶段,如何超越物的依赖基础上的人的独立性阶段,走向人的自由全面发展。关键是无产阶级阶级意识的觉醒,落脚点是无产阶级政党的组织领导,而法兰克福学派和当代西方激进哲学都回避了这个最重要的问题。在作者看来,从理论上说,卢卡奇关于历史哲学的分析无疑是正确的,关于坚定无产阶级政党的领导无疑是正确的。问题的关键在于我们不能停留在理论分析层面。我们需要做的是在实践层面将马克思主义辩证法具体化。作者从中西早期马克思主义比较的角度出发,指出早期中西马克思主义面对共同的历史境遇,也都受到十月革命精神的鼓舞,中国马克思主义成功的原因在于将马克思主义与中国具体国情结合起来,分析中国特定社会经济结构,采取具体的路线方针政策,组织群众,建立真正的统一战线。虽然囿于研究主题的限制，作者并没有对这个问题展开充分讨论，但中西马克思主义的比较研究路径的确值得深入探讨，我也期待作者能够沿着这个思路继续展开研究。

是为序！

陈学明

沪上复旦

2022 年 7 月 16 日

目　　录

中篇　法兰克福学派对物化批判的当代诠释

导论　多维视角下的卢卡奇

卢卡奇是西方马克思主义的主要开创者，但特殊的人生经历使他的思想成为谜一样的存在，这或许就是一位伟大哲学家的思想命运。G.M.塔马什在《从未结束的卢卡奇争论》中指出，卢卡奇受到右翼的批判，但同时也受到了左翼的批判，卢卡奇可谓是左右不逢源。① 卢卡奇的一生就是不断批判和自我批判的一生，就是在矛盾中不断发展的一生，就是在曲折中不断前进的一生。这或许就是马克思主义辩证法在他身上的体现。最近几年，匈牙利右翼势力掌权，他们试图消除卢卡奇的思想影响。2017 年 1 月，布达佩斯议会决定将该市中心广场的卢卡奇塑像移走。不仅如此，2018 年 2 月，匈牙利科学院宣布关停卢卡奇的档案馆，查收全部资料。这些举动试图消除卢卡奇的思想影响，引发了学界的强烈批评，也点燃了人们研究卢卡奇的热情。从国内外学术史的角度讨论对《历史与阶级意识》的经典诠释，不仅有助于客观把握学界的研究动态，而且有助于反思我们自身的研究立场、研究方法和研究视域。

一、国内外研究的学术史考察

1923 年，卢卡奇出版了《历史与阶级意识》，但在 1924 年共产国际第五次代表大会上，卢卡奇和科尔施受到了共产国际的尖锐批评。这本西方马克思主义的奠基之作也就开始了它的坎坷命运。虽然人们一直以秘密的方式在阅读和学习，但一直到了 20 世纪六七十年代，这本著作才被

---

① ［匈］G.M.塔马什：《从未结束的卢卡奇争论》，载燕宏远：《沉思与批判——卢卡奇走向马克思的道路》，社会科学文献出版社 2020 年版，附录三，第 461—463 页。

允许再次公开出版。学界也才开始展开系统研究。

1. 国外研究的学术史梳理

20 世纪七八十年代,英语世界出版了一系列研究专著和论文集,代表性的有吕西安·戈德曼的《卢卡奇与海德格尔:走向一种新哲学》,汉纳·阿拉托和保罗·布赖恩斯的《卢卡奇与西方马克思主义的起源》,迈克尔·罗伊的《卢卡奇:从浪漫主义到布尔什维克主义》,马丁·杰伊的《马克思主义与总体性:从卢卡奇到哈贝马斯的概念历险》,阿格尼丝·赫勒主编的《卢卡奇再评价》论文集等。[①] 这些论著从不同角度研究了卢卡奇思想的历史背景、发展历程,卢卡奇对西方马克思主义和东欧马克思主义的影响等问题,代表了 20 世纪七八十年代西方学界研究的总体状况。

戈德曼认为,卢卡奇与海德格尔都受到了新康德主义西南学派的影响。这个学派演变形成了两条路向:一条是现象学和存在主义,另一条是卢卡奇和卢卡奇学派(Lukács and the Lukácsian school)。[②] 卢卡奇与海德格尔的思想存在着异同点。首先,两者都继承了黑格尔主义反对先验主体的传统。卢卡奇和海德格尔在批判传统西方哲学主客二分模式上具有相似性。卢卡奇借用了黑格尔和马克思的思想资源,而海德格尔则对此在进行了存在论分析。存在都是在世之在,主体没有绝对的优先性,此在总是与对象相关联,总是与总体相关联。其次,两者的核心思想相通。海德格尔在《存在与时间》中对存在和此在的根本性分析与卢卡奇的两本著作具有相似之处。在《心灵与形式》中,卢卡奇同样分析了此在的局限性和与之相对的本真性。在《历史与阶级意识》中,卢卡奇分析了总体性,这与海德格尔的存在概念相对应。卢卡奇对物化、物化意识的分析也类似于海德格尔的现成状态、非本真性概念。卢卡奇由商品拜物教批判

① 其他相关研究有 G. H. R. Parkingson, *Georg Lukács*, London: Routledge, 1977. Andrew Feenerg, *Lukács, Marx and the Sources of Critical Theory*, Oxford: Martin Robertson, 1981. Lee Congdon, *The Young Lukács*, North Carolina: The University of North Carolina, 1983. Tom Rockmore, *Lukács Today*, Dordrecht: Dreidel, 1988.

② Lucien Golgmann, *Lukács and Heideggger, Towards a New Philosophy*, London: Routledge, 1977, p.2.

所得出的物化概念与海德格尔所分析的现成状态具有相似之处。最后，两者的差别主要在历史理论。对海德格尔来说，历史主体是个体。而对卢卡奇来说，由于综合了黑格尔和马克思，历史主体就是超越个体的集体主体，也就是无产阶级。由此还产生另外两个问题。其一，对于卢卡奇而言，历史具有进步和退步的意义。而对海德格尔而言，历史只有本真性和非本真性维度，没有进步论意义。其二，两者都认为实证主义不可能理解历史行为。对于海德格尔和卢卡奇而言，历史知识和历史行为只可能是哲学的或者本体论的。

汉纳·阿拉托和保罗·布赖恩斯认为，卢卡奇的物化理论系统地构建了辩证的社会理论。① 这开启了西方马克思主义的思想传统。卢卡奇的物化批判综合了社会学分析、实践哲学和历史理论三个主要方面。社会学分析主要综合了韦伯的合理化理论和马克思的商品拜物教批判。实践哲学意味着卢卡奇在马克思主义语境中重建了德国古典哲学。卢卡奇将主体与客体的同一性重构为历史实践的主体。历史理论是通过实践哲学中介的。在《历史与阶级意识》中，卢卡奇从异化劳动、资产阶级科学中的总体物化、资产阶级哲学社会科学中的物化意识三个层次对物化展开了系统分析。物化批判所依托的是主客体同一的辩证法。主体与客体的同一性源于德国古典哲学。这意味着所有实体都是主体活动的产物。这是实践哲学的逻辑结果。但无产阶级的存在又是社会的客观现实，"从社会学的角度来看，社会学意义上的被剥削的、受屈辱的阶级和从概念辩证法上将这个阶级视为同一的主客体结合在一起并不等于革命的实践。面对物化，面对历史的不透明性和厚度，概念辩证法的灵活性很容易变成概念的神话学。"②这就必然带来了一个问题：概念辩证法与客观历史进程的不一致。卢卡奇的阶级意识辩证法试图填补这个鸿沟。具体而言：其一，个别无产阶级的物化意识和走向总体的阶级意识之间的鸿沟；

① Andrew Arato & Paul Breines, *The Young Lukács and the Origins of Western Marxism*, New York: The Seabury Press, 1979, pp.111–112.

② Andrew Arato & Paul Breines, *The Young Lukács and the Origins of Western Marxism*, New York: The Seabury Press, 1979, p.130.

其二,无产阶级劳动中内在的打破拜物教和革命理论之间的鸿沟。弥合两个鸿沟靠的都是不堪承受之重的自我逻辑。自我逻辑源于物化批判的总体化逻辑和德国古典哲学的神话。尽管这里有中介逻辑的铺垫,但这个鸿沟只有通过无产阶级自由的神话才能解决。这里排除了劳动和制度中主体间的相互作用,这就是卢卡奇理论上的缺陷。

迈克尔·罗伊在《卢卡奇:从浪漫主义到布尔什维克主义》中从革命的知识分子入手,分析了卢卡奇的思想转变过程。作者充分运用了历史唯物主义分析方法,更进一步采取了"卢卡奇的卢卡奇主义分析方法"(a Lukácsian analysis of Lukács)。这就是总体性的研究方法,具体而言:第一,任何一个作者的政治、哲学、美学和其他作品都是一个整体,都与作者的世界观有关,对《历史与阶级意识》的解读要与他的其他文本结合起来。第二,我们必须将作者的世界观理解为特定具体历史总体的一部分,必须放到具体的历史环境中加以考察。第三,对特定具体历史的研究必须放到整个世界历史过程中加以考察,必须从内在结构的整体出发,理解政治、经济和文化等各个领域的关联。根据这种总体研究方法,作者将卢卡奇放到了匈牙利的具体历史背景、整个资本主义的发展历程、卢卡奇所处的文化背景中考察了卢卡奇从传统知识分子转向革命思想家的过程。作者认为,从革命的政治哲学来看,《历史与阶级意识》在马克思主义发展史中具有独特的历史地位。因为其辩证地综合了存在与应该、价值与现实、伦理与政治、历史趋势与经验事实、最终目标和直接条件、主体意志和物质条件、未来和当下、主体与客体。①

约翰·里斯在《革命的代数学——辩证法与经典马克思主义传统》中指出,现代辩证法包含三个概念:总体性、变化和矛盾。总体是由特殊的具体所构成的整体,具体总是特殊的。整体与部分相互之间不可还原。总体并不是静止的,而是充满变化的。正如恩格斯所指出的那样,黑格尔辩证法的伟大遗产就在于指出了运动、变化和发展。辩证法总是在事物内部寻找运动、变化和发展的矛盾。矛盾意味着矛盾双方的不可还原性,

① Michael Lowy, *Goerg Lukács: From Romantism to Boleshevism*, London: NLB, 1979, p.171.

意味着只有辩证的综合才能超越矛盾自身。总体、变化和矛盾不仅是现实生活过程中辩证法的三个要素，也是我们分析事物的认识工具。马克思主义辩证法是唯物主义的辩证法。作者认为，马克思主义之后的辩证法试图从左边和右边恢复辩证法的黑格尔来源。这里的右边指的是将黑格尔的辩证法理解为决定论和宿命论，主要代表是普列汉诺夫的马克思主义。左边则试图恢复辩证法批判的、动态的方面，主要代表是卢卡奇和西方马克思主义。在里斯看来，这两个方面都忽视了马克思主义辩证法与工人自主运动的内在关联。①

马丁·杰伊在《马克思主义与总体性》中指出，卢卡奇的总体性概念源于《小说理论》。"在小说理论中，卢卡奇反对黑格尔将历史过程视为一个整体的乐观主义，相反，他同意费希特认为现代世界是一个绝对的恶。"②在《历史与阶级意识》中，卢卡奇转向了"自由的唯心主义"，这一点使他更加接近费希特，而不是黑格尔。这种接近与拉斯克对费希特的系统阐释有关。《历史与阶级意识》中的主体概念具有费希特主观行动主义色彩。这一点也与维科的"真理即成事"原则内在相关。人类创造了历史，因而能够认识历史。维科没有区分具体的历史主体，也没有将创造的过程仅仅理解为有目的的理性过程。卢卡奇同黑格尔一样认为，只有当普遍的主体以一种理性的方式创造历史，这个原则才能实现。这个集体的历史主体在其对象化中认识到自身。这里有一个原则：这个主体是历史的创造者，在对象性活动中认识到自身。卢卡奇的主体概念具有浪漫主义的表现主义色彩。卢卡奇思想中最具争议的概念是"被赋予的意识"。这个概念表明了卢卡奇承认理想的无产阶级作为历史的主体—客体与现实状况的鸿沟。在讨论无产阶级的意识层次时，卢卡奇借助了韦伯的"客观可能性"范畴，其与韦伯的新康德主义具有本体论的区别。客观可能性植根于社会的现实状况，其在逻辑上与客观现实相适应。因

① John Rees, *The Algebra of Revolution: The Dialectic and the Classical Marxist Tradition*, London: Routledge, 1998, pp.3-10.

② Martin Jay, *Marxism and Totality: The Adventures of a Concept from Lukács to Habermas*, California: University of California Press, 1984, p.105.

为现实最终是集体主体的实践对象化，在这个集体主体中，个体仅仅是组成部分。这样，被赋予的意识与经验意识之间的鸿沟越来越大了。卢卡奇的唯心主义在对待自然方面表现得更加明显。在这个方面，他深深地受到费希特、狄尔泰和精神哲学的影响。“卢卡奇对历史的强调多于自然，对主观意识的强调多于客观事物。他对无产阶级将会效仿激进分子的盲目自信，对表现主义总体观能够解决资产阶级文化二律背反的自信，所有这些都很明显地体现了 1917 年事件及其余波产生的乐观主义情绪。”①

《卢卡奇再评价》收录的主要是赫勒、乔治·马尔库什、费伦茨·费赫尔、米哈里·瓦伊达、山多尔·拉德洛蒂、加斯帕尔·M.塔马斯所共同撰写的八篇论文。该论文集关注的主要问题是如何评价卢卡奇后期的思想转向。在具体讨论中，这些东欧马克思主义者普遍高度评价《历史与阶级意识》的当代意义。比如，费赫尔明确指出，这本书的“出版是马克思逝世之后马克思主义哲学史上最重要的事件”②。瓦伊达认为，这本书和胡塞尔的《欧洲科学的危机和超验现象学》是当时两本最重要的著作，两者都表达了资产阶级文化危机。他们也高度认同东欧新马克思主义是卢卡奇的思想传人，尤其是他们的实践哲学就是对卢卡奇思想的继承。在这个思想前提下，他们对卢卡奇后期思想的转型展开了具体分析。费赫尔认为，这种转型并不完全是迫于外在的压力，而是源于现实条件的变化，无产阶级的主体革命已经不再可能。赫勒则认为，晚年卢卡奇用“类本质”取代了早期的阶级概念是其思想的自觉选择。这种自觉选择主要是受到了马克思《1844 年经济学哲学手稿》的影响。从总体上说，东欧马克思主义者批评了卢卡奇的《关于社会存在的本体论》。赫勒认为这本论著“接受了官方的唯物的概念武库”，充满了逻辑矛盾。马尔库什认为，对于卢卡奇来说，文化的问题就是生活的意义问题，这是卢卡奇一生

① Martin Jay, *Marxism and Totality*: *The Adventures of a Concept from Lukács to Habermas*, California: University of California Press 1984, p.118.

② ［匈］费伦茨·费赫尔：《卢卡奇的魏玛思想》，载［匈］阿格尼丝·赫勒主编：《卢卡奇再评价》，衣俊卿等译，黑龙江大学出版社 2011 年版，第 97 页。

唯一关注的问题，也是《历史与阶级意识》的思想主题。从这个角度讲，卢卡奇早期和后期思想也具有内在逻辑的一致性。

20世纪90年代，西方学界有两本讨论卢卡奇理性主义的代表性著作。汤姆·洛克莫尔在《非理性主义：卢卡奇与马克思主义理性观》中指出，卢卡奇是最重要的马克思主义哲学家之一。作者分析了卢卡奇的马克思主义理性观。马克思主义理性观是马克思主义核心问题之一。从马克思主义视角来看，非马克思主义思想和资产阶级思想都是非理性的，只有马克思主义才是理性的。作者认为，卢卡奇的马克思主义理性观受到了马克思恩格斯的影响，但更多地受到了新康德主义的影响。“拉斯克的新康德主义非理性观的确构成了卢卡奇批判非马克思主义哲学的思想基础。”①卢卡奇的基本观点是，非马克思主义者无法认识资本主义的社会结构，资产阶级政治经济学是非理性的。因为它的思想形式只能错误地把握对象，而马克思主义政治经济学可以把握社会现实，因此是理性的。亚诺什·凯莱门在《卢卡奇的理性主义》中探讨了卢卡奇的语言观、科学观、文学史和电影理论。作者认为，在《历史与阶级意识》中，卢卡奇就已经讨论了语言的物化问题。卢卡奇揭示了非理性主义与社会结构之间内在关联②。

进入新世纪之后，西方学界开始重新讨论《历史与阶级意识》中的物化批判主题。2019年，理查德·韦斯特曼出版了《卢卡奇的资本主义现象学：物化的再评价》。这是国外学界研究卢卡奇的最新论著。在该著的导论中，作者系统总结了国外学界卢卡奇研究的现状。作者认为，自20世纪六七十年代以来，学界的研究基本上没有改变对卢卡奇的总体判断。这就是卢卡奇高估了主体的能力，似乎主体能够推翻社会结构，从而解放全人类。这种基本判断包含五个理论要点。其一，卢卡奇假设了某种有机的社会主体，这种社会主体能够创造社会制度。例如，波斯顿认为，卢卡奇仍属于传统的马克思主义范式，也就是以劳动为批判前提的范

---

① ［美］汤姆·洛克莫尔：《非理性主义：卢卡奇与马克思主义理性观》，孟丹译，中国人民大学出版社2014年版，第65页。

② Janos Kelemen, *The Rationalism of Georg Lukács*, New York: Palgrave Macmillan, 2014.

式。无产阶级是劳动价值的创造者,也是社会关系的创造者。社会结构是集体主体的产物。这是传统的马克思主义以劳动为批判前提的理论范式,而不是以劳动为批判对象的的理论范式。其二,物化意味着客观的社会结构与社会主体的分离,并且破坏了主体。其三,卢卡奇相信无产阶级能够站在社会结构之外,推翻物化结构。其四,卢卡奇诉诸几乎神话般的主体力量,无产阶级几乎凭借一己之力就能够成为社会结构的创造者。这就走向了浪漫主义和唯心主义。其五,无产阶级革命失败使卢卡奇或者放弃主体的信仰,或者另寻他途。韦斯特曼认为,对卢卡奇的主体理论也有不同解读。例如,在安德鲁·芬博格看来,这样理解卢卡奇是有问题的。芬博格指出卢卡奇的物化和意识概念并不是一个认识论的概念,而是一个本体论的概念。卢卡奇的物化意识相当于文化概念,也就是整个社会的统一结构。文化是社会生活的共同结构。物化是一种错误的实践行为,而不是关于社会的错误认识,解放意味着使整个文化实践变得可以沟通和协商,而不是设定了一个外在于社会现实的主体。因此,在芬博格看来,卢卡奇并没有设定一个超验主体。芬博格的解读显然淡化了浪漫主义的表现主义色彩。

韦斯特曼基本同意芬博格的观点。在他看来,卢卡奇并没有将行为的主体理解为一种外在的拯救力量。在卢卡奇那里,主体与客体并不是外在的相互作用关系。事实上,在卢卡奇那里,主体与客体是相互关联的。主体并不是一个外在于社会现实的旁观者,而是由客观世界的特定形式结构所塑造的主体。韦斯特曼更加注重的是从胡塞尔和拉斯克的思想来解释卢卡奇的物化意识结构。作者认为,卢卡奇没有用认识论的思维方式将意识解释成一个知识概念,而是用"现象学的思维方式"将意识解释成为一个拥有自身范畴的、独特的本体论领域。这个领域不能被还原为任何一种比它自身更为基础的存在物。传统解释认为,卢卡奇依赖预先存在的主体推翻它所创造出来的客体。韦斯特曼则用现象学的方式论证了卢卡奇主体性理论的合法性,卢卡奇并没有依赖某种预先存在的自主的、自治的主体。

2. 国内研究的学术史梳理

从20世纪30年代开始，国内就展开了对卢卡奇的介绍性研究。1935年《译文》杂志第2卷第2期发表了卢卡奇的《左拉与现实主义》，这是中国学界第一次引入卢卡奇。张亮将国内学界卢卡奇研究分为三个时期。从20世纪30年代中期到改革开放之前是革命氛围内的政治误读阶段，二是1978年到1989年转型时期的视域转换和话语分离阶段。第三个时期是1989年之后的后革命时代研究热潮。① 改革开放之前，学界关注比较多的是卢卡奇的早期文学作品。改革开放之后，人们开始关注《历史与阶级意识》和中后期的美学②。鉴于国内学界的最新研究，我们可以将新世纪以来的卢卡奇研究理解为第四个阶段，这个阶段人们主要讨论的是物化问题。纵观这个四个阶段，我们可以看到，卢卡奇研究的核心问题是如何看待《历史与阶级意识》中卢卡奇的马克思主义立场问题。

卢卡奇的马克思主义立场是讨论最多、争议最多的问题。20世纪80年代就形成了两种对立观点。以杜章智为代表的一方，认为卢卡奇代表了马克思主义的基本方向，是对实践唯物主义的坚持和发展，而以徐崇温为代表的另一方则认为卢卡奇是反列宁主义的，是非马克思主义的。面对这个争论，学界展开了系统的讨论，代表性成果是张西平、孙伯鍨和张翼星的三本著作③。

---

① 张亮：《国内卢卡奇研究七十年——一个批判性回顾》，《现代哲学》2003年第4期。

② 代表性文献是《卢卡契文学论文选》第一卷，范大灿编译，人民文学出版社1986年版。《审美特性》第一卷，徐恒醇译，中国社会科学出版社1986年版。杜章智编：《卢卡奇自传》，社会科学文献出版社1986年版。张伯霖编译：《关于卢卡奇哲学、美学思想论文选译》，中国社会科学出版社1985年版。

③ 其他相关论著还有宫敬才：《卢卡奇的哲学思想》，台湾唐山出版公司1993年版。刘秀兰：《卢卡契新论》，西北大学出版社2000年版。刘卓红：《历史唯物主义新形态的探索——卢卡奇社会存在本体论研究》，人民出版社2006年版。周立斌：《卢卡奇的物化理论及其演变》，中国社会科学出版社2012年版。宋朝普：《卢卡奇对现代性的批判》，中国社会科学出版社2014年版。邹之坤：《历史辩证法——青年卢卡奇历史唯物主义思想研究》，中国社会科学出版社2015年版。罗纲：《浪漫主义哲学的力度与限度——卢卡奇与德国早期浪漫派的比较研究》，华南理工大学出版社2018年版。陆凯华：《悲剧的终结与新生：青年卢卡奇悲剧理论研究》，复旦大学出版社2018年版。

张西平在《历史哲学的重建——卢卡奇与当代西方社会思潮》中以历史哲学为分析框架讨论了《历史与阶级意识》的逻辑结构①。作者认为，卢卡奇将历史理解为马克思主义哲学的本体论基础。重建马克思主义哲学本体论是卢卡奇一生的追求。卢卡奇早期批判自然辩证法，偏离了恩格斯的思想，但在《关于社会存在的本体论》中，卢卡奇已经进行了思想校正。历史是实践活动的产物。实践是历史哲学的理论中心。作者认为，从总体上说，卢卡奇的实践概念是一个充满矛盾性的概念。一方面，实践统一了自然与历史，但另一方面，卢卡奇的实践概念蕴含着“错误的倾向”，其将人与自然的关系压缩到了人与人的关系中，缩小了实践活动的范围。人是实践活动的主体，由实践带来了人道主义问题。实践的人道主义是卢卡奇思想的主题。作者认为卢卡奇仍从属于黑格尔哲学，仍将物化等同于异化。卢卡奇的人道主义仍具有伦理人道主义的倾向，仍没有达到马克思现实的人道主义的高度。批判异化状态是卢卡奇浪漫主义地批判资本主义的理论特征。作者认为，卢卡奇第一次将浪漫主义与马克思主义结合起来，将浪漫主义马克思主义化，并深深地影响了法兰克福学派的启蒙理性、科技理性批判。但这种浪漫主义批判缺失了历史的维度，拒斥现代文明具有空想主义色彩。扬弃异化就是总体性的辩证法，就是历史的辩证法。总体性的辩证法是实践的辩证法。作者认为，卢卡奇凸显了马克思主义总体性范畴的理论地位，这具有重大理论意义，但这种总体性排除了自然，这就脱离了马克思具体总体性的轨道，滑向了抽象的总体性。实践活动取决于阶级意识的成熟程度，取决于突破“地位意识”的程度。阶级意识理论就成为卢卡奇思想体系的顶峰。但这也带来了阶级意识的“膨胀”，使其承担了不可承担的“重荷”。作者最后还从总体上评价了卢卡奇复活黑格尔主义马克思主义的思想路向。作者认为，从历史、主客体统一和总体性三个角度来看，卢卡奇将马克思主义黑格尔主义化了。

---

① 张西平：《历史哲学的重建——卢卡奇与当代西方社会思潮》，生活·读书·新知三联书店1997年版，第3页。

孙伯鍨在《卢卡奇与马克思》中以卢卡奇的《历史与阶级意识》和《关于社会存在的本体论》为文本依据，对比分析了卢卡奇与马克思研究中的十一个问题。在物化和异化的比较分析上，作者认为，卢卡奇将物化与异化相等同，而马克思区分了作为对象化的物化和作为异化意义上的物化，卢卡奇的物化理论脱离了唯物主义的基本原则。在自在之物和二律背反问题上，卢卡奇认为消除自在之物必须扬弃资产阶级社会的物化，卢卡奇否认自然辩证法，否认自然的优先性。在总体性与辩证法问题上，作者认为，卢卡奇指出了辩证法的总体性是正确的认识方法，但卢卡奇的辩证法陷入了意识的辩证法。马克思的辩证法强调了只有在生产力充分发展的基础上，才有个人的自觉联合，才能扬弃社会关系的异己性和独立性，人才能上升为历史的主体。在理论与实践的统一问题上，卢卡奇采用了黑格尔式的思辨逻辑，而不是现实历史的客观逻辑。在历史的主体性问题上，作者认为，卢卡奇忽视了无产阶级革命必须面对的各种外部环境的复杂性，卢卡奇带着一种浪漫的情调看待无产阶级，从而把现实的无产阶级理想化了。作者认为，在《关于社会存在的本体论》中，卢卡奇修正了《历史与阶级意识》中的唯心主义错误。在该文本中，卢卡奇坚持了物质本体论，承认自然辩证法，承认自然辩证法与历史辩证法的不可分割。在劳动模式论上，卢卡奇分析了作为目的论设定的劳动、作为社会实践模式的劳动和劳动中主客体关系。在方法论上，卢卡奇强调了劳动对“类”形成的关键作用，但这抽象掉了人的社会性。在异化问题的分析上，卢卡奇摆脱了早期人本学的异化观，过渡到了从客观历史出发的辩证异化观，从历史辩证法的观点来考察异化问题。劳动、合类性和异化问题是《关于社会存在的本体论》的框架，劳动是全书的理论基础，合类性是贯彻始终的线索，异化则是全书的落脚点和归宿。[①] 在价值问题上，卢卡奇正确阐明了存在与价值的对立统一关系，在存在优先性基础上阐明了价值的历史起源、社会地位和功能作用。

应该说，前两本著作系统分析批判了卢卡奇的理论得失，但总体上是

① 孙伯鍨：《卢卡奇与马克思》，南京大学出版社 1999 年版，第 382 页。

以批判、否定为主，尤其是对《历史与阶级意识》基本以批评为主。这就有了张翼星的为卢卡奇辩护。在《为卢卡奇申辩——卢卡奇哲学思想若干问题辨析》中，张翼星系统地梳理和总结了关于卢卡奇研究的十二个问题。第一，对《历史与阶级意识》的基本评价问题。作者认为，该书是一部具有理论意义上的马克思主义著作，并不是理论上的修正主义。第二，卢卡奇与一般“西方马克思主义”者的区别问题。作者认为，卢卡奇并不与列宁主义对立，而是列宁主义的思想传人，卢卡奇坚持了理论与实践的统一。这两点与一般意义上的西方马克思主义不同。第三，卢卡奇是否把马克思主义黑格尔主义化的问题。作者从总体性、物化和历史三个概念展开分析，得出了基本结论：卢卡奇恢复了马克思主义辩证法，保留了黑格尔思想的影响，但没有把马克思主义黑格尔主义化。第四，卢卡奇是否将马克思主义哲学与唯心主义思想折衷结合问题。作者认为，卢卡奇虽然注重西方哲学遗产，但明确反对将马克思主义与唯心主义流派折衷结合起来。第五，如何评价卢卡奇的总体性问题。作者认为卢卡奇的总体性思想不同于黑格尔，也不与列宁的辩证法相对立，并没有偏离唯物史观。第六，卢卡奇是否使方法离开了马克思主义立场、观点问题。作者认为，卢卡奇并没有将方法论与马克思主义立场、观点相分离。第七，如何看待卢卡奇批评自然辩证法和反映论问题。作者认为，卢卡奇反对将辩证法扩展到自然领域和反映论，这是理论上的失误，但与卢卡奇对马克思、恩格斯和列宁的高度评价相比，这种批评并不占据主导地位。这种失误瑕不掩瑜。第八，卢卡奇与列宁主义的关系。作者认为，卢卡奇在十月革命、一国建设社会主义、反对将马克思主义教条化问题上与列宁完全一致。卢卡奇与列宁之间虽然有重大差别，但又有相互补充和促进的一面。第九，《历史与阶级意识》与《哲学笔记》的比较研究。作者认为，两本书代表了马克思主义阵营内部两条不同脉络和线索。两者既可以相互批评，也可以相互校正、相互促进。第十，卢卡奇对待斯大林思想的态度问题。作者认为，卢卡奇对斯大林主要持批评态度，这一点前后是一致的。第十一，卢卡奇晚年思想的评价问题。作者认为，卢卡奇前后期思想是一致的，晚年倡导马克思主义革新、追求社会主义民主等思想与早期的追求是一致的。这些思想今天仍具有现实意义。第十二，卢卡奇在马克思主义哲学史上的地位。作者认为，卢卡奇是20世纪继列宁之后一位卓越的马克思主义理论家。他与葛兰西一样创造性地探索具有民族文化特色的马克思主义，丰富和发展了列宁主义①。

2020年燕宏远的《沉思与批判——卢卡奇走向马克思的道路》一书出版。作者认为卢卡奇是“继马克思、恩格斯和列宁以后影响最大、争议最多、最著名的马克思主义思想家和理论家”②。作者认为，卢卡奇1933年《我走向马克思的道路》一文，标志着卢卡奇完成了向马克思主义的根本转变。卢卡奇一生有六个中心任务。其一，马克思主义文艺理论和现实主义理论，重点是客观评价德国近现代文学和俄国文学以及英国、法国著名文学家。其二，批判性研究了青年黑格尔和非理性主义思潮，代表性著作是《青年黑格尔》《理性的毁灭》《生存主义还是马克思主义?》。其三，马克思主义美学研究，集中体现在《审美特性》。其四，马克思主义人道主义和异化问题的研究。其五，关于马克思主义本体论研究。其六，晚年关于社会主义改革的理论与实践研究。卢卡奇明确提出，“必须在所有问题上返回到马克思自身”，“回到马克思主义上来”，“真正的马克思主义是唯一的出路。”③该著不仅系统梳理了卢卡奇走向马克思主义的发展道路，而且全面回答了国内外卢卡奇研究的若干问题，旗帜鲜明地为卢卡奇辩护。

通过对国内外卢卡奇研究学术史的梳理来看，我们可以很清楚地看到，由于不同的文化背景和现实旨趣，国内外研究的问题是有差别的，但也有内在的相关性。这主要表现在如何看待《历史与阶级意识》时期卢卡奇的哲学倾向，如何看待卢卡奇的物化批判，如何看待卢卡奇的思想转型等。这些问题也构成了学界诠释《历史与阶级意识》的主要

---

① 张翼星:《为卢卡奇申辩——卢卡奇哲学思想若干问题辨析》，云南人民出版社2001年版，导论第1—19页。

② 燕宏远:《沉思与批判——卢卡奇走向马克思的道路》，社会科学文献出版社2020年版，第1页。

③ 杜章智编:《卢卡奇自传》，社会科学文献出版社1986年版，第48页。

问题域。

二、国内外研究的主要问题域

从国内外学术史的梳理中,我们可以看到学界诠释《历史与阶级意识》的四条线索。第一条线索讨论了卢卡奇与马克思的关系,主要关注的问题是卢卡奇的马克思主义立场。第二条线索回溯了《历史与阶级意识》时期的卢卡奇和后期卢卡奇的思想转变,主要关注的是总体性问题。第三条线索讨论了《历史与阶级意识》对法兰克福学派的影响,主要关注的是物化问题。第四条线索分析了《历史与阶级意识》对东欧马克思主义、尤其是布达佩斯学派的影响。这四条线索基本上定位了诠释《历史与阶级意识》的横坐标(水平轴)和纵坐标(垂直轴),展现了文本研究的多维视角。

1. 在马克思与卢卡奇之间

如前所述,讨论卢卡奇与马克思的关系是改革开放以来学界关注的一个重要问题。这个问题主要与学界对马克思主义哲学的反思有关。众所周知,改革开放以来,马克思主义哲学界一个响亮的口号就是"回到马克思"。回到马克思就是打破传统教科书体系的束缚,直面马克思的本真精神。但诠释学告诉我们,不同的时代处境、文化背景、知识结构和问题意识等使我们不可能完全客观地回到马克思。"前理解"表明任何理解都需要中介。卢卡奇的《历史与阶级意识》就成了我们理解马克思的思想中介之一。这也带来了诸多争议,卢卡奇是不是真正的马克思主义者,以他的思想作为中介是不是意味着从反对传统教科书体系走向了另一个极端?

应该说,关于《历史与阶级意识》时期卢卡奇的马克思主义立场的争论到目前为止并没有结束,且主要仍以批判性否定为主。比如,张一兵认为,卢卡奇一生的思想并不是同质的。"具体而言,作为西方马克思主义创始人的卢卡奇只是青年卢卡奇的第二个时期。所以,如果言必称西方马克思主义的卢卡奇的话,我们的研究就既不能前推至根本还没有进入马克思主义理论框架时期的卢卡奇,也不能后延到作为马克思主义学者时期的卢卡奇了。”[①]张一兵认为,《历史与阶级意识》最重要的概念是历史,重解这个文本需要抓住五个概念:历史、辩证法、总体性、非直接性和阶级意识。历史辩证法是革命的辩证法。总体性概念表明卢卡奇仍受到黑格尔的影响。卢卡奇物化概念的支援性背景是韦伯的物化概念。卢卡奇对阶级意识的历史分析是以历史唯物主义为方法论前提的,但对无产阶级阶级意识的推崇又是黑格尔式的。王南湜在《我们心中的纠结:走近还是超离卢卡奇》中从马克思哲学思想渊源中的康德与黑格尔之争展开了讨论。王南湜认为,卢卡奇对当代中国马克思主义哲学的发展具有积极意义,当代中国马克思主义哲学发展经过了一个从实体性哲学到主体性哲学,再到主体间性哲学或者说实践哲学的发展历程。卢卡奇恢复了主体性维度,对于马克思的黑格尔主义阐释路向起了关键性作用。但卢卡奇的解读仍还有另一个面向,那就是主观主义,就是抽象地发展了能动的方面[②]。吴晓明在《论〈历史与阶级意识〉的辩证法研究》中指出,卢卡奇虽然强调了马克思主义辩证法的黑格尔来源,但卢卡奇的主要缺陷也很明显,也就是卢卡奇带着“黑格尔的眼镜”阐述辩证法,主要偏向于黑格尔主义的“费希特因素”,从而走向了自我意识的立场[③]。侯惠勤在《危险的误导:卢卡奇的〈历史与阶级意识〉为何被奉为马克思主义创新的经典》中指出,卢卡奇的根本失误在于否认自然的本体论客观性,卢卡奇的《历史与阶级意识》不是马克思主义理论创新的经典,也不是马克思主义的正道[④]。

2. *卢卡奇的思想转型*

一般来说,卢卡奇的思想可以分成四个阶段:一是走向马克思主义之前的浪漫主义反对资本主义阶段,代表作是《心灵与形式》《小说理论》。二是革命的马克思主义阶段(1918—1929),这里的关键点是1918年卢卡

---

① 张一兵:《文本的深度耕犁——西方马克思主义经典文本解读》,中国人民大学出版社2004年版,第3页。

② 王南湜:《我们心中的纠结:走近还是超离卢卡奇》,《哲学动态》2012年第12期。

③ 吴晓明:《论〈历史与阶级意识〉的辩证法研究》,《马克思主义与现实》2017年第2期。

④ 侯惠勤:《危险的误导:卢卡奇的〈历史与阶级意识〉为何被奉为马克思主义创新的经典》,《马克思主义研究》2017年第5期。

奇加入共产党，代表性文本《历史与阶级意识》《列宁》；三是斯大林主义岁月，代表作是《理性的毁灭》《青年黑格尔》；四是斯大林逝世后批判的改良主义马克思主义阶段，代表作是《马克思主义美学》《关于社会存在的本体论》《民主化进程》等。学界往往关注的是两个关键点：一是卢卡奇如何从非马克思主义者转向马克思主义者，二是后期卢卡奇与青年卢卡奇的思想关联。这两个点都与《历史与阶级意识》直接相关。

在对卢卡奇思想转型的研究中，学界抓住了总体性辩证法这一核心问题，既分析了从《小说理论》向《历史与阶级意识》的过渡，又分析了《青年黑格尔》中的总体性思想。诺曼·莱文指出，卢卡奇的《青年黑格尔》是"他黑格尔化马克思主义最强有力的宣传"[①]。张秀琴认为，《历史与阶级意识》中的卢卡奇从对文艺形式的探讨转向对商品形式的探讨，从先验总体论转向具体总体论[②]。在《历史与阶级意识》中，卢卡奇主要运用了马克思的《资本论》，而在《青年黑格尔》中，卢卡奇则运用了马克思的《1844年经济学哲学手稿》。在《青年黑格尔》中，卢卡奇在最后一章着重解读了马克思在《1844年经济学哲学手稿》中对黑格尔辩证法的批判。卢卡奇清楚地指出，马克思的对象性活动原则不仅超越了费尔巴哈所代表的旧唯物主义，也超越了黑格尔的外化逻辑。从卢卡奇的思想转型来看，学界通常认为《青年黑格尔》时期的卢卡奇受到马克思《1844年经济学哲学手稿》的影响，走出了《历史与阶级意识》时期的主观主义。

3.《历史与阶级意识》对法兰克福学派的影响

学界认为，《历史与阶级意识》开创了西方马克思主义，法兰克福学派是西方马克思主义的当代传承。问题是如何看待从卢卡奇到法兰克福学派的思想发展以及法兰克福学派的思想流变。哈贝马斯曾从现代性批判的角度展开了研究，霍耐特曾从权力批判的角度进行了梳理，马丁·杰伊也从总体性的角度进行了讨论。

---

① ［美］莱文：《不同的路径：马克思主义与恩格斯主义中的黑格尔》，臧峰宇译，北京师范大学出版社2009年版，第23页。

② 张秀琴：《作为社会基本结构形式的"对象化"与"物化"——基于卢卡奇研读〈资本论〉的视角》，《马克思主义理论学科研究》2019年第3期。

法兰克福学派继承了卢卡奇的物化批判，但从哈贝马斯开始，批判理论家们就对卢卡奇的物化概念进行了批判性改造。哈贝马斯将物化理解为生活世界的殖民化，霍耐特则将之改造为承认的遗忘。学界对此已经进行了介绍。问题的关键不在于简单梳理和一般性介绍，而在于对他们的思想进行批判性研究。他们为什么要进行批判性重构，为什么会有从哈贝马斯到霍耐特物化概念的转变，对于当代资本主义批判而言，霍耐特所谓的物化概念究竟有多少思想价值。

4.《历史与阶级意识》对东欧马克思主义的影响

在国外马克思主义的思想图谱中，我们能够清楚地看到卢卡奇作为一代宗师对东欧马克思主义的影响。东欧马克思主义既批判苏联马克思主义，又批判当代资本主义，他们捍卫的是社会主义的人道主义和民主，主要讨论了三个问题。一是回到马克思，关注的是实践哲学、辩证法和人道主义，二是批判苏联社会主义，关注的是官僚政治、自治主义和社会主义革命；三是现代性批判，关注的是日常生活全面异化、文化批判和生态哲学等。学界从异化批判、现代性批判、实践哲学、日常生活批判、马克思主义需要理论等多角度讨论了卢卡奇对东欧马克思主义的影响。从总体上说，东欧马克思主义者高度评价《历史与阶级意识》，并不认为卢卡奇的思想中存在着断裂，尤其强调《关于社会存在的本体论》并不意味是卢卡奇思想的发展。他们高度评价《历史与阶级意识》显然既与他们反对苏联马克思主义有着内在联系，又与他们激进的资本主义批判立场直接相关。

概括地说，上述四条线索所讨论的核心问题是如何看待《历史与阶级意识》时期卢卡奇的马克思主义立场问题，具体而言是卢卡奇与马克思的关系问题、卢卡奇思想的转变问题、卢卡奇对西方马克思主义的影响问题。尽管这些讨论充满了争论，但这些讨论无疑为我们重新诠释《历史与阶级意识》提供了丰富的思想资源。克罗齐在讨论黑格尔的思想遗产时曾指出，什么是黑格尔哲学中死的东西和活的东西。在讨论卢卡奇的思想遗产时，齐泽克曾颠倒了这个问题。他认为，问题不在于我们面对卢卡奇，我们该继承什么，而是应该追问，卢卡奇面对我们的时代该何去何从。如果套用这个齐泽克之问的话，我们的《历史与阶级意识》研究首先需要反思的是，我们的时代困境是什么？我们要解决的问题是什么？如何让文本走进我们的时代？只有对这个问题有了先行理解，我们才能真正阐释文本的当代价值，而不是停留在研究者个人的智识兴趣。

三、本研究的研究视角和路径

德国哲学家施奈特巴赫曾指出，维特根斯坦的《逻辑哲学论》、卢卡奇的《历史与阶级意识》和海德格尔的《存在与时间》是20世纪三部最有影响的哲学著作[①]。《历史与阶级意识》无疑是经典之作，对它的理解和研究无疑属于一种经典诠释。这就要求我们必须对经典诠释有一个先行的反思，必须接受诠释学的方法论启蒙。只有在此基础上，我们才能真正挖掘《历史与阶级意识》的当代意义。

首先，必须明白我们不可能回到作者的原义。从诠释学的发展史来看，施莱尔马赫提出了作为精神科学（人文社会科学）的方法论问题。在他看来，经典诠释无疑要规避误解，回到作者的原义。这种方法按照自然科学的方法论要求，力求摆脱理解者的前理解，以一种纯粹客观的方法看待文本，看待作者的原义。经典诠释被理解为一种重构，甚至是一种复制。但这种方法显然不可能实现。从诠释者来看，我们不可能完全摆脱自己的前理解。前理解如同意识形态的襁褓一样与我们须臾不可分离。从文本的角度来看，文本的诞生意味着作者的“死亡”。文本自身可能就是一个充满矛盾的统一体，对文本的诠释更是渗透着诠释者自身的理解，因而产生相应的差异。尽管狄尔泰已经充分意识到这一点，提出了通过心理移情的方法，与作者达成思想的共鸣。但这种观点仍忽视了理解的历史性，仍没有看清楚重构论的虚妄。经过海德格尔此在诠释学的转向后，我们已经很清楚地看到，此在的历史性表明了有限性和局限性，我们不可能完全回到文本或作者的原义。从这个角度讲，我们对《历史与阶级意识》的诠释同样如此。无论是诠释者，还是文本和作者都是历史的

① 转引自张汝伦：《〈存在与时间〉释义》（上），上海人民出版社2014年版，第1页。

产物，我们不可能完全回到文本的思想本身，也不可能完全重构作者的原义。同样，当我们说卢卡奇违背（曲解、背叛）了马克思，也是一种缺乏诠释学方法论意识的批评。卢卡奇不可能回到马克思，他对马克思的思想诠释不可能与马克思保持一致，他对马克思的理解只能是一种有差异的理解。这种不同的理解也未必就是错误的。实际上，正是在多样的理解中才使马克思的思想呈现出来。这恰恰就是多样性与同一性的辩证法，只有在多样性之中才有具体的同一性，而不是抽象的同一性。

其次，我们必须充分认识到任何理解总是包含着前理解。海德格尔的此在诠释学已经充分地表明了这一点，伽达默尔在此基础上作了进一步的论证。前理解表明诠释者总是特定思想文化传统的承载者。虽然以施莱尔马赫为代表的方法论诠释学在客观主义的诉求下，反对传统，但我们都很清楚传统就是我们自身的"罗陀斯之岛"，我们不可能跳出我们的文化传统。传统塑造着我们自身的文化生命。传统作为一种先入之见并不是一种偏见。伽达默尔就曾明确指出，当我们以纯粹理性的法庭企图消除我们的前见，恰恰忽视了传统本身可能也是理性承认的产物。启蒙主义以理性反对传统的口号恰恰就是一种偏见。"权威依赖于承认，因而依赖于一种理性本身的行动，理性知觉到它自己的局限性，因而承认他人具有更好的理解。权威的这种正确理解的意义与盲目的服从命令毫无关联。而且权威根本就与服从毫无直接关系，而是与认可有关系。"①尽管伽达默尔也认为前见可能也包含着不合理的成分，需要在时间距离中加以过滤，但他的观点提醒我们任何理解都包含着前理解。我们对《历史与阶级意识》的解读同样要首先反思我们自身的前理解。这种前理解无疑来源于文本所开启的思想传统。《历史与阶级意识》既接续又延续了马克思的资本主义批判传统。这个思想传统仍然塑造着我们。对这个思想传统的不同"前把握"直接带来了不同的理解。

再次，经典诠释本质上是一种对话。在一般意义上说，所谓的经典诠

① ［德］伽达默尔：《真理与方法：诠释学Ⅰ》，洪汉鼎译，商务印书馆2007年版，第380页。

释实际上就是一种“调停”，一种在历史与现实之间的中介、在经典作者与普通理解者之间的中介①。虽然贝蒂指出，诠释学的对象具有自主性，诠释学对象的自主性是诠释学的第一条规则②，虽然伽达默尔也强调要尊重文本的异在性，但从对话诠释学的角度来看，文本的自主性、异在性无疑是相对的。“无论如何我们要承认，正是从解释概念出发，文本概念才能作为中心概念建立在语言性的结构之中；这表明，文本概念只有与解释相联系并从它出发才表现为真正的所与（Gegebene）、要理解之物（Zu Verstehende）。”③文本的意义既不简单地停留在文本中，也不仅仅存在于作者的原义中。文本的真实意义总是同时由解释者的历史处境所规定的，因而也是由整个客观的历史进程所规定的。只有诠释者和文本、作者的对话中，文本的意义才能够生成。

对话需要共同的问题，没有共同的问题就可能陷入自说自话。问题首先由文本提出，并基于特定历史条件作出了自己的回答。这种问题和回答不仅塑造着文本，也作为历史传统影响着诠释者。经典诠释就是诠释者从自己的历史视域出发，对这个问题重新作出回答。“诠释学处境的作用就意味着对于那些我们在面对传承物而向自己提出的问题赢得一种正确的问题视域。”④因此，经典诠释本质上是围绕共同问题的讨论、交流和沟通过程。伽达默尔曾以游戏为例说明了这个过程，在这个过程中，无论是诠释者，还是作者，抑或是文本都没有绝对的自主性，他们共同属于游戏的过程。经典诠释是一个视域融合、相互理解的过程。“传承物是一个真正的伙伴，我们同它的伙伴关系，正如‘我’和‘你’的伙伴关系。”⑤由于视域总是有限的，因此对话和理解的过程就是无限的，这正是

① 彭启福：《论经典诠释的性质、定位和任务》，《学术研究》2018 年第 2 期。

② ［意］贝蒂：《作为精神科学一般方法论的诠释学》，载洪汉鼎主编：《理解与解释——诠释学经典文选》，东方出版社 2001 年版，第 131 页。

③ ［德］伽达默尔：《真理与方法：诠释学Ⅱ》，洪汉鼎译，商务印书馆 2007 年版，第 410 页。

④ ［德］伽达默尔：《真理与方法：诠释学Ⅰ》，洪汉鼎译，商务印书馆 2007 年版，第 411 页。

⑤ ［德］伽达默尔：《真理与方法：诠释学Ⅰ》，洪汉鼎译，商务印书馆 2007 年版，第 486 页。

界限的辩证法。随着新的视域生成，一定会产生新的意义。理解无疑是一个开放的过程。

最后，经典诠释具有应用性。尽管诠释学最初作为一门理解的技艺无疑具有应用性，但当施莱尔马赫和狄尔泰构建一般方法论诠释学时，当他们强调理解和解释具有一致性时，就忽视了理解的应用问题。实际上，对于经典诠释而言，理解、解释和应用是一个有机整体。应用并不发生在理解之后。理解中就包含着应用，应用是理解的内核。“文本——不管是法律还是布道文——如果要正确地被理解，即按照文本所提出的要求被理解，那么它一定要在任何时候，即在任何具体境况里，以不同的方式重新被理解。理解在这里总已经是一种运用。”①在这个意义上，诠释学本质上是实践哲学。实践哲学与理论哲学不同，理论哲学追求的是客观的、普遍的、可重复的规律，而实践哲学强调的是对象的偶然性、不确定性、不可重复性。实践哲学不同于创制科学，创制科学强调的是选择特定手段实现特定目的，手段与目的、过程与结果是分离的，而实践哲学的手段和目的并不分离。目的就包含在手段之中，结果就包含在过程中。经典诠释是一种实践哲学，意味着诠释并不是将普遍的知识重构出来，也不是运用特定手段（规则、方法）实现解释的目的，而是基于特定历史情境的理解，在普遍与特殊的结合中，扩展我们的生存经验，提升我们的普遍性，从而实现教化的目的。经典诠释就是在与文本的对话中，在对问题文本的回答中，打破我们自身经验的有限性，提升我们的实践智慧。

从经典诠释的视域来看，我们并不奢求重构《历史与阶级意识》的本真含义，回到作者卢卡奇的原义，也不讨论卢卡奇前后思想转型的心路历程。但我们也必须尊重文本的自主性和完整性，不能把卢卡奇没有的观点强加给他，也不能断章取义。这就要求我们必须认真阅读《历史与阶级意识》以及与之相关的文本群。学界对《历史与阶级意识》的研究往往根据其中译本 1967 年版序言中卢卡奇的自述。实际上这并不是《历史与

① ［德］伽达默尔：《真理与方法：诠释学 Ⅰ》，洪汉鼎译，商务印书馆 2007 年版，第 420 页。

阶级意识》的序言，而是《卢卡奇全集》第二卷的序言。这个序言中的自我批评也不等同经典文本本身。[①] 这里特别值得关注的是1996年出版了卢卡奇生前从未出版、甚至从未提到的《尾巴主义与辩证法——捍卫〈历史与阶级意识〉》（英译本2000年）。在该文本中，卢卡奇明确指出整本《历史与阶级意识》就是要证明无产阶级政党是马克思主义辩证法研究的逻辑必然结果。这一基本结论为研究《历史与阶级意识》提供了新视角。

从经典诠释的对话逻辑来看，问题对于经典诠释具有优先性。卢卡奇在《历史与阶级意识》中提出了资本主义批判和扬弃资本主义批判的现实道路。前者讨论的核心问题是物化批判，集中体现在《物化和无产阶级意识》中；后者讨论的核心问题是历史哲学问题，集中体现在《关于组织问题方法论》中。这两个问题的落脚点其实是后者，是扬弃资本主义批判的现实道路问题，是无产阶级政党的组织问题。这两个问题构成了《历史与阶级意识》基本的问题域，也构成了重新诠释该文本的思想传统和基本问题。本书将从这两个问题展开讨论，分析法兰克福学派和当代西方激进哲学对这两个问题的重新讨论，并在这种对话分析中指出他们的理论局限，阐发《历史与阶级意识》的当代意义。

---

① 张一兵就指出，20世纪30年代到60年代卢卡奇所谓的自我批判实际上是不能完全当真的。参见张一兵：《文本的深度耕犁——西方马克思主义经典文本解读》第1卷，中国人民大学出版社2004年版，第3页。卢卡奇的自传和传记作者也有类似观点，参见杜章智编：《卢卡奇自传》，社会科学文献出版社1986年版，第124页、第230页。

上篇　《历史与阶级意识》的问题结构

任何经典诠释本质上就是问与答的辩证法，诠释就是对问题的揭示和回答。《历史与阶级意识》存在着双重问题。其一是从理性批判展开的物化批判，其二是从历史哲学的视角指出扬弃物化的现实路径。从物化批判来看，卢卡奇综合了马克思的商品拜物教批判和韦伯的合理化批判。商品结构的支配性与形式合理化的普遍性是同一过程的两个方面。物化中的“物”，不仅是商品关系中的物，还是形式合理性所理解和把握的物。形式合理化批判的基础是具体的辩证的总体理性。

从历史哲学来看，扬弃物化的道路是历史辩证法的内在超越之路，无产阶级作为历史的主体与客体能够实现对物化结构的内在超越。这意味着，一方面物化是历史形成的，只有在资本主义社会中，当劳动力成为商品时，物化才构成了人的普遍的存在方式和命运；另一方面，对于资产阶级和无产阶级来说，物化虽然都是直接给定性存在，但由于两个阶级社会存在的区别，无产阶级不仅是这种物化结构的形成因素，而且是扬弃这种物化结构的内在因素。无产阶级作为商品的自我意识开始觉醒。这种无产阶级阶级意识是一种实践的意识，在其具体展开的阶级斗争中，物的力量开始还原为人的力量，物与物的关系开始呈现为人与人的关系。

无产阶级阶级意识与革命实践是同一历史过程的主观和客观方面。无产阶级阶级意识的发展是一个过程,具有内部差异。以这种历史辩证法为指引的无产阶级政党代表了阶级意识最高的“客观可能性”,因此必须结合具体历史条件,积极主动组织无产阶级和群众,抓住时机,采取行动,介入历史。只有在无产阶级政党自觉性与无产阶级自发性的生动互动中,才有历史的发展。自觉性与自发性的差异是阶级意识发展过程中的辩证分离,而不是机械对立。

上篇分为四章,第一章和第二章讨论了《历史与阶级意识》中的物化批判。第一章主要讨论了卢卡奇的物化是商品化与形式合理化的统一,但这种普遍的合理物化结构由于其纯形式性,带来了形式与内容的矛盾。第二章主要讨论了超越形式合理化的具体的总体的理性之路。第三章和第四章讨论了扬弃物化的历史哲学。第三章主要讨论了物化直接性中作为中介的内在超越之路。第四章主要讨论了这种内在超越的组织形式。

第一章　物化与形式合理化

卢卡奇从理性批判的角度展开物化批判无疑是复杂的，概括说来，至少有以下几个方面。其一，物化的基本含义是人与人的关系获得了物的性质，这种以物的关系作为对象性形式呈现在人的面前，具有严格的自律性、似自然性，人面对这种具有内在法则的物化结构只能采取直观态度。人的被动参与，使这一基本现象具有永久化特征。其二，物化是商品化与形式合理化的统一。经济交换是一种范式结构，从中形成了形式的合理化。物化渗透进资本主义经济、国家和法律等社会生活的各个方面，社会生活的各方面呈现出结构的相似性。资产阶级与无产阶级都处于物化状态，物化构成人的普遍命运。其三，物化结构的自律性实际上是按照计算性原则而确立起的部分合理性。部分合理性与总体的非理性，形式合理性与内容的非理性相分离，构成了物化的内在限制，这种内在限制以危机的形式表现出来。其四，资产阶级的哲学社会科学建立在物化基础上，无法解决这一危机，德国古典哲学在思想中再现了资本主义社会的物化结构，但其具体的辩证的总体性为扬弃形式合理性奠定了思想基础。

第一节　物化的两个表述

物化概念充满了歧义，这部分源于翻译的问题①，部分源于这个概念与异化、对象化等其他概念存在着千丝万缕的联系。讨论卢卡奇的物化

① 《马克思恩格斯全集》中文第一版基本上将对象化翻译成了物化（代表性文本就是《1857—1858 年经济学手稿》）。虽然第二版已经做了修订，但这给学界留下一个基本印象，似乎物化就是人变成了物。

批判,首先必须紧扣“物化与无产阶级意识”一文中“物化现象”的内在逻辑,而不是仅仅根据卢卡奇后来的自我批评或者诠释者的自我需要进行任意裁剪。如果从卢卡奇的运思逻辑来看,卢卡奇的物化批判无疑嫁接了马克思的物化批判和新康德主义的合理化批判。

根据马尔库什的考证,马克思的物化概念使用的主要是Versachlichung。这个概念在《大纲》中首次使用,在一些情况下,其表示人类活动外化并物质性地固定在产品中,这是劳动过程积极的方面。在另一些地方,马克思则明确地在“拜物教”意义上使用的,即把人与人之间的关系变成了物与物的关系。① 根据皮特金的考证,马克思并没有大量使用卢卡奇意义上的物化(Verdinglichung)。“除了一个非正式的语段以外,马克思自己从来没有使用过这一词语,黑格尔也是如此。它是由卢卡奇的原创性文章《物化与无产阶级意识》引进马克思主义的。”②马克思只有在《资本论》第三卷第48章中使用了Verdinglichung。“资本主义生产方式的神秘化,社会关系的物化(Verdinglichung),物质的生产关系和它们的历史社会规定性的直接融合已经完成了:这是一个着了魔的、颠倒的、倒立着的世界。在这个世界里,资本先生和土地太太,作为社会的人物,同时又直接作为单纯的物,在兴妖作怪。”③在这个意义上,马克思使用Verdinglichung表示社会关系的物化,与马尔库什考证的马克思主要使用的Versachlichung的第二层含义并没有什么区别。

卢卡奇对马克思的引用也证明了这一点。卢卡奇在论述物化时,既引用了马克思的Versachlichung,也引用了马克思的Verdinglichung。两者都在《资本论》第三卷中,前者出现在马克思批判资本拜物教和资本拜物教。在G—G’中,我们看到了资本没有概念的形式,看到了生产关系最高度的颠倒和物化(Versachlichung)④。后者出现在,马克思批判资本—

① [匈]马尔库什:《马克思和卢卡奇的异化和物化概念》,载衣俊卿主编:《新马克思主义评论》,中央编译出版社2012年版,第277页。

② [美]皮特金:《物化的再思考》,载衣俊卿主编:《新马克思主义评论》,中央编译出版社2012年版,第91—92页。

③ 马克思:《资本论》第三卷,人民出版社2004年版,第940页。

④ [匈]卢卡奇:《历史与阶级意识》,杜章智等译,商务印书馆1999年版,第160页。

利润(更确切地说是资本—利息)、土地—地租、劳动—工资这个三位一体公式抹杀了资本主义生产关系的本质来历,抹杀了价值与财富来源于剩余价值的分割,抹杀了其中蕴含着雇佣劳动与资本的关系,因此,资本主义生产方式被神秘化,社会关系表现为物化(Verdinglichung)①。显然,马克思批判资本拜物教掩盖了利润的来源,代表着生产关系最高度的物化,使用了 Versachlichung,从内容上讲,正是马克思批判三位一体公式中物化(Verdinglichung)的第一种形式:资本—利息。从这个角度讲,在马克思那里,Versachlichung 和 Verdinglichung 都表示物化,都表示人与人的关系以物与物的关系表现出来。中央编译局根据其内涵,同时翻译成物化,是非常准确的。

问题在于,马克思的物化概念主要使用的是 Versachlichung,而不是 Verdinglichung。卢卡奇使用了 Verdinglichung。卢卡奇在 1967 年《历史与阶级意识》新版序言中指出,他当时的错误之一在于没有区分对象化和异化,从而将一切对象化归结为异化。因此,澄清马克思 Versachlichung 意义上的物化与卢卡奇 Verdinglichung 意义上的物化之间的关系,就成了马克思主义学者的任务。

就现有的资料来看,日本马克思主义学者广松涉较早区分了 Versachlichung 和 Verdinglichung,将前者改译成了物象化,后者仍保留了原译物化。这就首先从字面上将两者区分开来。从理论内涵来看,广松涉认为物化处于黑格尔的异化逻辑中,物象化已经建立了社会关系存在论的历史唯物主义原则。异化的逻辑就是设定了 a=未被异化的本真存在,b=异化的非本真的人类存在,c=扬弃异化、恢复人的本真存在。历史的发展就是从 a 到 b 再到 c 的人的异化和复归过程。物化处于 b 阶段:人通过物来标识。这具体包含三个层次:(1)人(人格)本身的"物"化。(2)人的行动"物"化。(3)人的能力"物"化。② 按照这种理解,物化仍从属于主客体模式,仍首先设定了一个非物的本真的人的状态。物象

---

① ［匈］卢卡奇:《历史与阶级意识》,杜章智等译,商务印书馆 1999 年版,第 161 页。

② ［日］广松涉:《物象化论的构图》,彭曦、庄倩译,南京大学出版社 2002 年版,第 68—69 页。

化的含义是主体间的关系通过物的形式呈现出来。“人们的主体际的对象参与活动的某个总体关联形态,在当事人的日常意识中(另外,即使对于仅仅停留在系统内在水准的体制内的‘学知’来说),犹如事物彼此之间的关系,或者像物的性质,甚至像物的对象性一样地映照出来。这样的面向我们的事态,就是马克思的所谓的‘物象化’。”① 物化(Verdinglichung)与物象化(Versachlichung)最核心的区别在于:前者还处在异化逻辑中,还处在主客体二分的逻辑中,还处在黑格尔主义水平中;后者已经上升到了历史唯物主义的地平线,确立了社会关系的存在论,讨论的是主体间关系以物的形式显现出来,只有在这种关系中物化(人变成物)才能得到理解。

广松涉对物象化(Versachlichung)和物化(Verdinglichung)的区分最主要的是指出,青年马克思曾从属于物化或者说异化逻辑,而晚期的马克思则走出了物化逻辑,转向了物象化的逻辑。从异化论的地平线飞跃到物象化与历史唯物主义的形成是同一过程。这种观点其实并不新鲜。阿尔都塞在《保卫马克思》中就曾指出早期马克思和后期马克思思想有一个断裂,这个断裂就是从人本主义意识形态走向了历史唯物主义科学。广松涉对物象化与物化的区分还指出了物化逻辑被卢卡奇所接续。这种接续实际上退回到了黑格尔的主客体逻辑,也就是实体的自我异化,以及自我异化之后的自我复归。这种对卢卡奇的批评也并不新鲜。前面已经提到,学界对卢卡奇批评最多的就是认为卢卡奇恢复了马克思主义的黑格尔主义来源,但却将马克思进行黑格尔主义化,甚至是将马克思主义退回到了费希特的主观唯心主义水平。

尽管广松涉对马克思和卢卡奇的讨论并不新鲜,但他关于物象化(Versachlichung)和物化(Verdinglichung)的区分引起了国内学界的关注。一些学者赞同将 Verdinglichung 与 Versachlichung 区分开来,赞同将 Verdinglichung 翻译成物化,但在对 Versachlichung 的翻译和具体内涵的理解上存在着差别。一种观点认为,Versachlichung 应该翻译成“事物

---

① [日]广松涉:《物象化论的构图》,彭曦、庄倩译,南京大学出版社 2002 年版,第 70 页。

化”，而不是“物象化”。因为在物象化的翻译中，存在着“好像”“宛如”等含义，容易导致拜物教主观化的倾向①。这种观点同时认为，物化还处在异化逻辑中，事物化则表达了人与人的关系以物与物的关系呈现出来，事物化更加确切地表达了社会关系中介的客观性。另一种观点认为，广松涉的翻译是可取的，将 Verdinglichung 与 Versachlichung 翻译成物化与物象化是贴切的。但在内涵上，物化是人与人的关系标识为物与物的关系，这表明了一个客观事实。当这个客观事实被看穿了以后，就是物象化了。物象化就是物与物背后的关系实际上是人与人的关系。物化是事实陈述，物象化是价值陈述。前者是未反思，后者是反思的。前者是认识论意义上的自在状态，后者是非自在状态。前者中还保持着人与物的对立，后者实现了统一。“把物化的真相揭示出来，彻底地看清物化的真实本质，也就是使‘物化’实际上呈现为一种‘物象化’，揭示‘物’实际上是一种人与人之间的‘事’，只有马克思才做到了。”②

这两种观点都主张将 Verdinglichung 与 Versachlichung 区分开来，都主张将 Verdinglichung 仍译成物化。不同的是，第一种观点认为物化停留于黑格尔的异化逻辑，还停留于主客体逻辑中，事物化（Versachlichung）则是人与人的关系通过物与物的关系呈现出来，已经有了主体间维度。第二种观点认为物化停留于非反思的现象领域，一旦经过反思，这就是物象化（Versachlichung）了。这些观点在分析 Verdinglichung 与 Versachlichung 的区别时，文本依据大多是重新翻译马克思的文本，对卢卡奇的文本基本不予分析，但都将这种对物化的界定套用在卢卡奇身上。这就忽视了一个基本问题，在马克思那里，主要使用的是 Versachlichung，而卢卡奇使用的是 Verdinglichung。按照笔者前面的论述，两者都翻译成物化并没有什么问题。物象化的翻译在物化中添加了“象”这个意蕴，但物化并不是一种错认，也不是一种谬误意识，而是人的存在方式。物象化的翻译不但多出了“象”的维度，而且容易将物化主观化。这个翻译并不

① 张一兵：《Versachlichung：物象化还是事物化》，《中国社会科学报》2012 年 1 月 30 日。

② 刘森林：《物与无：物化逻辑与虚无主义》，江苏人民出版社 2013 年版，第 273 页。

贴切。

实际上,作为对象化意义上的物化和作为异化意义上的物化只不过是马克思分析资本主义生产关系的两个面相。这两个方面并生于资本主义生产关系之中。这两个方面的矛盾运动也推动着资本主义生产关系的自我扬弃。马克思从来没有脱离特定关系去讨论一般意义上的对象化或物,对象化或物总是特定关系中的物。马克思也没有用一种非历史的对象化作为标准批判异化。这就牵涉到马克思与卢卡奇物化概念的关联问题。

第二节　商品化与形式合理化

卢卡奇的物化理论无疑综合了马克思、韦伯和西美儿等的观点。根据韦斯特曼的考证,黑格尔使用的不是物化(Verdinglichung),马克思也只有两次提到这个术语,倒是西美儿大量使用了物化(Verdinglichung)。西美儿重点分析的是货币赋予了社会关系物一样的特征,但这种物化的社会关系不是不受我们主体性影响的东西,西美儿最为关心的是心理学层面。这一点深深地影响了卢卡奇,他所关心的核心问题是被物化了的意识结构。[①] 也就是说,卢卡奇对物化的解读,无疑经过了西美儿和韦伯等新康德主义的中介。

西美儿认为,《货币哲学》方法论上的任务是为历史唯物主义奠定基础。“为历史唯物主义建造底楼,从而,经济生活被纳入精神文化的原因的这种说法仍保证其阐释性价值,而与此同时,这些经济形式本身却被视为心理学的、甚至形而上学的前提的更深层次的评价和潮流之结果。”[②] 也就是说,在西美儿看来,历史唯物主义所阐释的经济生活的根基在于精神文化,这些经济形式本身是更深层次的心理学、甚至是形而上学前提之展开。这并不是简单地对经济基础与上层建筑关系的颠倒,而是进一步

① 韦斯特曼:《意识的物化——卢卡奇同一的主体—客体中的胡塞尔现象学》,载衣俊卿主编:《新马克思主义评论》,中央编译出版社 2012 年版,第 222—223 页。

② [德]西美儿:《货币哲学》,陈戎女等译,华夏出版社 2002 年版,前言,第 3 页。

挖掘经济生活中的文化基因，并分析这种文化基因对经济生活乃至整个社会生活的影响。

在现代世界，由货币带来的精神结构因子正是物化、理性化和世俗化。理性主义成为社会行为、经济行为和个体行为的准则，这就进一步加深了现代生活各个方面向现代性的转化。理性主义的核心特征是计算。"现代人用以对付世界，用以调整其内在的——个人的和社会的——关系的精神功能大部分可称作为算计功能。这些功能的认知理念是把世界设想成一个巨大的算术问题，把发生的事件和事物质的规定性当成一个数字系统。"①计算成为现代社会人们把握世界的基本方式，不仅消除了世界万物"质"的多样性，而且将世界万物的关系理解为"量"的计算关系。

这种精确计算的理性主义世界观渗透进经济、法律等社会生活的各个方面。但同时，这种理性主义导致的形式与内容的矛盾也出现在生活的总体性中。西美儿所分析的货币关系对理性主义的影响、计算理性对生活各个方面的塑造以及由此带来生活总体中形式与内容之间的矛盾等，对卢卡奇思考物化问题产生了重要影响。

同样，韦伯的合理化主题也是卢卡奇重要的理论资源。韦伯关注的中心问题是资本主义起源的文化基因。"以其自由劳动的理性组织方式为特征的这种有节制的资产阶级的资本主义的起源问题。"②在这里，韦伯同样不是简单地反对马克思的看法，而是要追问16、17世纪以来，作为市民生活特有的理性化之组成部分、最终成为西方世界普遍现象的经济理性主义。韦伯认为，西方理性资本主义不仅需要生产技术和手段，而且需要法律制度和按规章制度办事的行政机构。没有这种合理化的法律和行政机构，可以有冒险性的、投机性的以及各种受政治因素制约的资本主义，但绝不可能形成个人创办的、建立在精确计算基础上的理性企业。所有问题都关乎到了西方文化中特有的理性主义问题。"因此，我们的当

---

① ［德］西美儿：《货币哲学》，陈戎女等译，华夏出版社2002年版，第358页。

② ［德］马克斯·韦伯：《新教伦理与资本主义精神》，于晓、陈维纲等译，生活·读书·新知三联书店1987年版，第13页。

务之急就是要找寻并从发生学上说明西方理性主义的独特性，并在这个基础上找寻并说明近代西方形态的独特性。在试图作出这种说明时必须首先考虑经济状况，因为我们承认经济因素具有根本的重要性。”①

在这个问题指引下，韦伯分析了现代经济生活与新教伦理之间的关系。其基本结论是，经济生活的理性化只是更为普遍的理性主义精神结构的具体表现，这种普遍化的理性主义在法律、行政、文化等生活的各个领域都有所表现。理性主义具有普遍性特征。理性主义的内核同样是建立在计算基础上的分析合理性，形式与内容之间的矛盾也就呈现出来了。资本主义社会呈现为一个“铁笼”。文化合理化导致传统世界观的解体，意义与价值丧失了。社会合理化导致人完全成为经济、法律和行政系统的一个组成部分，人没有了自主性，自由丧失了。

这种新康德主义理性批判构成了卢卡奇物化批判的一个基本主题。卢卡奇将这种合理化批判纳入到了马克思的商品拜物教批判之中。

卢卡奇讨论物化问题是从马克思对商品拜物教的论述开始的。卢卡奇和马克思都强调，商品在资本主义社会作为统治性（支配性）形式与只作为局部的、个别的、不占统治地位的前资本主义社会具有质的差异。这种质的差异具体表现在，商品作为社会结构的普遍形式渗透进社会生活的所有方面，社会关系中的人的性质以物的形式呈现在人面前（对象性形式），人们越来越难以看清楚这层物化的面纱。这就是说，商品以自己的形象建构了整个社会。商品范畴也不再仅仅是一个经济范畴，而是人的基本存在方式的表达。

卢卡奇认为，马克思已经描述了物化的基本现象。商品的神秘性在于，在商品形式中，人类劳动的社会属性变成了物的性质。生产者和社会总劳动的关系不是人与人之间的关系，而是劳动产品之间的关系，也就是沦为了物的关系。由于这种转换，劳动产品成为了商品，成为了可感觉而又超感觉的物或社会的物。劳动产品采取商品形式，本来表达的是人们

① ［德］马克斯·韦伯：《新教伦理与资本主义精神》，于晓、陈维纲等译，生活·读书·新知三联书店1987年版，第15页。

自己的社会关系,但呈现为物与物的关系。

在这一基本的结构性事实中,人的劳动获得了一种客观的独立于人的性质,以一种异于人的自律性控制人。人的劳动不属于人,独立于人,控制着人。这种现象在客观上表现为,一个物的世界和物与物的关系世界开始形成。这个世界有其独立的规律,人们可以发现它并利用它,但不能改变这个现实过程。主观上,劳动力本身作为商品从属于这个物的世界,这种商品服从社会的自然规律,而获得了异于人的独立性。

从运思逻辑来看,卢卡奇物化批判的逻辑是从商品关系结构入手的,由此推导出“结构性的基本事实”:人同人自己的活动相对立,劳动作为某种客观的东西,通过异于人的自律性控制人,也就是人的异化。

这个基本事实,显然已经是商品关系结构中介的事实,已经是关系中的事实,而不是说假定了一个未被异化的状态。正如马克思在论述异化劳动的时候,批判国民经济学置身于一种虚构的原始状态,马克思从“当前的经济事实出发”,同样也是已然被私有制关系中介了的劳动关系。显然,卢卡奇与马克思的运思逻辑具有高度一致性。广松涉所说的设定了本真的非异化存在作为异化批判的前提在卢卡奇这里是不存在的。同样,物化也没有停留于这种异化逻辑中。

在卢卡奇这里,物化与异化的区分主要体现在,物化吸收了合理化。正是以此为切入点,卢卡奇没有像马克思那样对雇佣劳动与资本的对立展开具体分析,而是由这种异化劳动分析转入到了对抽象劳动中所蕴含的形式合理性分析,这就形成物化批判的理性批判主题。

虽然从历史发展的角度来看,劳动力成为商品是商品形式普遍性的条件,但这种形式一旦确立起来,就反过来在主观和客观上制约着作为商品的人类劳动的抽象。在客观上,商品的可交换性,或者说,产品以商品作为对象性形式呈现,取决于其能否被抽象为形式相同性。这种形式相同性取决于对象化在它们身上的抽象劳动。简言之,商品的可交换性是由劳动的抽象相同性来确立的,商品形式的普遍性必然要求劳动抽象的普遍性。主观上,这种抽象劳动形式相同性不仅是商品关系各种不同对象归结为共同要素,而且成为支配商品实际生产过程的现实原则。

抽象劳动中的形式相同性正是形式合理性的基础，韦伯和西美儿等分析的形式合理化发端于商品关系下的抽象劳动。以合理计算为基础的形式合理性瓦解了传统的有机的劳动过程。没有劳动的专业化，就没有劳动的合理化。劳动过程变成了无数个局部化的专业操作。这种局部化的分工所依据的正是形式相同性。劳动的专业化意味着劳动对象的切割。劳动对象也就被切割为各个环节。劳动过程不仅分割了对象，也瓦解了劳动者之间的联系。在泰罗制的生产条件下，人与人之间的社会联系也不再是有机的整体，而是变成了流水线上的抽象联系。这就是生产过程中的物与物的关系中介着人与人的关系。形式相同性原则也支配着劳动者自身。

卢卡奇还接受了韦伯的观点，经济领域的合理化不能离开法律和行政领域的合理化。整个资本主义在经济、法律和行政领域具有同样的行为结构和意识结构。这种按照计算的形式合理化渗透进社会生活的各个领域，构成了整个世界的总体图像。按照芬博格的说法，卢卡奇借助韦伯的社会学分析，从广度上拓展了马克思的商品拜物教分析。卢卡奇的物化理论并没有停留于狭义的文化批判。就经济领域和国家法律等领域物化的关系而言：其一，卢卡奇遵循马克思的观点指出，这一物化结构的基本形式发端于经济领域（抽象劳动）中，其运行周转需要其他领域形成与之相应的结构，韦伯所分析的法律、社会组织、官僚制等只有在资本主义经济基础上才是可能的；其二，卢卡奇同意韦伯的观点，生产领域的物化离不开国家、法律等领域，国家、法律等为其运行提供基本的法律规范和制度保障，形式合理化与劳动力的商品形式是同一个过程的两个方面；其三，两者不可分离，体现了政治与经济的不可分离，而将政治与经济分离开来，正是物化的一种表现。

由此可见，卢卡奇与马克思的主要不同之处在于，卢卡奇吸收了韦伯的形式合理性概念。形式合理性在韦伯那里，具有认知和实践两重意义。从认知角度来看，形式合理性意味着用精确的抽象概念来理解现实，从而能够对现象进行组织和控制。从实践角度来看，社会行为建立在普遍规则和调节手段的基础上，通过不断增加精确计算的手段，以工具理性的态度面对客体。这种行为模式就是工具理性行为。卢卡奇将这种形式理性的认知、实践功能与商品关系结合起来。概念对现实的把握和对现实的工具化计算服从于交换价值的需要，如果进一步说，服从于资本增殖的需要。在这个意义上，我们可以说，卢卡奇对马克思和韦伯思想资源的整合体现在，马克思对商品拜物教的分析为韦伯的形式合理化概念找到了经济根源，而韦伯对社会生活普遍的形式合理化分析则拓宽了物化批判的理论视野。在韦伯对合理化分析的基础上，卢卡奇认为，这种合理的物化由于其形式合理性具有内在限制。

第三节　形式合理化的非理性

韦伯已经描述了资本主义合理化的特征，产生资本主义的因素乃是理性的持久性企业、理性的簿记、理性的技术和理性的法律，加上理性的精神、理性的生活以及理性的经济伦理。[①] 但卢卡奇认为，这些对合理化的"单纯的描写"未能揭示形式合理化所必然遭遇的内在限制。因为，未能纳入计算的非理性必然构成理性化的内在限制。这种限制具有两种表现形式：其一表现为局部形式合理化内容的非理性，其二表现为局部合理化和总体的非理性。从前者来看，这种经由抽象计算性中介了的物化结构掩盖了真正的物性。当各种使用价值通过商品表现出来时，其就获得了一种新的对象性，一种新的物性。人获得了原子化个体的必然幻象（个体原子化是所有成员从属于统一的经济规律的意识表现，也是其必然要求），人的特性与能力不再与人的有机统一相联系，而是表现为人占有和出卖的物。在直接商品关系中隐藏的人们相互之间的关系，人们同满足自己需要的对象的关系，也逐渐消失得无法觉察和无法辨认了。同样，在法律、国家等领域，法律产生的真正基础（各阶级间权力关系的变化）、国家的权力本质等都变得模糊不清，晦暗不明。

① ［德］马克斯·韦伯：《经济与历史：支配的类型》，康乐等译，广西师范大学出版社 2010 年版，第 150—179 页。

从后者来看,整体的非理性不仅是局部规律的要求、前提,也是资本主义分工的产物。这种前提性是因为,建立在私有经济计算基础上的资本主义合理化服从的是竞争规律,当整个社会同与个别现象同样的合理性发生作用时,不同商品所有者的竞争就不存在了。虽然整体的规律可能被认识到,但这种认识对个别主体来说必然表现为无意识。同时,资本主义分工导致的结果是劳动过程和生活过程的整体被破坏,局部只能越来越合理化和孤立化。“由于工作的专门化,任何整体景象都消失了。”①

这种合理化的内在限制表现为危机。“危机时期的本质恰恰在于,从一局部系统向另一局部系统转变时,直接的连续性断裂了,而它们相互之间的独立性,它们相互之间的偶然关联性,突然进入了所有人的意识里。”②显然,卢卡奇所理解的危机是:(1)非理性的内容进入到了形式主义合理化中,(2)总体的非理性导致部分合理化之间连续的中断。

这里,我们可以看到由合理化理论带来的危机理论的变化。马克思所理解的资本主义危机主要表现为个别企业生产有计划组织性和整个社会生产无政府状态之间的矛盾,卢卡奇并没有怀疑这一点。但由于卢卡奇受到韦伯的影响,将形式合理化拓展到社会生活的各个方面,危机也就由生产危机变成了资本主义合理化结构的危机。整个资本主义按照形式合理性的计算组织起来。这意味着,在生活的任何一个方面,都有可能出现由这种内容的非理性和局部合理化之间联系的断裂所引发的危机。反过来,我们可以说,生产资料私人占有与社会化大生产的矛盾所带来的危机只是这种普遍危机的一种表现形式。随着合理化进程的推进,这种危机会在不同方面、不同层次表现出来。显然,我们在这里可以看出,卢卡奇并不是狭隘的经济决定论者,也没有走向经济还原论。危机就是合理化系统的自我瓦解。“危机的结构就仅仅表现为资本主义社会日常生活在量上的增加和越来越紧张。就在心不在焉平日里,这种生活的自然规律性似乎牢固统一的一致会突然四分五裂。”③“永恒的、铁的规律”也就

① [匈]卢卡奇:《历史与阶级意识》,杜章智等译,商务印书馆 1999 年版,第 171 页。
② [匈]卢卡奇:《历史与阶级意识》,杜章智等译,商务印书馆 1999 年版,第 168 页。
③ [匈]卢卡奇:《历史与阶级意识》,杜章智等译,商务印书馆 1999 年版,第 168 页。

必然显示出假象的原形。当然,对于那些停留在物化直接性中的人来说,这才显得是突然的。

第四节　形式合理化与直观态度

人们面对这种被瓦解了的主体和客体世界只能采取直观态度,只能被动地接受对象,并按照形式合理化原则切割自身。形式合理化与直观态度相辅相成。

直观态度最核心的要义是将这种物化现实视为直接给定的、永恒存在的和不可改变的。由此,这种物化意识也就成为物化实践的一个重要环节。也就是说,当人们不去质疑这种给定存在的历史性质,而直接对之采取接受态度时,这种意识本身就参与塑造了这种现实。在这里,我们可以看到,对于卢卡奇而言,意识与存在并不是二元的,也不是对立的。韦斯特曼曾指出,在卢卡奇这里,意识与存在并不是两个相对立的实体。通过挖掘卢卡奇物化理论中的现象学维度,他认为卢卡奇的物化意识实际上是一种意向性结构①。这种意向性结构包含着对象。戈德曼也认为,对于卢卡奇和海德格尔来说,对象并不是纯粹的客观对象,而是总是由主体所参与建构的对象②。这种直观态度产生的原因显然在于,在这种具有规律性的物化结构中,如果不采取这种态度,个体就无法生存。个体根据自我保存的原则,只能接受这种给定的现状。由此,物化意识就显然不是一种谬误意识,也不简单的是一种错认,而是一种不得不采取的实践态度。

物化结构具有普遍性,这种物化意识也相应具有普遍性。也就是说,每一个具体的物化结构都是由相应的物化意识参与建构的。从工人的角度来看,生产的每一环节都是按照形式合理化建构起来的,工人的直观态度使其接受了这种生产关系,并将之认为是直接的给定存在。这就反过

---

① Richard Westerman, *Lukács's Phenomenology of Capitalism: Reification Revalued*, New York: Palgrave Macumillan, 2019, p.4.

② Lucien Goldmann, *Lukács and Heidegger*, London: Routledge, 1977, p.30.

来进一步固化了这种形式合理性。这具体表现在工人在意识和现实中，将时间空间化，“这种态度把空间和时间看成是共同的东西，把时间降到空间的水平上。”①人隶属于机器，时间就是一切。马克思曾根据社会必要劳动时间来表征商品的价值量，也就是说，时间失去了它的质的、可变的、流动的性质，凝固成在量上可测定的连续统一体，凝固成一个空间。卢卡奇直接承接了这一思想。

卢卡奇在这里无疑也受到了西美儿关于生命本质的理解。西美儿认为，现代社会的危机就是文化危机，文化危机就是文化的形式与人的生命之间的对立。生命本质上是动态的、流变的，充满活力的，但文化则是形式化的，意味着对生命的抽象。卢卡奇显然接受了这种生命观。卢卡奇认为时间是人生命的绵延，是充满质的特性的，但在资本主义生产条件下，时间变成了抽象劳动的时间，变成可测算的对象。工人也就变成了量上可计算的对象。当工人根据这种劳动时间开始计算自己的工资或者收入时，其意识也就表现为直观态度，也就参与了对自己生命的抽象化和量化的计算。工人的态度和形式合理化是同一过程的主客观方面。

这种形式合理化也渗透进统治阶级的劳动中，其意识也沦为了物化意识，同样停留于直接性上。“只有资本主义才随同实现整个社会的统一经济结构，产生出一种——正式的——包括整个社会的统一的意识结构。而这种意识结构正好表现在，雇佣劳动中产生的各种意识问题以精致的、超凡脱俗的，然而正因此而更强烈的方式反复出现在统治阶级那里。”②换言之，在资本主义社会中，统治阶级同样以直观的态度面对世界。所谓的“专家”或者说马克思分析的从事精神生产的统治者同样也只是某种才能的出卖者，对这个物的世界也只能采取被动观察和直接接受的态度。从这个角度讲，资本主义意识形态就不再是资产阶级编织的美丽谎言，他们同样是资本主义意识形态的俘虏，他们同样并不具有主体性。

① ［匈］卢卡奇：《历史与阶级意识》，杜章智等译，商务印书馆 1999 年版，第 154 页。

② ［匈］卢卡奇：《历史与阶级意识》，杜章智等译，商务印书馆 1999 年版，第 166 页。

这种直观态度直接导致了人们停留于形式合理化塑造的物化现实中,并且不断地再生产这种现实结构。如果借用阿尔都塞关于资本主义再生产理论的话,我们同样可以说,这种直观态度就是一种意识形态的认同,而这种认同参与塑造了物化结构。这种直观态度停留于给定的物化现状中,既不质疑这种结构的历史形成和发展趋势,也不揭示这种物化结构背后的人与人关系,也即无力揭示形式合理性背后的内容。“卢卡奇的物化概念便获得了一种更为深刻(韦伯式的)意义。它现在指的是人类个体的孤立化,逐渐丧失了对于社会总体进程之功能的全面洞察。”①

这种与形式合理性相辅相成的直观态度,在资产阶级社会科学中有着更为精致的表达。资产阶级的社会科学同样建立在这种物化结构上。例如,商品、价值、资本、利润等经济范畴,权利、义务、自由等法学范畴所建立起来的范畴体系将这种物化结构做成了事实体系。因此,正如马克思在《资本论》中对经济学范畴展开了政治经济学批判,卢卡奇同样对资产阶级经济学和法律等社会科学展开了范畴批判。

“经济形式的拜物教性质,人的一切关系的物化,不顾直接生产者的人的能力和可能性而对生产过程作抽象合理分解的分工的不断扩大,这一切改变了社会的现象,同时也改变了理解这些现象的方式。于是出现了‘孤立的’事实,‘孤立的’事实群,单独的专门学科(经济学、法律等)”②。这些科学越是发展,在方法论上对自己本身的认识越清楚,就越坚决地抛开自己领域的各种存在问题,也就越来越变成了具有局部特殊规律的封闭系统。对于这种系统来说,处于这个领域本身以外的世界以及这个领域具体的现实基础,在方法论上和原则上被看作是无法把握的。比如,对于经济学来说,无论是古典经济学,还是现代的边际效用理论,都必然不能理解真正的使用价值,不理解真实的消费。对于法学来说,无论是早期理性的自然法,还是批判的历史的自然法,都无法理解法律范畴的真正内容。

---

① 斯塔罗斯塔:《科学认识和政治行动——卢卡奇〈历史与阶级意识〉中的思想悖论》,载衣俊卿主编:《新马克思主义评论》,中央编译出版社2012年版,第363页。

② [匈]卢卡奇:《历史与阶级意识》,杜章智等译,商务印书馆1999年版,第53页。

这种不可理解性,寄希望于作为整体的哲学的综合也无济于事。资产阶级哲学也未能消除这种理性主义形式体系的内在限制。这不是说资产阶级哲学没有对总体的渴望,也不是说其都拍手欢迎形式主义和机械的异化生活,而是说,在资本主义社会土壤中,彻底改变是不可能的。这里卢卡奇交代了哲学的三种路向:一是百科全书派(对知识的百科全书式的综合),一是浪漫派(质疑形式知识对生活的意义),一是分析哲学(承认各专门科学的成果和方法是必要的,是给定的,并指认哲学的任务就是解释和论证这些概念的有效性根据)。这三种路向共同的问题是首先承认了经验的事实。这意味着哲学放弃了追问产生形式主义的物化根源。物化世界成为了唯一可能的世界,唯一从概念上可以把握和理解的世界,不管我们对之是感到高兴、顺从,抑或失望,都没有什么区别。

"要做到这一点,只有当哲学通过对问题的完全另外一种提法,通过专注于可认识事物、被认识到事物的具体的、物质的总体来突破这种陷入支离破碎的形式主义限制时,才是可能的。"①为此,我们必须对形式主义理性的起源、原因和必然性有一个清晰的认识,并从内部进行改造。这正是卢卡奇分析资产阶级思想二律背反的任务:揭示这种扬弃形式合理化的总体性。

---

① [匈]卢卡奇:《历史与阶级意识》,杜章智等译,商务印书馆1999年版,第179页。

第二章　追寻具体的总体性

物化是商品化与形式合理化的统一。物化的危机，实际上就是形式合理化的内在限制。因此，走出物化危机就是追寻富含内容的具体的辩证的总体性。在卢卡奇看来，这条道路正是从德国古典哲学发展到马克思的道路。一方面，德国古典哲学代表了对这一总体性的追寻，其在思想上所达到的高峰，前德国古典哲学时期和新康德主义者等都未能企及。另一方面，德国古典哲学仅仅在思想领域中，提示了这种具体的总体方法，却未能通达社会现实。只有在此基础上的马克思主义总体辩证法才真正代表着这种总体性的实现。卢卡奇对马克思主义辩证法的复兴无疑具有划时代的意义。正因此，马丁·杰伊高度评价卢卡奇对复兴马克思主义的重要贡献，认为其在马克思主义处于衰落的年代，仅凭一人之力就使之在欧洲精神生活中赢得了值得尊重的地位。①

第一节　理性主义的非理性

"近代批判哲学是从意识的物化结构中产生出来的。"②这意味近代哲学是对物化现象的思想表达，其总体特征是理性主义。"'理性主义'就是一种形式体系，它和现象的这样一个方面有关，这个方面是知性可以把握的，是知性可以创造的，并因而是知性可以控制，可以预见和可以计算的。"③这个概括至少包括三层含义。其一，理性主义是一种形式体系，

① Martin Jay, *Marxism and Totality*, Berkeley: University of California Press, 1984, p.102.

② ［匈］卢卡奇：《历史与阶级意识》，杜章智等译，商务印书馆 1999 年版，第 180 页。

③ ［匈］卢卡奇：《历史与阶级意识》，杜章智等译，商务印书馆 1999 年版，第 184 页。

只和现象的特定方面有关,而现象的其他方面则与之无关,这意味着理性主义体系必然遭遇到这些其他方面的挑战,理性主义必然与非理性相关。其二,理性主义的内涵之一是知性可以把握现象,可以创造现象,这就意味着用概念范畴的方式建构现实。其三,理性主义的内涵之二体现在,由于这个现象是知性把握和创造的,因此,必然是可以被知性计算、预见和控制的,这就是以概念的方式控制现实。这两种内涵正是韦伯所分析的形式理性的认知功能和实践功能。

这三个层面是每一种理性主义体系都必然具有的,但这不是说理性主义体系是一种超历史的普遍适用的抽象原则。首先,理性主义作为一种部分性体系和总体性体系就存在着质的差别,这大体上相当于商品结构作为部分性体系(前资本主义社会)和普遍性结构(资本主义社会)之间的区别。在作为部分性体系的理性主义体系中,非理性问题或者表现为不配理性化的世俗的、经验的世界,或者表现为人的理性概念不能把握的彼岸世界。这样一来,人的存在的最终问题就被禁锢在了知性不可把握的非理性之中。也即是说,在这种体系中,人的存在和意义问题被非理性吸纳了,理性主义不是人的命运。而作为理性主义要运用到所有事物上面时,要发现所有事物的内在联系,要运用到人自身时,此时,非理性问题就以人的命运的形式表现出来。正如在资本主义时代,商品就不再仅仅是一个局部的经济范畴,而是表现为人的普遍命运。

其次,作为总体性的理性主义体系的非理性问题也存在着差异,这就涉及了现代理性主义体系的内部差异。前康德时期的理性主义、德国古典哲学时期和新康德主义在这个问题上的差别就体现出来了。在前康德时期,这种理性主义体系表现为理性的极端自信,认为我们的认识可以把握事物的全部,因此可以创造事物。数学是这种认识的方法论模板,因为数学公理和推论之间的逻辑一致性完全符合理性主义的要求:体系中的任何个别环节都可以从基本的原理中被推导出来,被创造出来,被精确地计算和预测。这里不存在任何非理性问题。所有的非理性问题都消失在了知性所创造的宏伟体系之后。康德从独断主义迷梦中“惊醒”,意味着康德以及康德所开创的德国古典哲学意识到了理性主义普遍体系的非理性，并试图将这种理性主义的内在限制融入理性主义，建立体系。“德国古典哲学的伟大、矛盾和悲剧正在于，它不再——像斯宾诺莎那样——把每一个既定的事实当作不存在的东西，并让它们消失在由知性创造的理性形式的宏伟建筑后面，而是相反，它把握住了概念的既定内容的非理性特征，牢牢地抓住这种特征，超越和克服这种证明，力求建立体系。”①

尽管德国古典哲学最终陷入了二律背反，但其代表了对理性主义非理性的内在超越，从而为马克思主义辩证法的出场奠定了基础。在卢卡奇看来，后德国古典哲学（不包括马克思）时期，对这种理性主义非理性的态度，基本上是无条件接受，而放弃了对其克服。这种对问题的处理，无论是采取拒绝形而上学的态度，还是将物质的非理性问题说成必须接受的“最终的事实”“文化”等，都放弃了这种对理性主义的内在超越。

综合这两个方面来看，德国古典哲学的特征在于：首先是一种总体性的理性主义；其次，承认理性主义必然遭遇到非理性问题，这个非理性问题表现为人的存在和命运问题；最后，将非理性问题纳入到理性主义体系中来解决，整个“资产阶级思想二律背反”的核心就在于论述如何从二律背反上升到辩证法。

德国古典哲学对非理性的解决是从康德的“物自体”开始的。物自体在康德体系中尽管存在着不同作用，但这些不同作用却有一个共同点。这就表明，抽象的、形式理性化认识能力存在着界限或局限。这种局限性最终可以归纳为两个方面，“首先归结为物质的问题（逻辑和方法论意义上的），归结为‘我们’借以认识世界和能够认识世界（因为它是我们自己创造的）的那些形式的内容问题；其次可以归结为整体的问题和认识的最终实质问题，归结为认识的那些‘最终’对象问题，对这些对象的把握才使各种部分性体系成为一个总体，成为被完整把握了的世界的体系。”②简言之，物自体就是形式理性的内容问题、部分合理性与总体非理性问题。如果我们联系物化批判，卢卡奇分析的普遍合理化所遭遇的非

① ［匈］卢卡奇：《历史与阶级意识》，杜章智等译，商务印书馆 1999 年版，第 189 页。

② ［匈］卢卡奇：《历史与阶级意识》，杜章智等译，商务印书馆 1999 年版，第 185—186 页。

理性及其危机,那么我们就可以更加清楚地看到卢卡奇将康德哲学视为是对物化现实的思想表达。康德最早发现了普遍物化的现实,并试图将非理性纳入到普遍的理性主义体系中加以解决。

但这里似乎意味着任务是不可能完成的。因为一方面这种作为既定性的物自体必须一无遗漏地化为概念体系,这个体系必须是封闭的,必须构造一切内容,似乎并不存在非理性的既定内容,但这样思维就重新跌落到了独断论(前康德时期的早期现代哲学);另一方面就是被迫让既定性、内容、物质进入形式结构,进入形式体系,但这样一来形式的体系就必须抛弃。"体系只能是对事实的尽可能一目了然的记载,一种尽可能条分缕析的描述,然而这些事实之间的关系确实不再是理性的,因而不再是可以加以体系化的了,尽管它们的组成部分的形式自身是合理的。"①质言之,一方面将非理性视为不存在,从而陷入独断主义;另一方面则可能意味着放弃总体性,仅仅追求部分合理性的"部件拼装"。

显然,康德没有停留于此,由康德开创的德国古典哲学也没有停留于此。德国古典哲学抓住非理性不放,沿着理性主义体系与非理性的矛盾不断相对化的路径建立体系,这种不断相对化的道路体现在康德三大批判的逻辑演进中。

康德在《纯粹理性批判》的"先验感性论"中提出了,我们只能认识现象,物自体不可知。感性的直观能力只是一种以感性形式接受刺激的能力而已。这种感性的非感性原因是我们不知道的,"感性内容的存在和存在方式则仍旧是一种完全不可溶化的既定事实。"②这就是说,纯粹理性并不能提出一个综合的、构造对象的命题。感性形式的内容问题就是物自身含义的第一个方面。如果借用康德的话来说,就是无论是感性形式还是知性形式的内容都是给定的,而不是形式自身的创造。同时,卢卡奇认为康德的"先验辩证论"都是围绕总体问题展开的,"上帝、灵魂等等

---

① [匈]卢卡奇:《历史与阶级意识》,杜章智等译,商务印书馆1999年版,第190页。Georg Lukács, *History and Class Consciousness*, London: The MIT Press, 1971, p.118.这里将中译本的"它们的因素的形式"改译成了"它们的组成部分的形式"。

② [匈]卢卡奇:《历史与阶级意识》,杜章智等译,商务印书馆1999年版,第187页。

只是想象出来的神话，以用来表述被认为是完整的（和完全被认识了的）所有认识对象总体的统一的主体或客体。”①在先验辩证论中，康德认为我们的知性范畴不能把握这些无限者，但理性本身又有这样的要求，这就产生了二律背反。二律背反根源于我们知性的无限诉求和无能为力。这表明在理论理性中，这个总体是无法把握的，这构成了物自体的第二方面含义。而这两个方面实际上内在相关，感性内容的不可知，就意味着有溢出知性形式以外的内容，而这就意味着这种知性体系不可能达及总体。因此，卢卡奇也将之概括为形式与内容的关系问题。物自身的问题在方法论上就表现为形式与内容的无关紧要性。②

当然，卢卡奇很清楚，这并不能简单地认为康德哲学是一种不可知论（虽然在最终的意义上可以这样认为）。因为康德哲学从牛顿力学出发，以数学方法为模型，以无限进展的方式，建立了形式主义体系。在这个意义上，认识的范围是可以无限扩大的。物自体的不可知实际上是知识的结构性缺陷，而不能简单地归结为知识范围问题。

但同样很清楚的是，在理论理性范围内，物自体问题构成了康德哲学体系的内在推动力。如果说在理论理性中，康德遭遇到了物自体的非理性这一不可逾越的界限，如果说其既不想退回到独断主义时期，又不想放弃对整体的把握，那就必须走向内发展的道路，就必须找到那个思维的主体，存在可以被视为这个主体的产物。在这里，一切都是主体的创造，在这里，没有了非理性的缝隙，没有了彼岸的自在之物。这就转到了对康德的《实践理性批判》的讨论，转到了对伦理实践的讨论。

第二节　伦理实践的直观性

从行文上来看，卢卡奇是从费希特入手的，但“费希特的哲学是康德

① ［匈］卢卡奇：《历史与阶级意识》，杜章智等译，商务印书馆1999年版，第186页。

② ［匈］卢卡奇：《历史与阶级意识》，杜章智等译，商务印书馆1999年版，第200页。卢卡奇将康德物自体转化为形式与内容的关系问题是经过拉斯克中介的。拉斯克为避免物自体问题上可能走向心理主义危险，将物自体问题转化为了形式与内容的关系问题，这就启发卢卡奇可以将黑格尔对康德的批判与对物化批判结合起来。

哲学的完成”[①],费希特的哲学只不过是以逻辑的方式将问题阐发了出来,实际上并没有超出康德哲学。

面对理性主义的非理性缝隙,费希特认为哲学必须从先验的主体出发,将非理性视为先验主体的创造物。由此,这个先验主体的特征有:第一,先验主体本身必须是连内容都是已知的,只有直观才能把握其内容,否则,这个先验主体就必然面临一个创造者无限后退的问题。第二,这个主体是全部内容的创造者,在这里,主体与客体融合、同一了,先验主体的同一性是无条件的。第三,经验中主体与客体的分裂是这个同一的产物。“从同一的主体—客体出发,把每一种既定性把握为同一的主体—客体的产物,把每一个两重性把握为从这种原初统一中派生出来的特殊情况。”[②]第四,这个派生的原则就是“实践”“行为”“活动”,但这个活动是“纯粹的活动”,也即是不以客体为前提,而是创造了客体本身的活动。因为以客体为前提就意味着仍然承认了非理性的既定性,而从纯粹的活动出发就将这种非理性视为创造的产物。

卢卡奇认为,一旦我们去追问这种同一主体的具体性质时,问题就出来了。这种“同一的主体—客体”同样面临难题。一方面,只有在道德行为中,只有在道德行为的个体主体对自身的关系中,才能真正具体地发现这种意识结构、这种主体和客体的关系;另一方面,在自己创造的、但纯粹是转向内心的形式(康德的道德律令)和与既定的经验之间不可逾越的两重性,对行为个体的道德意识来说,要比对认识的直观主体表现得更为清楚。

这具体表现为四个方面:第一,这些伦理事实只能是“给定的”,而不能视为被创造的。“在《实践理性批判》中,康德从意识到的事实开始,正如他以同样的方式,在《纯粹理性批判》中以先天综合判断这个事实开始一样。”[③]被意识到的事实就是给定之物。第二,应该由道德领域发现而

① [德]黑格尔:《哲学史讲演录》第四卷,贺麟、王太庆译,商务印书馆 1978 年版,第 308 页。

② [匈]卢卡奇:《历史与阶级意识》,杜章智等译,商务印书馆 1999 年版,第 197 页。

③ Georg Lukács, *Political Writings, 1919-1929*, London: NLB, 1973, p.208.

建立起来的自由,即自主,却简单化了:自由变成了对内在事实的评价问题。这些事实仍从属于客观必然性和他律性,自由也相应变成了主观自由。第三,这导致了现象与本质、自由与必然之间仍是分离的,也没有以此建立一个统一的整体(这是理性主义的要求)。甚至,主体也分裂成了经验自我和先验自我,自由与必然的不可解决渗透进主体最内在的结构之中。简言之,在主体结构中,经验自我从属于必然性,是没有任何自由的,自由只存在于先验自我中,这种自由只能是反思式的评价性自由。第四,伦理变成了无内容的纯形式。所有给予我们的内容都服从现象界的客观规律,实践标准的作用只与形式有关。当这种伦理学试图使自己具体化时,“它就被迫从现象界借来特定行为内容,并借来概念体系吸收这些内容及其偶然性。”①这样非理性的内容仍出离于形式主义体系之外,两者的关系仍是外在的、偶然的。

因此,康德在实践理性批判中试图解决物自体的非理性问题,陷入了在理论理性批判中同样的问题。“康德的形式主义的、适应个体意识的伦理学虽然可能展示了解决自在之物问题的形而上学前景,其途径是,被先验辩证法瓦解了的世界总体概念,以实践理性的假设的形式出现在地平线上,然而在方法论的角度看,这种主观的和实践的试图解决问题的办法,仍被限制《纯粹理性批判》对问题的客观和直观分析同样的界限里。”②这种由方法论导致的缺陷具体表现在:任何给定对象都是形式与内容不可分离的统一体,理论与实践是与同一对象有关的。理论的直观只关心形式方面,而且理论越是只关心摆脱一切内容的形式方面,这种直观的态度就越明显,实践也就越屈从于直观的理论。如此看来,康德在理论理性批判中,将认识越是变成一种纯粹的形式联系,其实践也就越是变

---

① [匈]卢卡奇:《历史与阶级意识》,杜章智等译,商务印书馆1999年版,第199页。Georg Lukács, *History and Class Consciousness*, London: The MIT Press, 1971, pp.124-125.中译本的译文为“它就被迫向现象世界,向对这个世界进行加工,并带有它的‘偶然性’印记的概念系统借用这些具体行为的内容规定。”这个译文过于费解。

② [匈]卢卡奇:《历史与阶级意识》,杜章智等译,商务印书馆1999年版,第200页。Georg Lukács, *History and Class Consciousness*, London: The MIT Press, 1971, p.125.中译本将《纯粹理性批判》翻译成了“限制过程性批判”是明显错误,这里作了修正。

成直观的态度，自由也就沦为了被动的反映式自由。

卢卡奇认为康德哲学的困境其实是对物化现实的思想表达。这种社会状况就是一方面人们日益地打掉了外在的桎梏，也就是非理性的第一自然，用韦伯的话来说，就是对世界的祛魅，就是摆脱对自然的依赖。这个过程存在另一方面，人们被理性化的第二自然控制，这种控制人的理性化的第二自然仍是非理性的。用霍克海默和阿多诺的话来说，前者就是启蒙祛魅了世界，战胜了神话，后者就是启蒙变成了新的控制形式，启蒙蜕变为了神话。

这种悖论式的社会存在具体表现在：

第一，未被控制的权力采取了新的特点。以前是未被认识的、非理性的盲目的自然力量，现在表现为认识了的、能认识的、理性的规律体系的必然结果。这种必然性的总体虽不能被认识，但其部分可以不断地按照数学的方式加以计算和控制，主体的态度就变成了精确预测这种规律的结果，为实现其目标提供最有利的条件。因此，现实越是被分析合理化，计算和预测的范围就越大，主体也就越是变成追求自身利益最大化的自我保存的有机体，主体的态度也就越来越是直观的。

第二，社会关系的自然化。社会关系成为人的“第二自然”。一方面，人的所有关系（作为社会行动的客体）越来越多地获得抽象的客观形式；另一方面，这个行为主体越来越对这些——人为地抽象了的——过程采取观察员、纯实验员的态度，也即纯粹直观的态度。

第三，康德的批判哲学转向实践来解决问题，但并没有解决二律背反，而是将二律背反永恒化。“客观必然性不管表现得多么合理和有规律，但由于其物质基础仍是先验的，始终保持在不可消除的偶然性中，本该以这种方式得到拯救的主体的自由，由于是空洞的自由，也不能不跌入宿命论的深渊。”①从这个意义上，卢卡奇高度评价了康德哲学的诚恳：坦率地、不折不扣地突出了问题的不可解决。

---

① ［匈］卢卡奇：《历史与阶级意识》，杜章智等译，商务印书馆1999年版，第211页。

第三节　艺术原则的总体性

尽管在理论理性和实践理性中,康德试图解决物自体的非理性问题却最终走向了失败,但卢卡奇认为,康德还是提示了解决问题的出路。这一方面表现在,康德认为存在很明显不是真正的宾词。这是康德反对上帝的存在论证明的提法。对上帝存在的存在论证明是从绝对完满的概念出发推论出上帝存在。这个推论的前提是绝对完满的概念不可能不具体地存在或者说实际地存在,因为一旦不具体地存在或实际地存在就意味着上帝只是一种观念上的存在。但如果仅仅是观念上的存在就不是绝对完满的。所以,上帝一定不仅作为观念存在,还实际地存在。但康德认为,这并不能赋予这个理性的理想以实在性,因为从概念里推不出存在来。卢卡奇认为,这里包含着克服存在概念二律背反的真正实践的结构。而这一点康德自己都没有意识到,卢卡奇认为这一点被黑格尔和马克思看出来了,黑格尔指出我们可以将对象把握为具体总体的一个部分,具体的总体是比存在更高的现实。马克思在其博士论文中比黑格尔更具体、更坚决地走向了历史的现实的领域,走向了具体的实践领域。

另一方面,卢卡奇指出,康德在《判断力批判》中,更加明确地通过判断力来解决这个内容的非理性问题。如果说,在理论理性中,纯粹理性不能直接推导出内容来,而只能间接地通过这些概念对完全是偶然的东西的关系中得出,因此自在之物仍保持着非理性,那么在判断力中,这就是包含特殊在内的普遍性,而要达到这种认识就必须依赖理智直观。理智直观的能力可以将这种特殊性一览无遗地纳入总体性之中的。卢卡奇认为,这一点虽然在康德那里还只是思想的一个点,但在其后继者那里,则成为了哲学体系的基石。

这一原则的提出不仅有其社会根源,而且在后来的发展中以更加清晰的方式表现出来。从社会根源来看,资产阶级在其经济结构(私有制、商品生产和市场交换等)的基础上,以数学的原则理解自然,将自然按照规律的形式建构起来,但这种按照自然规律建构起来的自然却不受人的控制,却反过来控制着人。此时第三种自然的概念就产生了。这就是自卢梭提出的自然概念,自然是我们曾经所是的状态,也是将要成为的状态。这种自然与人的内在感觉有关,其变成一个容器。凡是反对不断增长的机械化、物化的内在倾向都集中在此,其获得了与文明、人为结构相对立的有机成长的东西,就获得了不是人创造的东西的产物。① 这一内心的渴求意味着人的真正存在,意味着人真正摆脱了令人机械化的形式的本质:人作为自身完美的总体,内在地克服了理论和实践、理性和感性、形式和内容、自由和必然的分裂。

而当这种意识的渴求在艺术中找到现实表现时,艺术的世界观原则就更加清晰地被认识到了。这个原则就是具体的总体,就是将现实的具体的总体视为主体的产物,就是消除了内容与形式、部分与总体的偶然关系。席勒将美学原则不仅仅视为一个美学问题,而且视为解决人的存在和意义问题的钥匙。这就将社会存在中被打碎的、被分散在部分性体系中的人在思想领域中获得了完整性存在。

但显然这种艺术原则解决问题的路径只有两个:其一,生活的全部内容在成为美学的时候,才能不被扼杀。这就是说,世界必须美学化,这意味着回避问题,用另一种方法把主体重新变为纯直观的,并把行为一笔勾销;其二,美学原则应该被视为塑造客观现实的原则,但这样一来,理智直观就必然变为一种神话。康德就曾指出,这种理智直观的知识只有上帝才具有。显然,这两条道路或者取消了行为的主体,也就取消了生活的意义,或者走向启示的神话学。这两条道路都不是现实的道路。当然卢卡奇认为艺术原则的世界观价值在于,在不落入神话学的前提下,寻找作为

① 卢卡奇在这里对浪漫主义展开方法论意义上的批判。卢卡奇认为,康德的“有机成长物”的概念是浪漫主义反对物化的战斗口号,这个口号经由德国浪漫派、历史法学派、卡莱尔、罗斯金等的发展越来越具有反动作用。这种反动作用具体表现在,浪漫主义自然的内在化是以完全接受对象、认为其不可改变为前提的,“将情绪放到内容中,是以对象的未被理解和不可理解(自在之物)为前提的,正像自然规律那样。”([匈]卢卡奇:《历史与阶级意识》,杜章智等译,商务印书馆 1999 年版,第 215 页。Georg Lukács, *History and Class Consciousness*, London: The MIT Press, 1971, p.214.中译文有改动。)显然卢卡奇并不赞同浪漫主义,其致力于在实践中改造世界,也没有像诸多学者批评的那样陷入浪漫主义,具体讨论参见本书第十二章。

创造了分裂的现实的具体的主体。

第四节　历史总体性与历史神话学

这个思想的努力是由黑格尔作出的。卢卡奇引用了黑格尔的一段话,“对立通常是在精神和物质,灵魂和肉体,信仰和知性、自由和必然等等形式之下的,以及在有限的范围内,还是很突出的,对立并把人的所有利益都集中在自己的身上。但在教养的进步中,对立过渡为理性和感性、知性和自然对立的形式,对普遍的概念而言,过渡为绝对主观性和绝对客观性的对立的形式。扬弃这种固定化了的对立是理性的唯一志趣。它的这一志趣并不具有这样的意义:似乎它一般地是反对对抗和限制的;因为必然的发展是生活的因素,而生活永远是在对立中形成的:而最富有生气的总体只有通过重建,只有从最绝对的分离中才能产生出来。”①这段话的基本内涵是:第一,资产阶级二律背反就是这种对立,这种对立将人的所有利益集中在自己的身上,这就是主观理性占据了主导;第二,这种对立是普遍的概念的自我异化,这种对立具有必然性,具有其自身存在的意义,生活只有在对立中才能形成;第三,扬弃这种对立普遍理性的唯一任务,也就是超越主观理性达到思想的客观性;第四,这种对立的扬弃,不是简单地反对对立,也不是简单地在对立之间实现统一,而是将对立的流动变化作为一个环节,纳入到总体之中。总体因此构成了一个活动的整体,其分解出对立,并扬弃这种对立。总体与对立构成了流动的整体,这就是具体的总体的辩证法。

这样一来,问题就超出了纯粹认识论领域,因为纯粹认识论思考的是在我们现实中既定的思维和行为的形式可能性条件。而在这种具体的总体中,没有东西是给定的,总体和环节都是生成的。在黑格尔这里,这个总体就是历史,历史既是辩证过程的创造者,又是其产物。历史是辩证过程的创造者,意味着历史的发展是内容的自我生成。说其是历史的产物

① ［匈］卢卡奇:《历史与阶级意识》,杜章智等译,商务印书馆 1999 年版,第 222 页。

意味着新的内容的生成不是无中生有，而是在以前内容基础上新的生成。在以具体内容变化的历史总体逻辑中，个别的内容和总体之间表现为积极的统一，也就是自在之物的非理性的两个方面开始消解。

在以往的历史观中，由于其建立在纯粹认识论基础上，其目的就是要使抽象化了的内容进行形式上的分析，因此必然假定这种内容是不可改变的。这样得出的至多是关于历史现象和社会现象的形式的、程式化的类型学。历史的事实至多是解释这种类型学的例子，两者的关系纯粹是偶然的关系。“太阳下面没有新事物”，在这种历史的程式学下，同样也没有新事物。从方法论上来说，由于假定历史内容的不可改变，历史的终结论不可避免。历史的生成，新内容的产生对这种理性认识来说就具有了自在之物的性质。而在卢卡奇看来，黑格尔的历史观表明，“恰恰是由于历史的生成迫使想与这些因素相符合的认识把概念结构建立在内容之上，建立在现象的独一无二的和新的性质上，因此它同时就迫使这种认识不让这种因素坚持其纯粹具体的独特性，而是把它们放到历史世界的具体的总体，放到具体的总的历史过程本身之中去，只有这样，认识才成为可能。”①

但在历史的主体上，黑格尔陷入了历史的神话学。卢卡奇认为，黑格尔不能揭示历史的真正动力。原因之一是黑格尔在创立体系时，这种历史动力还不能完全看明白，因此，黑格尔不得不把民族精神视为历史主体。当然，民族精神还不是真正的主体，世界精神才是真正的主体。民族精神是世界精神的“理性的狡计”：世界精神通过民族精神，但又超越民族精神完成自己的行动。

这就关涉到了另外一个原因，黑格尔“仍然禁锢在柏拉图和康德的观点中，仍然禁锢在思维和存在、形式与内容的两重性中”②。既然民族精神只不过实现了世界精神的使命，这就意味着行为对行为者来说变成了先验的，历史的内容仍保持着“特殊性的污点”。历史只是这个绝对精

① ［匈］卢卡奇：《历史与阶级意识》，杜章智等译，商务印书馆1999年版，第226—227页。
② ［匈］卢卡奇：《历史与阶级意识》，杜章智等译，商务印书馆1999年版，第68页。

神的一个体系和部分，其不可能成为“活的躯体”。这就产生了四个问题。第一，历史与理性之间的关系仍然保持了形式主义体系与非理性内容之间的偶然关系，自在之物的二律背反重新出现。第二，与之内在相关的是历史终结论同样出现。第三，黑格尔或者对当下终止了他的批判，与当下达成了和解，或者将辩证运动导向了绝对精神领域中形式上的静止。① 这显然与其辩证法的革命精神相违背。第四，由于历史是辩证方法唯一的生存基础，历史与辩证法起源是一致的，但黑格尔将辩证法从历史中分离出来，历史的结构表现为超历史的逻辑的外化，这就歪曲和糟蹋了历史，“结果，历史开始其复仇，将这种不能融合其的方法破坏了，并将其撕成了碎片。”②从逻辑学到自然哲学的过渡就构成其体系的重大困难。

至此，卢卡奇得出结论，德国古典哲学试图在思想领域中克服物化，思辨地复活被社会毁灭了的人，最终只不过完成了对资产阶级社会的思想再现和先验推演。从这个角度来看，资产阶级思想的二律背反是对资本主义社会普遍物化结构的思想表达。这种思想表达体现在其将物化结构视为不可改变的前提，也就是说，停留在物化的直接性上，其基本任务就是在思想中把握这个时代，而不是试图改造整个世界，因此，最终陷入了“无批判的实证主义”。从卢卡奇的行文结构来看，“资产阶级二律背反”与“物化现象”内在关联。

但从另一方面来说，资产阶级思想二律背反又指出了解决问题的出路：历史的具体的总体的辩证法。在黑格尔对康德的批判中，这个物自体变成了纯粹的主观环节，是抽象反思的结果。物自体由于是抽象的结果，因此毫无规定性。黑格尔提出了生成的逻辑。这不仅揭示了康德概念的矛盾，而且同时从起源上解释了物自体是人类知识结构中的一个必然阶段。“只有通过证明物自体的辩证法——这对康德来说是不可知的或者

---

① Georg Lukács, *Political Writings, 1919-1929*, London: NLB, 1973, p.216.

② ［匈］卢卡奇：《历史与阶级意识》，杜章智等译，商务印书馆 1999 年版，第 230—231 页。Georg Lukács. *History and Class Consciousness*, London: The MIT Press, 1971, p.148. 中译文略有改动。

是意识不到的——这些对康德来说在原则上看起来是不可解决的二律背反,才得以解决。但是,黑格尔对康德的这种起源—辩证的反驳仍是纯逻辑的。"①黑格尔虽未能揭示这种哲学的具体起源和方法论根基,但方法论价值在于,用一种具体的辩证的总体历史理性扬弃形式合理性。

在卢卡奇看来,只有历史唯物主义将黑格尔的辩证法颠倒过来,"唯有其,才能具体地历史地揭示什么是黑格尔解释中的正确的,才能证明康德现实的概念,不仅仅是面对客观性可能的典型处境,同时也是具体阶级地位的具体结论。"②实现这个具体的辩证的总体性正是无产阶级的事业。无产阶级作为历史的主体与客体,意味着历史辩证法的真正实现。从这个角度讲,物化批判在现实中的实现正是《历史与阶级意识》历史哲学所讨论的问题。

---

① Georg Lukács, *Tailism and the Dialectic—A Defence of History and Class Consciousness*, London: Verso, 2000, p.124.

② Georg Lukács, *Tailism and the Dialectic—A Defence of History and Class Consciousness*, London: Verso, 2000, p.124.

第三章　历史辩证法的内在超越

《历史与阶级意识》中的历史哲学走的是历史辩证法的内在超越之路，无产阶级作为历史的主体与客体能够实现对物化的内在超越。这意味着，一方面物化是历史形成的，只有在资本主义社会中，当劳动力成为商品时，人与人之间的关系才普遍表现为物与物的关系，物化才构成了人的普遍的命运。资产阶级和无产阶级都处于物化状态，人们以直观的态度面对物化现象，物化意识构成物化结构的必要环节。另一方面，对于资产阶级和无产阶级来说，物化虽然都是直接给定性存在，但由于两个阶级社会存在的区别，无产阶级不仅是这种物化结构的形成因素，而且还是扬弃物化结构的内在因素。

无产阶级作为历史的主体与客体扬弃物化首先要回答的问题就是，无产阶级和资产阶级都是物化的，都处于物化的直接性中，为什么无产阶级可以实现这种扬弃，而资产阶级却不可以？卢卡奇是在直接性与中介的讨论中解决这个问题的。这一对看似黑格尔的范畴，实际上蕴含了无产阶级实践批判的立场。“中介的知识，也就是这些中介的现实形式，通过这些形式，社会的直接表象形式被生产出来，这假定了一个对社会现实的实践的——批判的，辩证的——批判的立场：革命无产阶级的实践的——批判的立场。”①

① Georg Lukács, *Tailism and the Dialectic—A Defence of History and Class Consciousness*, London: Verso, 2000, p.94.

第一节　历史的直接性与中介

无产阶级和资产阶级都处于物化的直接性中，但这已经是经过中介了的直接性。物化就是物与物的关系中介着人与人之间的关系。这一点对资产阶级和无产阶级都是同样的。差别在于，这种中介对于资产阶级来说，是自身强大的证明，是人的生存的外观，因此，资产阶级直接接受了这种中介推导出来的对象性形式，从而陷入了纯直接的表象阶段。而如前所述，资产阶级的思想同样以理论的方式陷入了直接性。显然，这种陷入直接性是资产阶级的立场，一旦放弃这种立场，就意味着放弃资产阶级的地位，意味着资产阶级的精神自杀。

而在这种经由中介的直接性中，无产阶级感到自己是被毁灭的，无产阶级看到自己的无能为力和非人的生存状态。因此无产阶级被迫超越这种物的中介形式，让人与人的关系以其自身为中介，而不是以物为中介。这就要求将物化的力量还给人，将物与物的关系还原为人与人的关系，也就是呈现出物化形式的内容。物与物的关系所建构起来的物化总体也由于其内容（人与人的关系）呈现而趋于瓦解。瓦解的过程就是让每一个部分合理化所带来的物与物的关系开始呈现为人与人的关系。

由此可见，直接性与中介就不仅仅是人们看待对象的两种态度，而且是事物本身相互关联的辩证规定。物与物的关系中介着人与人的关系，这种对象性形式，在资产阶级看来是合理的，是天经地义的，具有人的外观，巩固了其自身存在，因而必然对之采取直接性的立场。扬弃这种已经是中介过的直接性，让新的对象性形式（人与人的关系）出现，就是无产阶级的立场。这种对直接性的扬弃是一个过程，一旦中介被中断，就意味着复归到了新的直接性上去，历史的过程性质也就丧失了，这就跌落到了资产阶级的立场。

“超越这种直接性只能是意味着客体的起源，即‘创造’。但这是以下述条件为前提的，即那些使得有可能超越既定客体存在的直接性的中介形式能被描述为客体本身的结构构造原则和真正的运动倾向，也就是思想的起源和历史的起源应该是吻合的。”①也就是说，对象一直是被中介了的对象，这就相当于在物化结构中所分析的作为对象性形式的商品已然是被中介了的对象。中介范畴不是从外面主观加入对象中去的，不是价值评价，也不是与既定存在相对立的应该，而是客体本身具体结构的显现。

中介范畴不是价值评价的原因在于，一方面价值评价将中介范畴只是理解为一种主观上的东西，只是对“始终未变”的现实的评价，这样客观现实重新具有了自在之物的特征；另一方面价值评价的标准具有相对性，因此其只不过是将对某个群体或阶级有效的文化价值当作客观标准，随意性和主观性就渗透进了标准本身。这种价值评价和对象的关系又纯粹是偶然的符合关系。这样无论是评价标准，还是评价对象的直接性都被保留了下来，中介也就被中断了。

在同样的意义上，中介范畴也不是一种“应该”。“应该”是以原则上对之不适用的某种存在为前提的，正因此，这种直接性存在在哲学上被永恒化了。这种“应该”的超越之路只有两条：或者让无意义的经验存在不加改变地存在下去，这样就赋予应该以纯粹主观的性质，或者这种理论必须假定一种既超越存在又超越应该的原则，以便能对存在产生真正影响。然而，将存在与应该严格二元论式地区分开来，在方法论上就不可能将之统一起来，康德的无限进展已经揭示了问题的不可解决性。

汉纳·阿拉托和保罗·布赖恩斯曾指出，卢卡奇的直接性与中介的辩证法同主客体辩证法的逻辑前提并不相同。“主体——客体辩证法（实践哲学的核心）和直接性与中介性的辩证法（辩证的社会理论的基础）似乎源于不同的概念前提。”②主客体辩证法的前提是主体，试图寻找创造主客体相统一的主体，这个主体也就是费希特、黑格尔的绝对主体，在卢卡奇这里表现为无产阶级。中介的辩证法是从客体出发，从历史客观的可能性出发。这个观点实际上是有问题的，他们没有看到对于卢卡

① ［匈］卢卡奇：《历史与阶级意识》，杜章智等译，商务印书馆1999年版，第240页。

② Andrew Arato & Pual Breines, *The Young Lukács and the Origins of Western Marxism*, New York: The Seabury Press, 1979, p.131.

奇而言，物化结构的直接性实际上是由主体的直观态度参与中介的，新的直接性来源于无产阶级改变这种客体地位，作为主体以新的中介，参与物化结构的改造。直接性与中介的辩证法和主客体辩证法实际上是同一回事。

在卢卡奇看来，无产阶级由于其特殊历史地位，能够在物化中介的基础上，产生新的中介，从而打破物化的控制，开启新的历史。“中介范畴的方法论作用在于借助它们，使资产阶级社会的客体必然具有的，但在资产阶级社会中必然没有得到直接表现的，以及相应地在资产阶级思想中没有得到反映的那种内在意义，在客观上发生作用，并因而能提高为无产阶级的意识。”①那么，无产阶级如何才能具有这样的特殊功能呢？而资产阶级为什么不可能呢？

第二节　劳动时间的质量辩证法

卢卡奇认为，资产阶级和无产阶级所代表的社会类型及其历史顺序不同，具有不同的阶级地位和阶级利益。这就使资产阶级必然停留在物化的直接性上，而对无产阶级来说，超越这种直接性，则是“性命攸关的问题”。

对于资产阶级来说，阶级意识辩证法的基础是资本主义利己主义个体与从意识上无法控制的发展之间不可消除的对立。资产阶级的利己式个体在意识上是适应经济意识的，但这必然导致其无视资本主义经济制度的内在限制。这种最高程度的无意识，即极度的虚假意识，总是在对经济现象的最有意识的控制时表现出来。因此，“对资产阶级来说，历史过程和社会存在的主体和客体始终是以双重形态出现的：从意识上讲，单个的个体是认识的主体，其面对着社会事件的极其巨大的必然性，他所能理解的也只是它的细枝末节，而在现实中，恰恰是个体的自觉行动居于过程的客体方面，而过程的主体（阶级）却不能达到自觉的意识，这个活动必

① ［匈］卢卡奇：《历史与阶级意识》，杜章智等译，商务印书馆1999年版，第250页。

然永远超出——表面上的——主体，即个体的意识。”[1]也就是说，资产阶级的出发点是个体。一方面，在现实中，个体的自觉活动处于客体状态，而实际上的主体，也就是整个阶级达不到自觉的意识，这就是为什么在现实中资产阶级同样处于物化状态，在这里主体与客体僵硬地对立着。另一方面，在意识上，个体是认识的主体，虽然实质上由于面对巨大的必然性，这种主体实质上也是客体，但这保留了其虚假的主体性。在这里，主体与客体也同样是对立的。因此，卢卡奇得出结论，虽然对资产阶级来说，社会过程的主体与客体已经处于相互作用关系中，但两者始终是外在的，辩证法始终不是自觉的。

这种不自觉性表现为资产阶级的文化危机，这种危机表现在：一方面资产阶级的意识形态越来越与生活脱离，变得越来越抽象，以至于我们不再能够轻易发现其生活基础，资产阶级意识形态从“虚假”意识走向了虚伪意识；“另一方面是犬儒主义的同样可怕的空虚无聊，甚至已经相信自身的存在对世界历史毫无意义，而只维护自己赤裸裸的存在，赤裸裸的自我利益。”[2]资产阶级意识形态必然陷入犬儒主义，必然限于精致的利己主义。犬儒主义与虚无主义弥漫于资产阶级阶级意识中。

而对无产阶级来说，他的社会存在并没有这种双重存在，其在一切方面都是社会存在的纯粹客体。卢卡奇认为，在日常生活的一切方面，当单个工人认为自己是生活的主体时，他的存在的直接性立刻将之撕得粉碎。当工人将自己抽象为劳动力，加入到合理化和机械化的过程中去时，其完全是资本生产和再生产的一个要素。工人只不过是一个被简化为量的数字，是一个机械化了的、合理化的零件。这个过程虽然在资本家身上也发生，其人格也被分离为商品运动的因素和无能为力的旁观者，但对资本家的意识来说，其是这个过程的主体因素，也就是上述的个体资本家存在着虚假的主体性。因此，这个量的抽象过程，对单个资本家来说，就是外在

---

① ［匈］卢卡奇：《历史与阶级意识》，杜章智等译，商务印书馆 1999 年版，第 252 页。Georg Lukács, *History and Class Consciousness*, London: The MIT Press, 1971, p.165. 中译文略有改动。

② ［匈］卢卡奇：《历史与阶级意识》，杜章智等译，商务印书馆 1999 年版，第 128 页。

于其生命过程的，只不过是其计算的对象。“而对工人来说，内心里是没有这种虚假活动的余地，他的主体的分裂维持着他——趋向于——受无限制奴役的残酷形式。他因而被迫成了过程的客体，忍受着他的商品化和被简化为纯粹的量。”①

卢卡奇认为，正是在这里蕴含着对物化直接性的超越。因为时间是人类发展的空间，工人将自己抽象为劳动力出卖，变成一种量的等价物，是发生在作为人的存在的决定性的生存形式上。雇佣劳动中时间的量化，是工人全部肉体的、精神的、道德的存在的质的范畴。剥削数量上的差异，并不是发生在工人之外的，而是直接对工人感性生命的剥削。从量变到质变的变化，并不是量积累到一定程度才发生质变，而是每一个量的变化都意味着一种质变，也就是每一次劳动时间的变化都意味着资本与雇佣劳动之间剥削关系的呈现。因此，量变到质变是存在的真正对象性形式的呈现：“数量化是一种蒙在客体的真正本质之上的物化着的和已物化了的外衣。它只有在主体与对象处于直观的或（看来是）实践的关系，并对对象的本质不感兴趣时，才能被认为是对象性的客观形式。”②客体的真正本质就是资本对劳动的剥削关系。因此，工人作为商品，在劳动时间的量变中，认识到了人与人的关系。

而物化的普遍结构之所以在劳动时间领域中才表现得极其清楚和被意识到，主要是因为，相比较官僚政治等其他领域，劳动领域的物化具有三个区别性特征。其一，生产劳动领域出卖的是体力，最赤裸裸地体现了物化的残酷性，劳资对立最明显，而在其他劳动领域，这种结构还隐藏在“脑力劳动”“责任”等虚假面具后面，物化越是侵入到自己的成果，而不是自己肉体领域时，这种假象的欺骗性也就越明显。其二，在工人的生产领域中，虽然工人变成商品，其灵魂枯萎和畸变，“然而在这里他的人性和灵魂没有转化为商品，因此他可以在内心里使自己完全客观地反对他的这种存在，而相反，譬如在官僚政治中被物化了的人，就连他的那些本

① ［匈］卢卡奇：《历史与阶级意识》，杜章智等译，商务印书馆 1999 年版，第 254 页。

② ［匈］卢卡奇：《历史与阶级意识》，杜章智等译，商务印书馆 1999 年版，第 255 页。

来促使他起来反抗物化的机能也被物化了、被机械化了，被变为商品了。"[①]也就是说，在非物质劳动领域，人的灵魂和本性变成了商品，反抗的机能被物化了。其三，在生产劳动中，工人意识到其地位既非常重要，又面临着失业、被解雇等不确定性，这就更加容易形成反抗的意识，而在其他领域，则有稳定的假象和上升为统治者的抽象可能性，这种虚假的主体性以地位意识呈现出来，可能阻碍阶级意识。这三个区别性特征无疑强调了工人体力劳动中的被剥削的肉体性、体验的直接性、不稳定和不确定性。"因此，工人存在中的纯粹抽象的否定性，从客观上讲，不仅是物化最典型的表现形式，不仅是资本主义社会化的结构模式，而且——正因此——从主观上来看，它又是一个转折点，通过它可以意识到这一结构，因而在实践中打碎这一结构。"[②]

第三节　商品自我意识的觉醒

这种从工人存在中纯粹抽象否定性所形成的意识是"商品的自我意识"。这种自我意识不是关于自己商品的认识。因为"关于客体的意识"，完全可能将商品作为认识对象，主体与客体仍保持着双重性，因此认知的主体和客体的结构没有任何变化。这多少有点类似于，当一个工人说，我知道我在被交易，我知道我是商品，我同样知道我在被剥削。这

---

① ［匈］卢卡奇：《历史与阶级意识》，杜章智等译，商务印书馆 1999 年版，第 261 页。Georg Lukács, *History and Class Consciousness*, London: The MIT Press, 1971, p.172. 中译文略有改动。这里中译文译成了"恰恰又使他的人的灵魂的本质没有变为商品"，这里容易导致误解，似乎其他领域是灵魂的现象被物化，而在生产劳动中是灵魂的本质没有被商品化，区别在于本质与现象。卢卡奇的分析并非如此。卢卡奇试图表明在生产劳动中，出卖的是感性的肉体生命，因此对这种剥削关系更加容易被感知，而在其他领域出卖的是人性和灵魂，因此很难被发觉。

② ［匈］卢卡奇：《历史与阶级意识》，杜章智等译，商务印书馆 1999 年版，第 262 页。Georg Lukács, *History and Class Consciousness*, London: The MIT Press, 1971, p.172. 中译文略有改动。这里，中译文译成了"并因而实际上打碎这一结构"，"实际上"似乎表明这一意识就已经冲破物化结构，似乎卢卡奇陷入了唯心主义。这显然是对卢卡奇的误解。这里应该翻译成"在实践中"（in practice）。卢卡奇认为这种自我意识才是一个转折点，才是一个开始，虽然这个开始包含着总体，具有总体性。

种说出自己的商品性质，并没有对这种商品结构中所蕴含的剥削关系产生任何影响。

卢卡奇所阐说的这种商品的自我意识意味着，“这种商品的特性就是，它在物的外衣下是一种人与人的关系，在数量化的外衣下是质的活的内核，现在它呈现出来了，因此建立在作为商品的劳动力基础之上的每一种商品的拜物教特征就有可能得到揭示：每一种商品的内核，即人与人的关系，都作为一种因素进入到社会发展之中。”①这意味着自我意识将改变对象的对象性形式，也就是说，让物与物的关系所遮蔽的人与人的关系呈现出来。这种自我意识具有实践性要求，或者说实践性承诺，并不等同于实践性行动本身。如果其不作为新的因素加入到社会发展中去，其就仍停留在关于商品的意识，而不是一种自我意识。革命的实践源于激发这个实践的社会存在。但这个实践不是自发的，“而主要是通过工人成为有意识的，这些工人意识到他们活动的社会历史前提，意识到客观的历史发展趋势，这些趋势激发他们的实践和并扬弃他们的社会存在形式，工人成为自觉的，并将这种意识（对实践的理解：阶级意识）变为革命的实践。”②这里“对实践的理解”显然是卢卡奇对马克思《关于费尔巴哈的提纲》第八条的创造性解读。马克思曾指出，“全部社会生活在本质上是实践的。凡是把理论引向神秘主义的神秘东西，都能在人的实践中以及对这种实践的理解中得到合理的解决。”③卢卡奇认为，“对这种实践的理解”正是无产阶级的阶级意识，没有阶级意识对实践的理解，就不可能有改造世界的实践活动。正是在这个意义上，自我意识具有海德格尔所说此在的诠释学意蕴。自我意识是一种对自身生存地位的理解，是一种对自身参与了对象性形式的理解，因此，也是一种改变对象性形式的实践意识，理论是一种改造世界的理论。

这种劳动时间领域形成的自我意识在两个方面意味着对物化的超

① ［匈］卢卡奇：《历史与阶级意识》，杜章智等译，商务印书馆1999年版，第258页。

② Georg Lukács, *Tailism and the Dialectic—A Defence of History and Class Consciousness*, London: Verso, 2000, p.129.

③ 《马克思恩格斯文集》第1卷，人民出版社2009年版，第501页。

越：其一，在内容与形式关系方面，它是物化形式背后内容的出现，是计算合理化背后人与人关系的呈现；其二，在部分与总体关系方面，其意味着总体与部分不是像反思规定所思考的那样，总体仅仅是部分之和，通过部分的无限进展实现总体，而是部分中蕴含着总体，总体在每一个辩证的环节中发展出来。个别的环节蕴含着从其内部发展出总体的可能性。简言之，从每一个部分合理化的物化中人与人的关系呈现都是总体运动的环节。劳动时间领域自我意识的觉醒虽然只是一个开端，但这个开端具有总体意义。总体的实现就是将每一个环节都理解为通向总体的过渡点，每一个环节都是辩证过程的环节，这样超越直接性的运动就不会僵化和停滞，形成新的直接性。①

资本主义合理化过程，对于资产阶级来说，意味着将所有对象都转化为交换价值，所有质的规定性都转变为可交换的量。这个过程将以无限进展的方式，渗透进整个社会存在，虽然其不断遭遇到危机，不断地被非理性的灾难"突然"打断。这是一个不断将质转化为量的过程，将时间转化为空间的过程。相反，同一过程对于无产阶级来说，则意味着以劳动时间领域的质量辩证法为开端，将量不断地转变为质，将空间转化为时间的过程，是一个不断让量的关系（物与物的关系）所遮蔽的质的关系（人与人的关系）呈现的过程，是使抽象普遍的表现形式越来越具体化和不断地得到克服的过程，是无产阶级消除孤立化，意识到劳动的社会特性，组成阶级的过程。卢卡奇在这里提示了扬弃资本主义的质变与量变的辩证法、时间与空间的辩证法。

第四节　物化辩证法的内在超越

因此，物化辩证法内在超越的基本逻辑是：

第一，资本主义物化的普遍化，其将人的关系中任何自然的因素消除

① ［匈］卢卡奇：《历史与阶级意识》，杜章智等译，商务印书馆 1999 年版，第 259—260 页。

掉,将人与人的全部关系变成了社会关系。这是一个合理化过程。这种合理化不可或缺的前提是劳动力成为商品。人分成了作为商品属性的人和商品属性以外的人,社会化的人恰恰是远离人的和非人的,是对人的切割。“恰恰是在一切社会关系的客观化,这种合理化和物化中,社会是从人与人的关系建立起来的这一点才清楚地表现了出来。”①

第二,这种表现形式是历史地、现实地形成的,是资本主义社会实际的生活形式,对它们的消除就不能是简单的思想运动,而必须落实到对作为社会生活形式的实际消除,也即是人们的生产(生活)方式的转变。物化的扬弃是一种历史的现实的运动,而不是一种思想运动。“资本主义外壳的现实消失是一个现实历史过程:也就是说,为了使这些资本主义外壳具体地现实地消失,那些社会存在(资本主义劳动分工、城乡分离、精神和物质劳动分工)的现实范畴必须被革命化。”②

第三,这种实践不能脱离认识,马克思主义作为无产阶级的意识形态,正是这种思想形式。“马克思主义作为无产阶级的科学立场在这一点超过黑格尔的巨大进步就是,它不是把反思规定看作是把握现实的一个‘永恒的’阶段,而看作是资产阶级社会的必然的生存形式和思维形式,是存在和思想的物化的形式,马克思主义就这样在历史本身中发现了辩证法。”③因此,对于马克思主义来说,辩证法不是被带到历史中去的,或者依靠历史来解释的,辩证法来自历史本身,马克思主义是历史辩证法的主观方面。“辩证唯物主义者知道资本主义外壳是客观现实的一个部分(正如在黑格尔那里,表象是本质的一个环节),但只有关于总体所有具体规定性辩证的正确知识,才能从思想上把握个体环节的客观性和现

① [匈]卢卡奇:《历史与阶级意识》,杜章智等译,商务印书馆1999年版,第267页。Georg Lukács, *History and Class Consciousness*, London: The MIT Press, 1971, p.176.中译本将“合理化”译成了“理论化”,这里进行了修订。

② Georg Lukács, *Tailism and the Dialectic—A Defence of History and Class Consciousness*, London: Verso, 2000, p.134.

③ [匈]卢卡奇:《历史与阶级意识》,杜章智等译,商务印书馆1999年版,第268页。

实性的类型和程度等。”①

第四，这一意识过程是由无产阶级来体现的。无产阶级意识作为历史过程主观方面的执行者，一方面体现了历史的必然性，“无产阶级意识在变为实践时，只能给历史的辩证法那些陷入危机的、迫使人们做出抉择的事情注入生命，但决不能在实践中不顾历史，把只不过是自己的愿望和认识强加给历史。”②因为，一方面，无产阶级只不过是被意识到的社会发展的矛盾；另一方面，无产阶级的阶级意识必须变成行动，才有新的历史的生成。“除了纯粹的矛盾——资本主义发展的合规律的产物——必须有新东西：无产阶级意识必须变成行动。”③这样资本主义社会的纯粹矛盾就上升为了自觉的辩证矛盾，机械的因果必然性就上升为了辩证的必然性。在卢卡奇这里，历史必然性与偶然性是辩证法意义上的必然性，这既不是人们一般所理解的机械必然性，也不是抛弃必然性的纯粹偶然性。

无产阶级意识变成行动最初体现在劳动时间的质量辩证法中，因为资本家有延长劳动时间的权利（买者），工人有要求缩短劳动时间的权利（卖者），而劳动时间是对工人生命的剥夺，因此必然会产生买卖两种权利的斗争。从资产阶级的法权观念来看，两种权利都是合法的，但斗争意味着合法性被打破。在这种斗争中，力量关系就起到了决定性作用。权利关系让位给权力关系，权力关系决定了权利关系的建构与演变。在这里，我们可以清楚地看到马克思的社会权力思想对卢卡奇的影响。商品自我意识的觉醒要求通过实际行动所产生出的权力来改变这种权利关系，这就是阶级斗争的实践。“劳动时间的问题就集中体现了阶级斗争的基本问题，即力量的问题。就在这个问题上，资本主义经济学的‘永恒

① Georg Lukács, *Tailism and the Dialectic—A Defence of History and Class Consciousness*, London: Verso, 2000, p.134.

② ［匈］卢卡奇：《历史与阶级意识》，杜章智等译，商务印书馆 1999 年版，第 268—269 页。Georg Lukács, *History and Class Consciousness*, London: The MIT Press, 1971, p.178. 中译文略有改动。

③ ［匈］卢卡奇：《历史与阶级意识》，杜章智等译，商务印书馆 1999 年版，第 269 页。Georg Lukács. *History and Class Consciousness*, London: The MIT Press, 1971, p.178. 中译文略有改动。

规律'失去了作用,即变成了辩证的,被迫把决定发展命运的权力交给人的自觉行动。"①

在这种实践中,物化的拜物教开始消解。资产阶级和社会民主党习惯性地将物化现实作为既定性的事实接受下来,从而将"事实"奉为理论和实践上的最高偶像。而在这种事实拜物教中,物化达到了新的高峰。因为在事实中,任何人的行为的特性都被抹去了,事实变成永恒的、非历史的,也就是不可改变的。唯一的出路,就是用伦理上的应该与之相对立,而这意味着事实的不可改变更加永恒化。卢卡奇所强调的是,当无产阶级实践将对象从事实变回到具体的人与人的关系,就意味着事实的优先权被打破,意味着生成是存在的真理,过程是事实的真理,事实的拜物教也开始消解。

物化事实拜物教的消解,意味着"把拜物教的事物形式转变为发生在人之间的、而且是在人之间的具体关系中具体化的过程,把不可转变的拜物教形式导源于人的关系的原初形式"②。这意味着人是一切社会事物的尺度,马克思主义是现实的人道主义。现实的人道主义既意味着无产阶级的解放是人的解放,无产阶级的解放与人的解放是同一个过程,又意味着将人本身看成是历史的和辩证的,人本身是历史的产物又参与到历史的进程中去,因此是历史辩证法的基础。具体而言,人的关系既存在于物化中,又不存在于物化中,这种人的不存在就构成了对物化的内在批判。这种内在批判,不同于那种认为资本主义压制着人,人的存在的不可能性,因此用非异化(完满)的人直接地或间接地通过神话或宗教的方式与之相抗衡。无论这种抗衡采取上帝式的外在拯救,还是圣人式的内心解脱,都是外在批判的路向,都是一种乌托邦。乌托邦的观点既不能真正指导实际行动,也不能提供实现目标的具体手段。

概括地说,扬弃物化的历史辩证法之核心是直接性与中介的辩证法,就是从当下物化的直接性出发,一方面,这个直接性是历史中介的结果,

---

① [匈]卢卡奇:《历史与阶级意识》,杜章智等译,商务印书馆 1999 年版,第 269 页。

② [匈]卢卡奇:《历史与阶级意识》,杜章智等译,商务印书馆 1999 年版,第 279 页。

不是永恒的、非历史的，而是在历史中生成的；另一方面，这个当下直接性是扬弃自身的下一个环节的中介。由此，直接性才不是僵化的、固定的，而是流动发展的，是扬弃自身的中介，辩证法才是内在超越。“这个方法超越了理论与实践的二元对立：一方面，当下被理解为具体的和直接的，但其被理解为是历史过程的结果——在起源上——直接性背后集聚了所有的中介；另一方面，同样中介的过程表明了当下仅仅是超越这个当下的过程的一个环节。”①这个超越当下直接性的过程正是批判的革命的实践过程。

① Georg Lukács, *Political Writings*, 1919—1929, London: NLB, 1973, p.215.

第四章　扬弃物化的组织中介

“只有变成了实践的无产阶级的阶级意识才具有这种变化事物的功能。”①卢卡奇始终清楚地指出，物化的真正消解，事实拜物教的瓦解，人的关系呈现，历史的生成，绝不仅仅是一个思想的问题，而是必须落实为实践的问题。“因为连无产阶级本身也只有当它采取真正实践的态度时，它才能克服物化。”②无产阶级的思维必须从“关于实践的理论”（Theorie der Praxis），逐步地转变为改造现实的“实践的理论”（Praktische Theorie）。这个从理论到实践的过程是无产者组成阶级，形成组织的过程。

众所周知，《历史与阶级意识》是一部论文集，其中只有“物化与无产阶级意识”和“关于组织问题的方法论”是卢卡奇为出版该著而专门写作的，其他论文则或是加以修改收录（改动最大的是“什么是正统的马克思主义”），或是直接收录进去的。物化理论是从“物化与无产阶级意识”中发掘出来的，也是讨论最多的，而“关于组织问题的方法论”却受到了难以想象的冷遇，正如卢卡奇自己所言，组织问题成为理论家们最不关心的问题。卢卡奇在《尾巴主义与辩证法》中，就提到了鲁达士在几乎所有可能的地方都对他展开了批判，但唯独对组织问题只字不提。“他想通过尾巴主义模糊布尔什维克的政党概念，这就是为什么他在对我的大段批判中尽可能涉及了所有可能的方面——除了我书的关键性论文（‘关于组织问题的方法论’）。”③

---

① ［匈］卢卡奇：《历史与阶级意识》，杜章智等译，商务印书馆 1999 年版，第 305 页。

② ［匈］卢卡奇：《历史与阶级意识》，杜章智等译，商务印书馆 1999 年版，第 306 页。

③ Georg Lukács, *Tailism and the Dialectic—A Defence of History and Class Consciousness*, London: Verso, 2000, p.94.

事实上,在卢卡奇那里,物化的扬弃与组织问题不可分离。没有对这个问题的讨论,物化的扬弃就是空谈。组织问题的核心要义在于克服无产阶级意识形态危机,而这个意识形态危机主要来自物化意识及其相应的组织形式。因此,组织问题直接关乎到无产阶级对物化的扬弃。

第一节　阶级意识的辩证法

在马克思那里,从理论过渡到实践是无产者组成阶级的过程。马克思在《共产党宣言》中就指出了,无产阶级的形成是一个过程,是一个从单个工人到某一工厂的工人,从某一个工厂的工人到某一地方某一劳动部门工人的发展过程,是机器的运用使工人阶级工资降低到同样的水平,工人阶级的利益和生活越来越趋于一致的过程,是随着交通工具的发达带来的工人阶级在更大范围内的联合过程,是单个工人和单个资本家的冲突越来越具有两个阶级冲突性质的过程,是无产者组成阶级,从而组织成为政党的过程。但马克思同样很清楚地指明了,这个过程会由于工人之间相互竞争关系而受到破坏,组织问题就成了一个必须讨论的问题。

卢卡奇在此基础上,从阶级意识的形成角度指出这个过程不是一个纯粹的客观过程,从无产者到阶级的过程必须有阶级意识的成熟与发展;另一方面,无产阶级阶级意识不同于个体的意识,个体不仅包含资产者,也包含无产者,以及其他阶层的个体。

"对于个体来讲,物化和决定论(决定论就是认为事物必然是互相联系的思想)都是不可消除的。"①这是因为个体面对的必定是物化的客观现实。这些事物是已经存在的、不可改变的。面对这样的事物,个体只能做出承认或者拒绝的主观判断。因此,其能够获得的自由不过是一种反思性自由。而这种反思性自由建立在将自我分成了概念性自我与经验性自我基础上。概念性自我属于自由领域,经验性自我与外部世界一样从属于必然性领域。两个领域相互分离,而一旦这种结构被确立起来,就不

① [匈]卢卡奇:《历史与阶级意识》,杜章智等译,商务印书馆 1999 年版,第 289 页。

可避免地陷入了概念神话学。因为当自我分裂为先验自我与经验自我两个领域时，就必须追问先验自我如何对经验自我发挥作用。这就必须在两者之间寻找相互作用的中介，这个中介一方面与先验自我相联系，另一方面与经验自我相联系。但这不但没有解决问题，而且导致了问题的双重化、三重化或者更加复杂化。这正是黑格尔所讽刺的康德必须到“灵魂口袋”里不断寻找新的能力，来解决先验自我与经验自我的关联问题。

即使从个体出发，采取非决定论的态度，也不能解决克服物化。卢卡奇认为，无论是雅可比式的用人性反对规律的统治，还是现代实用主义用与物化规律相矛盾的非理性为个体提供自由的余地，都是以非理性的精神美化经验的、现存的世界，而对现状不加触动。

个体意识由于陷入直接性而不等于阶级意识，同样，“类意识”也不同于阶级意识。“类只是按照直观的精神塑造出来的神秘化的个体。”①在这一点上，卢卡奇同样完全赞同马克思的观点。马克思在《关于费尔巴哈的提纲》中，批判了费尔巴哈的直观唯物主义。直观是对市民社会的单个人的直观，因此，“类”不过是一种内在的、无声的，把许多人纯粹自然地联系在一起的抽象普遍性。类只不过是对市民社会所代表的普遍性的直观而已，这种普遍性最直接的表达就是市民社会中交换主体所形成的交换规律。因此，个体和类都只不过是市民社会的两个面相而已。类意识是对这种普遍规律的直观，类意识同样陷入了作为直接性的物化意识。

无产阶级阶级意识的形成既不是纯粹客观的过程，也不同于个体意识和类意识。这就面临一个问题。如前所述，一方面，雇佣工人在劳动时间中遭遇的质量辩证法是阶级意识形成的一个开端，这一点显然只有在劳动中的工人才能体会、感知，这些工人必定首先是个体的，也就是说必定是单个工人在劳动中感受到了直接性与中介性的辩证法；另一方面，这种质量辩证法的世界历史意义又是由马克思主义揭示出来的。无产阶级作为同一历史过程的主体与客体，才能扬弃物化。“而阶级也只有当它

---

① ［匈］卢卡奇：《历史与阶级意识》，杜章智等译，商务印书馆 1999 年版，第 289 页。

能在既定世界的物化的对象性中看到一个过程,而这个过程同时就是它的命运时,才能做到这一点。"[①]这一点显然是单个劳动者所无法揭示的,他们至多能感受到直接性与中介性的辩证法,以及由此带来的破坏机器、罢工等,那么问题是,无产者个体意识与阶级意识的关系究竟是怎样的?阶级意识内部的辩证法正是组织问题所着力解决的。

第二节　理论与实践的中介

组织问题关系到个体意识与阶级意识之间的辩证关系,因此组织问题似乎变成了从个体意识如何上升到阶级意识的技术问题,霍耐特曾经分析了对马克思主义遗产进行修正的博弈论马克思主义、文化论马克思主义等思考的问题正是个体意识与阶级意识之间的关系问题。[②] 这些运思路向的基本特点是方法论的个体主义,卢卡奇显然不会赞同这种观点。

卢卡奇一再强调,组织问题是革命中最重要的精神问题、思想问题之一,但却是人们经常容易忽视的问题。人们通常认为这是纯粹的技术问题,即使有一些正确的理解,也更多地出于革命的本能,而不是理论上逻辑上的分析。反过来说,人们在策略上的诸多错误,比如关于统一战线的问题,在很大程度上也与没有正确理解组织问题有关。关于组织问题的"无意识"绝对是革命理论不成熟的标志。因为成熟和不成熟的关键是理论是具体的还是抽象的,有中介的还是直接的。"正像在每一种辩证关系中一样,这一辩证关系的两项只有在这一中介中和通过这一中介才能获得具体性和现实性。"[③]组织问题是理论与实践之间的中介,只有以组织这种具体中介形式的存在,理论才能化作革命的精神武器,才能武装无产阶级,成为物质武器。组织作为理论与实践的中介,具体表现在三个方面。

① [匈]卢卡奇:《历史与阶级意识》,杜章智等译,商务印书馆 1999 年版,第 289 页。

② Axel Honneth, *The Fragmented World of the Social*, New York: State University of New York Press, 1995, pp.8-9.

③ [匈]卢卡奇:《历史与阶级意识》,杜章智等译,商务印书馆 1999 年版,第 396 页。

首先,组织是实践的中介。如前所述,物化是资本主义的结构性特征,是资本主义社会中主导的对象性形式,生活在资本主义社会中的资产阶级和无产阶级个体都处于物化中,但由于无产阶级纯粹的否定性地位,能够在劳动中体认到质与量的辩证关系,因此具有超越物化的潜能。这种对物化的扬弃是基于无产阶级特殊的历史地位作出的。但这种扬弃物化的实践并不具有历史的机械必然性,也不是基于个体实践可以超越的,更不是个体的反思看穿了物化的表象就可以扬弃的。“每一个有组织的行动,都是各种个人和集团的个别行为的缠结。把它或是解释成为在社会和历史方面有充分根据的‘必然’事件,或是解释成个别人‘错误’决定或‘正确’决定的结果,都同样是错误的。”①

将扬弃物化理解成抽象必然性的观点必然导致宿命论,无论这种宿命论表现为悲观主义,也即认为物化是人们的宿命,是不可能扬弃的,还是表现为乐观主义,也即认为物化不是人们的宿命,是一定可以被扬弃的。两者之间并没有本质的区别,其都假定了扬弃物化是纯粹客观必然的,这就都放逐了人的实践。面对这种历史必然性,人们能够选择的或是盲目的乐观主义,或是宿命的悲观主义,两者都是以直观的态度面对历史,物化也就不可能被扬弃。

同样,将扬弃物化理解为方法论的个体主义也不可能解决问题。这种观点不是夸大了普通个体的作用,就是夸大了少数个体的作用。从前者来看,就是夸大了个别工人或无产者的作用,而在物化的处境中,由于个别工人的竞争关系,不可能上升为扬弃物化的实践行为;从后者来看,夸大了少数个体的作用,这种少数个体或者表现为超越世俗的神秘个体,或者化身为世俗英雄。在这两种情况下,普通大众的作用就很容易被忽视,从而沦为少数个体谋取自身利益的工具,物化的命运同样不可能被克服。

因此,扬弃物化的实践是一种合力,是各种个体和集团个别行为合力

---

① [匈]卢卡奇:《历史与阶级意识》,杜章智等译,商务印书馆 1999 年版,第 397 页。Georg Lukács, *History and Class Consciousness*, London: The MIT Press, 1971, p.299.中译文有改动。

的结果，正如恩格斯所言，“历史是这样创造的：最终的结果总是从许多单个的意志的相互冲突中产生出来的，而其中每一个意志，又是由于许多特殊的生活条件，才成为它所成为的那样。这样就有无数互相交错的力量，有无数个力的平行四边形，由此就产生出一个合力，即历史结果，而这个结果又可以看作一个作为整体的、不自觉地和不自主地起着作用的力量的产物。”①同样，扬弃物化的新的历史的生成，也是基于特殊生活条件的个体和集体行为合力的结果，而这种集体意志的形成需要组织。

其次，组织是理论转化为实践的中介。虽然卢卡奇一再强调理论并不独立于实践，理论是实践的一个环节，实践催生理论，理论塑造实践。但理论对实践的塑造是需要中介的。在各种纯粹理论中，各种不同的观点可以和平共处，理论之间的对立仅仅采取讨论的形式。但“任何一个‘理论’倾向或意见分歧，如果想要超出纯粹理论或抽象意见的水平，就是说，如果它真的想要为它自己的实现开辟道路，它就必须立即变为组织的东西”②。也就是说理论转化为实践的力量同样需要组织的中介。

这里并不是说卢卡奇反对不同理论观点之间的讨论，这里也不能简单地理解为卢卡奇对卢森堡思想自由观点的简单批评。卢森堡曾提出，“只给政府的拥护者以自由，只给一个党的党员以自由——就算他们的人数很多——这不是自由。自由始终是持不同思想者的自由。这不是由于对‘正义’的狂热，而是因为政治自由的一切振奋人心的、有益的、净化的作用都同这一本质相联系，如果‘自由’成了特权，这一切就不起作用了。”③卢卡奇并不反对思想的自由讨论，也不赞同自由仅仅是少数人的特权，卢卡奇强调的是当理论转化为现实时，这个理论一定是要达成一致的，一定是要明确的。反过来说，如果理论表现出的纲领总是模棱两可，不同的人可以做出不同的解释，不同的人被不同的理论或解释支配着，也就很难形成作为合力的实践。

最后，组织是对理论展开真正批评的中介。组织问题表现出比政治

---

① 《马克思恩格斯文集》第 10 卷，人民出版社 2009 年版，第 592 页。

② ［匈］卢卡奇：《历史与阶级意识》，杜章智等译，商务印书馆 1999 年版，第 397 页。

③ ［德］罗莎・卢森堡：《卢森堡文选》，李宗禹编，人民出版社 2012 年版，第 400 页。

思想和行动的任何其他领域更大的、更准确的、更可靠的敏感性。“只有侧重组织方面的分析才使得有可能从实践观点对理论进行真正的批评。如果理论和行动直接并列,而没有弄明白理论如何影响行动,即没有明确表明它们之间的组织联系,那么对理论就只能从它自己内部的矛盾来进行批评。”①从这个角度讲,组织是防止理论僵化的关键,是发展理论的关键。只有在理论与实践的交互作用中,理论是否与实际相符合的问题才能产生并被解决,理论也才能因此展开具有成效的自我批评,而使自己具体化或进一步发展,才能摆脱抽象的乌托邦性质。

在这里,卢卡奇对马克思主义理论内部几种错误观点展开了批判。其一是德国右翼的社会主义独立派,他们抛弃了组织问题,将组织问题转化为政治问题,而政治问题至多表现为方向的问题,而不直接表现为当下明确的决定。其二是第二国际中一些激进的决议。这些决议看起来非常激进,但没有指定任何落实行动的组织义务、方针和保证。其三是极其欺骗性的马克思主义中派。中派的立场既包括理论上的反对修正主义,捍卫马克思主义正统,又包括反对革命行动,反对将马克思主义转变为实践行动的论者。因此,中派虽然理论上反对修正主义,但没有从组织上将之排除出党;虽然理论上也赞同实践的重要性,但又否认实践的当下迫切性。中派多少有点相当于马克思主义学院派:捍卫马克思主义正统,反对改造世界的实践,通俗地说就是理论的巨人,行动的矮子。在卢卡奇看来,只有以组织的形式对这些理论展开批判,才是真正富有成效的批判。同样值得注意的是,这里不是简单地将各种错误思想全部排除,如果是这样的话,马克思主义理论自身可能陷入僵化。这里强调的是只有从实践中,从组织中,从实际作用的角度,才能对各种思潮展开积极批判,才能防止理论僵化,才能推进理论创新。从这个意义上说,组织的实践是检验理论正确与否的标准,是校正理论和发展理论的关键。

因此,组织问题直接关涉到是以抽象的理论方式,还是以具体中介的方式扬弃物化。组织问题的成熟与否直接关涉到扬弃物化的现实运动成

① [匈]卢卡奇:《历史与阶级意识》,杜章智等译,商务印书馆 1999 年版,第 398 页。

熟与否。“要是以为，既然马克思在思想上已克服了乌托邦主义的最初的粗疏表现，革命的工人运动就把乌托邦主义完全克服了，那纯粹是幻想。”①由此，卢卡奇遵循列宁的基本观点，对组织问题上的错误观点展开了批判。

第三节　批评组织问题的自发性

在组织问题的讨论中，卢卡奇批判了卢森堡的自发性理论，捍卫了列宁的布尔什维克政党，而由于苏联共产党在斯大林时期存在着极权主义的因素，列宁、卢卡奇和斯大林的组织理论似乎就成为了极权主义的代名词。由此在拉克劳、墨菲等后马克思主义视域中，复兴卢森堡就变得很自然了。卢卡奇在什么意义上批判了卢森堡，在什么意义上捍卫了列宁，列宁与斯大林的组织理论有没有区别，能否将两者等同起来，对这些问题的讨论似乎并没有达成共识。

在政党问题的讨论中，卢卡奇一方面高度评价卢森堡看到了政党政治领导的重要意义，政治领导主要关乎的是无产阶级革命的方向与性质等问题；另一方面也明确指出了卢森堡未能“再向前跨上一步”，未能从组织问题上阐发政党的领导问题。尽管卢森堡强调了政治领导，但没有将这种政治领导转化为组织领导。而未能跨出这一步的直接原因是卢森堡对一种纯粹无产阶级革命的幻想。

卢森堡观点的要点是：经济形势的不断恶化，由此必然产生帝国主义世界大战和革命群众斗争，这将以社会和历史的必然性激起无产阶级的自发群众运动。在这个过程中，政党领袖们关于革命的目标和方法会得到充分证明②。如果放到卢卡奇物化批判的语境中来理解的话，这种观点可以转换成：经济领域的物化所导致的危机，会以自发的革命斗争形式铺展开来，无产阶级的自发运动将扬弃物化，实现自由人的联合体。

---

① ［匈］卢卡奇：《历史与阶级意识》，杜章智等译，商务印书馆 1999 年版，第 393 页。

② ［匈］卢卡奇：《历史与阶级意识》，杜章智等译，商务印书馆 1999 年版，第 401 页。

显然,这种观点的缺陷不在于物化是否导致危机,以及危机是否导致革命。在这两个问题上,卢森堡对机会主义的合法进化理论展开了批判,卢卡奇是高度评价的。而卢卡奇提出异议的是:经济领域的物化是否必然导致无产阶级阶级意识的同步形成,整个无产阶级的阶级意识是否会以同样的方式发展进行。

在卢卡奇看来,尽管卢森堡表明革命形势的变化会影响到其他阶级,尽管其他阶级可能拥有比无产阶级及其政党更高的革命热情,但卢森堡仍假定了革命是纯粹无产阶级的,无产阶级对危机的反应程度是相似的,无产阶级在战争中是统一的。政党的作用只在于一种启发意识:使未被意识到的被意识到,使隐藏着的东西变得明确起来。因此,对于无产阶级来说,不存在阶级意识与客观经济危机的不平行,不存在无产阶级内部阶级意识水平之间的差异,也即是说,不存在无产阶级的意识形态危机。

而对卢卡奇来说,无产阶级在思想上处于物化意识的限制中。“无产阶级的大部分仍然在思想上受资产阶级的影响;甚至最严重的经济危机也不能动摇他们的态度。结果是,无产阶级的态度、它对危机的反应远不及危机本身的激烈程度。”①物化意识具体表现为无产阶级以一种直观态度直接接受了给定现实,认定这种给定现实是他们的“真正的社会存在”,并通过科学规律的形式使这种形式永久化。这种直观态度不仅表现在经济领域,而且表现在国家和法律等领域。在《合法性和非法性》一文中,卢卡奇集中分析了无产阶级对资本主义国家和法律的盲从,在思想上受到合法性感觉和意识的限制。无产阶级不但经常在革命实践过程中未能洞察资产阶级国家和法律的权力关系本质,存在着追求合法斗争的幻想,而且在取得革命成功的苏维埃政权中,一部分领导干部腐化的原因正在于他们认为自己的革命是非法的,在内心里做好了“合法的”资本主义复辟的思想准备。这清楚地说明了资本主义意识形态的合法性已经渗透到了人们的血液中。因此,卢卡奇认为,经济危机与阶级意识并不平

① [匈]卢卡奇:《历史与阶级意识》,杜章智等译,商务印书馆 1999 年版,第 402—403 页。

行，无产阶级阶级意识的整体也并不同步。“我们在这里的目的是指出，无产阶级的阶级意识并不是和客观经济危机平行，在整个无产阶级中以同样的方式发展的。”①

这种意识形态上的双重非平行性使纯粹无产阶级革命的幻想不再可能，自发革命就能取得成功的理想状态不再可能。这种意识形态的危机正是卢卡奇政党理论所着力解决的。但如果我们只在这个意义上分析卢卡奇和卢森堡之间的区别还是不够的，卢卡奇和卢森堡之间的区别还在于两者历史观的差别。历史观的差别是更根本的差别。

“如果认为历史的发展，即资本主义过程将通过一系列危机自动地和无情地向社会主义前进，那么这里所说的意识形态因素则是一种错误诊断的产物。它们似乎证明了资本主义客观上决定性的危机还没有形成。因为在这种观点看来，根本不能设想无产阶级的意识形态落后于经济危机，不能设想有无产阶级的意识形态危机。”②也就是说，卢森堡之所以没有看到这双重非平行性的原因在于其历史观。在这种历史观中，革命的乐观主义建立在历史的必然性上。无产阶级的自发性体现在，其只是由纯经济规律这一事实的主观的、群众心理上的表现，是对资产阶级经济上、政治上进攻的自卫。当这种自发性的直接目标实现时，或者看起来不可能实现时，这种自卫也就自发地停止，并逐渐消失，好像完成了自己的自然的进程。在这种历史观看来，无产阶级自发性的阶级意识仍具有直观地面对经济规律的物化意识色彩。

而卢卡奇认为，一旦摆脱这种抽象的历史必然性，一旦将无产阶级革命运动放到世界危机的历史总体性中，上述现象的欺骗性就很容易理解了，所谓的自发性也就能够得到重新理解。

这里所谓的历史总体性，就是要将物化危机拓展到一切阶级，而不只是资产阶级与无产阶级。而之所以应该如此，是因为资产阶级所直接控制的权力比以往任何统治阶级都要少，其统治的基础必须依赖与之掌权

---

① ［匈］卢卡奇：《历史与阶级意识》，杜章智等译，商务印书馆 1999 年版，第 402。

② ［匈］卢卡奇：《历史与阶级意识》，杜章智等译，商务印书馆 1999 年版，第 403—404 页。Georg Lukács, *History and Class Consciousness*, London: The MIT Press, 1971, p.305.中译文有改动。

以前的阶级修好或妥协的能力,以便利用他们控制的权力为自己的目的服务。资产阶级不得不把实际权力交给小资产阶级、农民、被压迫民族的成员。资产阶级实际上利用资本所体现的社会权力来实现自身的统治。谁拥有资本,也就拥有社会权力。显然,资本这种社会权力实际上被其他阶层所掌握,一旦发生危机时,这些社会力量就会发生动摇。同时,作为少数人统治的资产阶级所直接控制的政治权力要比以往的统治阶级少了很多,资本主义社会的总体性危机可能引发一切社会力量的重组。"经济发展在无产阶级中引起自发群众运动的地方,社会作为整体基本稳定的形势和发生一切社会力量的深刻重新组合、统治阶级的权力基础遭到动摇的形势之间有根本的质的差别。"①

在这个过程中,只有资产阶级和无产阶级具有改造整个社会的阶级意识。而其他中间阶层的运动才是自发的,他们只代表了特殊的群体利益,甚至不像资产阶级那样假装代表整个社会的客观利益,他们的自发性体现在他们受到整个革命形势的左右。在革命的过程中,他们或者倒向资产阶级一边,或者站在无产阶级这边,他们采取的意识形态形式具有偶然的性质。在他们的内在本性中,没有统治或者改造整个社会的阶级意识。一切都取决于具有阶级意识的资产阶级和无产阶级的行为。

由此,卢卡奇对法国大革命的历史进程进行了简要分析。当革命爆发时,整个社会权力趋于瓦解。"社会权力被扔在大街上,无人过问。只有在没有任何革命阶级利用这种无主的权力的情况下,复辟才有可能。"②只有当资产阶级没有能够主动抓住社会权力时,封建势力的复辟才可能出现。同样,只有当无产阶级主动抓住社会权力,无产阶级的革命实践才能成功。在这个过程中,无产阶级自觉地、总体地改造社会的阶级意识至关重要。而其他阶层与总体性的关系是偶然的,他们所谓的阶级意识只能是自发的,他们在革命中方向的变换绝不简单地和机械地取决于有关阶层的阶级地位,它们总是受到不断变化的历史形势和社会力量

---

① [匈]卢卡奇:《历史与阶级意识》,杜章智等译,商务印书馆 1999 年版,第 405 页。

② [匈]卢卡奇:《历史与阶级意识》,杜章智等译,商务印书馆 1999 年版,第 407 页。

的影响。

为了充分说明其他阶层的自发性，卢卡奇以农民为例说明了列宁在解决土地问题上策略的正确性。在革命形势的总体性中，列宁顺应农民自发革命的要求，将土地分割给农民，调动了农民的积极性，提升了革命力量。这个做法虽然与社会主义、共产主义的未来方向（土地公有制）不同，但却把动摇不定的阶层熔铸成一支革命所需要的军队，瓦解了反革命的权力机构。这个过程正是无产阶级自觉行为与农民自发性的联合。

这并不是说无产阶级不具有自发性，而是说无产阶级不能停留在自发性上。无产阶级的总体性要求必须转化为自觉的行为。无产阶级的意识形态不会自动生长出社会主义。物化所产生的危机只赋予了资本主义不可能和平发展下去的维度，而至于下一步的发展是导致资本主义的崩溃、混乱、资产阶级的复辟，还是走向社会主义，则取决于无产阶级的阶级意识。

由此，不难理解，卢卡奇不断强调无产阶级意识形态的危机。这种危机体现在一方面无产阶级处于物化意识的束缚中，另一方面，这种物化意识的束缚还采取了组织形式，也就是孟什维克主义的工人党和这些党控制的工会。工会的职能就是使工人运动原子化和非政治化，掩盖它与总体的关系，而孟什维克主义党的任务则是使无产阶级意识中的物化在意识形态和组织上固定下来。“这些组织现在有意识地设法使无产阶级的仅仅自发的运动（它们取决于直接的诱因并且按行业、区域等分割开）停留在纯粹自发的水平上。它们极力阻止这些运动向总体发展，无论是在行业、地域等的联合上，还是在经济运动和政治运动的结合上。在这方面，工会的职能是使运动原子化和非政治化，掩盖它和总体的关系，而孟什维主义的党的任务则是使无产阶级意识中的物化在意识形态上和组织上固定下来。”①

因此，问题很清楚，危机为扬弃物化提供了客观可能性，但在实际进程中，革命并不是以任何自动的和必然的方式展开的。革命只能由无产

---

① ［匈］卢卡奇：《历史与阶级意识》，杜章智等译，商务印书馆1999年版，第409页。

阶级的自由行动来解决。“对整体的实际关系、理论与实践的真正统一,迄今为止只是所谓无意识地出现在无产阶级的行动中,现在明确地和有意识地表现出来。”[①]这个有意识态度的组织形式就是无产阶级政党。

第四节　无产阶级的组织形式

马克思曾言,当无产者组织起来成为阶级时,一些人就陷入了真正的恐慌,另一些人就显出先验的蔑视。[②] 而当讨论无产阶级组织形式(共产党)时,这种先验的蔑视与恐慌可能更加明显,以至于现有的研究成果中对卢卡奇关于共产党的理论鲜有涉及。这不能不说是一种可悲的现象,也是一种危险的现象。

卢卡奇是在具体的总体的历史观中对自发性展开批判的,因此,共产党作为无产阶级阶级意识的组织形式的首要特征在于,共产党是人与历史之间具体的中介。“在共产党内,而且是有史以来第一次,阶级意识的能动和实践方面是直接影响所有个人具体行动的原则,另一方面,它在同时又是有意识地参与决定历史发展的因素。”[③]也就是说,一方面共产党是历史发展的积极的能动的因素,其与客观的历史进程是同一过程的两个方面。这就不仅规定了共产党是历史发展的产物,而且规定了共产党在历史发展现有条件下,将积极推动历史的进一步发展。从世界历史的角度看,共产党自身的发展和历史的发展是一个过程。正是与世界历史进程这种内在联系,无产阶级阶级意识才可能具有内在的统一,共产党才可能将世界历史进程的未来方向(扬弃物化的自由人的联合体)纳入到自己的意识之中,才可能在具体的历史发展进程中,出于阶级意识发展的不平衡性,采取独立的形式,从而加速无产阶级阶级意识的发展。

另一方面,共产党是个人具体行动的中介,这就要求个人不能像资产阶级组织那样,只是作为群众、作为追随者出现。这些群众虽然也能在表

① [匈]卢卡奇:《历史与阶级意识》,杜章智等译,商务印书馆 1999 年版,第 413 页。
② 《马克思恩格斯文集》第 1 卷,人民出版社 2009 年版,第 654 页。
③ [匈]卢卡奇:《历史与阶级意识》,杜章智等译,商务印书馆 1999 年版,第 418 页。

面上获得民主、自由，但仅仅是形式上的民主和孤立的个体自由，只能以直观的态度面对历史，只能以纯粹的客体充当历史发展不自觉的工具。政党中分成了能动的部分和被动的部分，这就必然导致唯意志论地高估个人（领袖）的能动意义和宿命论地过度估计了无产阶级群众的意义。

显然，卢卡奇所理解的共产党并非如此。卢卡奇所理解的共产党是有意识的集体意志的体现。这是共产党的第二个显著的特征，也是卢卡奇着重论述的部分。

共产党是集体意志的体现。这种集体意志既有主体上的表现，也有内容上的表现。在内容上，主要表现为实践和理论两个层面。在主体上，表现为共产党的每一个成员和中央机构之间的集体意志、共产党和无产阶级之间的集体意志以及共产党与其他阶层的集体意志。而理论与实践的集体意志贯穿于主体的三个层面之中。

共产党比其他党派有着更高的要求，加入共产党不仅要求承认党纲，而且要求积极地参与到革命实践中去。共产党组织的合法性只有通过每个成员的亲身实践才能建立起来。“共产党的组织只有通过斗争才有可能建立起来，只有每一个成员亲身体验认识到这种统一形式的正当性和必然性之后才有可能实现。”①这既体现了共产党对其成员的纪律性要求，也反过来规制了共产党本身的合法性。“如果党的每个成员都这样全身心地参加到党的生活中来，那么同样的集中和纪律原则，就会统辖党员意志和党的领导人意志之间的生动的相互作用，就会保证党员的意志和愿望、建议和批评受到党的领导人的应有重视。”②这种互动与对话必须作为一个过程贯穿于实践行动之前、之中和之后的全过程，也必须对从决议到行动的实际过渡发挥校正作用。唯有此，才能规避卢森堡所批判的中央委员会。

而为了避免陷入宗派主义，共产党必须与无产阶级群众之间形成集体意志。在卢卡奇看来，宗派主义在历史观上还保持着物化结构所形成

① ［匈］卢卡奇：《历史与阶级意识》，杜章智等译，商务印书馆1999年版，第417页。

② ［匈］卢卡奇：《历史与阶级意识》，杜章智等译，商务印书馆1999年版，第438页。

的意识与存在的二元对立，因此，不能看到革命实践过程与无产阶级阶级意识形成、发展是同一个过程。这就导致了宗派主义或者主张觉悟的少数先锋队代表了不觉悟的群众行动，或者神秘化地将采取行动的正确判断力无条件地判给群众。这就或低或高地估计了共产党组织的作用。

在这里，卢卡奇强调了一方面无产阶级阶级意识是对资产阶级物化意识的超越，代表着历史发展的下一个阶段，具有内在的统一性；另一方面，在实际的发展过程中，两者并不完全一致，发展水平也并不完全相同。这就要求一方面共产党必须代表着这种统一性，另一方面共产党又必须在具体的实践中将阶级意识发展到更高的水平上去。"共产党的斗争集中在无产阶级的阶级意识上。它在组织上和阶级的分离在这种情况下并不意味着它想要为了阶级的利益代替阶级本身去战斗（这是布朗基分子做过的事情）。"①尽管在客观的发展过程中，卢卡奇也承认可能会发生这种情况，但这首先不是为了正确斗争的客观目标，而是为了推进或加速阶级意识的发展。不仅在实践中，共产党不能代替无产阶级去行动，共产党甚至在理论上都不能代表无产阶级行动。这不是说共产党不需要掌握正确的理论，而是说共产党的理论不能陷入僵化，共产党必须不断地根据实践的发展，实现理论的创新。"共产党组织的极其实际的性质、它作为斗争党的本质必须以它掌握正确的理论为前提，因为不然的话，错误理论的后果很快就会毁灭它。而且，这种组织形式生产和再生产出正确的理论见解，因为它在意识上和组织上都不断增强这种组织形式对理论观点后果的敏感性。这样，行动的能力、自我批评、自我矫正和理论发展的能力都共同处于一种经常相互作用的状态中。"②这当然也不是说共产党在理论上仅仅停留于自发性的水平上，而是说共产党必须主动地、积极地、有意识地向群众学习、向实践学习。在这个过程中不断地修正错误，不断地自我革命，自我批判。唯有如此，才能在共产党与无产阶级群众之间形成集体意志，才能避免宗派主义。

① ［匈］卢卡奇：《历史与阶级意识》，杜章智等译，商务印书馆 1999 年版，第 426—427 页。

② ［匈］卢卡奇：《历史与阶级意识》，杜章智等译，商务印书馆 1999 年版，第 428 页。

共产党与其他阶层之间同样存在着集体意志,虽然其他阶层由于其特殊地位,往往停留于自发性层面,在历史发展的总体性中,他们与无产阶级的合作往往是由革命形势决定的。因此,当他们站在无产阶级这一边的时候,就应该抓住这个集体意志。在这里,这种集体意志的根基在无产阶级的阶级意识。因为无产阶级只有消灭阶级社会,才能解放自己。这就使得它不得不代表所有被压迫被剥削的阶层来进行斗争。在这种情况下,这种集体意志的形成是一种策略性的选择,任何超出策略合作的做法都可能脱离群众,都可能危及整个实践的命运。

由此可见,集体意志是共产党的本质特征,但这种集体意志如何才能形成呢?或者说,这种集体意志如何才能有效地保障实施呢?这里最主要的因素是纪律,这是共产党的第三个特征。

这里的纪律不是单纯的技术问题,也不仅仅是一个服从的问题。韦伯曾指出,“纪律的要旨不过就是对公认的秩序进行一以贯之的理性化、做出条理性的准备并加以准备实施,在这其中,一切个人异议都将被无条件中止,行动者将被要求不折不扣地执行命令。”①韦伯理解的纪律就是无条件的服从,就是不折不扣地执行命令。显然,这种对以往组织中纪律的分析并不适用共产党的纪律。虽然在实践中共产党也要求极高的命令执行性,但作为集体意志的共产党更要求在这个过程中展开积极对话,在理论与实践中展开积极互动。同时,共产党的纪律要求每一个成员全身心地投入。这就必须打破建立在精确的、机械的分工基础上的等级制,以防止共产党本身走向僵化。“作为整体的党将通过它的行动克服按照民族、职业等等、以及按照生活现象形式(经济和政治)的物化的划分。因为这是为了革命的统一和合作,为了建立无产阶级的真正统一。它就这样用它的严格的组织以及由此产生的铁的纪律和对全身心投入的要求,为它的全体成员撕碎蒙在资本主义社会中个人意识之上的物化的面罩。”②真正的民主和自由,不是形式上的民主和自由意志,而是集体意志

① ［德］马克斯·韦伯:《马克斯·韦伯社会学文集》,阎克文译,上海人民出版社 2010 年版,第 238 页。

② ［匈］卢卡奇:《历史与阶级意识》,杜章智等译,商务印书馆 1999 年版,第 440 页。

的成员之间紧密联系和团结合作的行动。

正因如此，卢卡奇认为干部等级制重新配置是打破官僚制的一个重要方法，“清党运动”的目的在于让先锋队在意识中牢记群众基础，“清党”不是排除异己的手段，也不是说简单地接受群众的判断，而是要排除那些已经脱离群众的腐化的、官僚化的成员，要考虑和接受群众的建议，甚至是反对意见。

这个过程必定是一个持久的过程，也必定需要不断制定各种新的制度来克服新的物化。就当时的特定条件而言，卢卡奇认为，共产党的产生就已经是扬弃物化的重要一步。“正是因为共产党的产生只可能是由阶级觉悟的工人的有意识的成果，向正确认识跨出的每一步同时也是把这一认识变成现实的一步。”①

总之，共产党的特征主要有三个方面，其一，共产党的产生与形成、理论与实践的发展都具有世界历史的维度，共产党与资本主义在世界范围内向社会主义发展的世界历史进程是一致的，其是建立在资本主义优秀物质和文化基础上的。其二，共产党是集体意志的体现，上述的世界历史维度是这个集体意志统一的基础。工人阶级先锋队与群众之间的分离是辩证分离，而不是机械地对立。作为先锋队的共产党必须坚持群众路线。从群众中来，到群众中去，才能更好地反思历史进程，才能更好地依靠群众的力量。其三，集体意志形成的关键是纪律，纪律的关键是对话批判基础上的双向约束，是自觉性与自发性的生动互动，而不是党内中央委员会对党员的控制，也不是政党对群众的控制。

纵观卢卡奇《历史与阶级意识》的两个问题，在物化批判问题上，卢卡奇主要综合了马克思的商品拜物教批判与韦伯的合理化批判，得出的结论是用一种总体性扬弃形式理性；在历史哲学问题上，卢卡奇主要综合了马克思的历史辩证法与列宁的组织学说，得出的结论是组织是理论与实践的中介。就两者的关系而言，既可以理解为前者是后者的基础，物化批判为历史辩证法奠定了基础，也可以理解为后者是前者的问题式，历史

① ［匈］卢卡奇：《历史与阶级意识》，杜章智等译，商务印书馆1999年版，第441页。

辩证法需要物化批判。但无论在前者,还是在后者,都存在着理论逻辑上的缝隙。前者主要表现在,这种总体性是否陷入了实体性的形而上学,而在后形而上学的话语中,这种总体性是否仍然存在。就这一点而言,韦伯认为传统世界观已经瓦解,科学、道德和艺术审美等领域各自按照自身逻辑分化,这种实体性总体性的复归已不再可能。哈贝马斯同样认为在后形而上学语境中,这种总体性只具有形式上的统一性,而没有实体性意义。在后现代的视域中,这种总体性就更加不存在了。后者主要表现在,体现这种总体性的无产阶级阶级意识的组织形式与个别无产者的关系上,共产党的自觉性与个别无产者的自发性如何相互作用,如何保证个别无产者具体的实践行动,如何保证无产阶级政党不陷入极权主义。

因此,在对《历史与阶级意识》的经典诠释中,无论是重新讨论物化批判,还是历史哲学,都不得不处理这两个主题中的内在逻辑缝隙。法兰克福学派在批判总体性中继承了物化批判(中篇),齐泽克所代表的当代西方激进哲学在划清卢卡奇与斯大林主义界限的基础上,复兴了历史哲学(下篇)。

中篇　法兰克福学派对物化批判的当代诠释

法兰克福学派从理性批判角度,重新讨论了物化批判。在霍克海默和阿多诺那里,物化批判表现为工具理性批判,理性服务于控制的目的,因此,理性也就变成了工具理性。普遍的物化就是普遍的权力控制,资产阶级启蒙理性的实质是理性权力,物化辩证法表现为对权力关系有规定的否定(第五章)。哈贝马斯认为,霍克海默和阿多诺简化了启蒙理性的图景,将启蒙理性等同于工具理性,使物化批判陷入了践行矛盾,更未能真正理解资本主义的解放潜能。哈贝马斯从沟通理性重建物化批判的规范基础,从生活世界与系统两个层面分析资本主义合理化进程。生活世界的合理化使得经济与行政系统得以分化形成,这种合理化本身并不是物化。但系统过度肥大,其调节机制(金钱与权力)侵入生活世界,损害了生活世界的沟通行为。这才形成物化。物化是生活世界殖民化(第六章)。霍耐特认为哈贝马斯关于生活世界与系统的二分既未能把握系统领域的物化,也未能真正理解生活世界中的物化。物化并不是沟通能力被侵蚀,而是个体身份形成受阻。这种个体身份受阻不仅可能出现在生活世界中,也可能出现在经济和政治系统中。霍耐特以承认理论重构物化批判,物化是先行承认的遗忘(第七章)。从方法论上来看,法兰克福学派物化批判的方法是规范重构(第八章)。纵观法兰克福学派对卢卡奇物化批判的诠释史,一个鲜明路线在于继承了物化批判,有意回避甚至激烈反对历史哲学问题。

第五章　工具理性批判

工具理性批判是霍克海默和阿多诺对卢卡奇物化批判的重新诠释。如果说，卢卡奇从资本主义普遍的商品结构中，揭示出资本主义物化的过程，揭示出人与人的关系以物与物的关系呈现出来，霍克海默和阿多诺则解释了这种物与物的关系实际上是一种权力关系，是一种控制关系。普遍的物化就是普遍的权力控制。如果说，卢卡奇揭示了资产阶级思想的二律背反是这种普遍物化的思想表达，霍克海默和阿多诺则解释了启蒙理性正是这种权力关系的表现。如果说，卢卡奇揭示了物化内在的辩证法意味着物化可以被扬弃，霍克海默和阿多诺同样在权力关系中解释了权力辩证法意味着这种权力的消解。因此，霍克海默和阿多诺从权力关系的角度进一步展开了物化批判，《启蒙辩证法》所代表的物化批判是对理性中权力关系的批判。

第一节　普遍的权力关系

权力批判是马克思主义理论谱系中一个重要的问题。马克思曾言，“资本是资产阶级社会的支配一切的经济权力。”①资本不是一种个人力量，而是一种社会力量，也即是一种社会权力。金钱代替刀剑成了社会权力的第一杠杆。社会权力决定政治权力，并且，“这个阶级的由其财产状况产生的社会权力，每一次都在相应的国家形式中获得实践的观念的表

① 《马克思恩格斯选集》第2卷，人民出版社2012年版，第707页。

现"①。社会权力还决定着政治权利的表达,也就是其政治上层建筑和观念上层建筑。经济基础决定上层建筑可以解释成社会权力决定政治权力和权利。同时,资本与雇佣劳动阶级对立关系也是权力关系的展开。"生产资本的增加又是什么意思呢? 就是积累起来的劳动对活劳动的权力的增加,就是资产阶级对工人阶级的统治力量的增加。雇佣劳动生产着对它起支配作用的他人财富,也就是说生产着同它敌对的权力——资本,而它从这种敌对权力那里取得就业手段,即取得生活资料,是以雇佣劳动又会变成资本的一部分,又会变成再一次把资本投入加速增长运动的杠杆为条件的。"②因此,一方面雇佣劳动与资本之间的相互依赖越来越大,另一方面雇佣劳动与资本的对立越来越大。两者之间力量关系的变化正是权力关系的变化。"'社会权力'这一概念是历史唯物主义大厦的拱心石。"③

卢卡奇在物化批判中,同样揭示了雇佣劳动与资本的权力关系。霍克海默和阿多诺结合资本主义的新变化,进一步论述了权力关系。在他们看来,这个新变化就是资本主义进入到了一个新阶段:国家资本主义。国家资本主义的典型特征,就是政治取代经济占据了优先性,经济权力背后的政治权力成为关注的重点。

国家资本主义是20世纪三四十年代法兰克福学派共同讨论的问题。诺依曼、波洛克、霍克海默、阿多诺、马尔库塞等都讨论过此问题。"波洛克集中在政治经济学,诺依曼和凯尔希海姆集中在政治社会学和政治理论,霍克海默、阿多诺和马尔库塞集中拓展了这种转型的社会、心理和哲学的影响。"④霍克海默自己虽然也写了关于极权主义国家的文章,但其主要吸收了波洛克关于国家资本主义的研究成果。

---

① 《马克思恩格斯文集》第1卷,人民出版社2009年版,第542页。

② 《马克思恩格斯文集》第1卷,人民出版社2009年版,第728页。

③ 王德峰:《社会权力的性质与起源——一个历史唯物主义的分析》,《哲学研究》2008年第7期,第23页。

④ Seyia Benhabib, *Critique, Norm and Utopia: A Study of the Foundations of Critical Theory*, New York: Columbia University, 1986, pp.160-161.

国家资本主义形成的主要原因是，私人资本主义的市场调节不足以优化资源配置和解决失业问题。私人资本主义的主要特征是中等规模的私营企业和自由贸易，市场在资源配置中发挥基础性作用。这种经济运行机制带来了19世纪生产力的巨大发展，但逐步走向其自身的反面，被私人垄断和政府干预所破坏。私人垄断主要体现在经济生产向大企业集中，由之带来了贸易垄断、劳动市场僵化、大规模失业和资本闲置等；国家干预主要体现在国家控制信用体系，国家拯救失业等。所有这些都表明市场体系的衰落。为了解决充分就业，维系资本主义制度，一种新的组织管理模式取代了被破坏的市场体系，国家资本主义应运而生。

国家资本主义的特征有四个方面。“私人资本主义的后继者，国家承担私人资本的功能，利润利益仍发挥作用，不是社会主义。”①就国家性质而言，国家资本主义仍是资本主义，生产资料私人所有制的性质没有变，不是国家所有制或人民所有制。国家资本主义只是资本主义的一种变体。就政权组织形式而言，国家资本主义不同于私人资本主义和垄断资本主义。国家资本主义代表着资本主义的一种新秩序，国家是一个新集团的统治工具。在这个统治集团中，统治者是最大的投资者、最高官僚、选举获胜的政党首领和军队高级将领等的联合。任何不在这个统治集团中的人都是控制对象。就经济调节手段而言，国家的直接控制取代了市场调节。国家的控制体系既包括原有的调节手段，如市场调节、供求关系等，也包括新的控制手段：国家普遍的计划。

国家的普遍计划取代了市场机制，国家就必须承担起原先市场的功能：资源配置，引导生产和消费等。具体包括：根据消费品、企业生产等调节社会需求，以充分就业和最大限度满足需要来调节资源，调节和控制所有的生产过程以实现最佳操作，分配社会产品等。

第一，普遍的计划指引了生产、消费、储蓄和投资。这不是说，所有的细节在之前都被安排好，消费者没有任何自由的选择，而是说，在生产之前，什么样的需要将被满足、如何被满足，多少工作时间、多少产品被消

① *The Essential Frankfurt School Reader*, New York: Urizen Books, 1978, p.72.

费、多少扩大再生产,都是预先调查、设计、规定好的。整个生产过程是被控制的,需要与生产之间达成“前定和谐”,不可能出现需求不足或生产过剩等问题,自由资本主义的经济危机不复存在。就生产而言,国家控制的手段既包括传统的手段:发达的技术和科学的组织,如现代数据和会计方法、系统培训工人,将所有技术和管理程序合理化等,也包括新的手段,如对货币、资本和信用等金融体系的控制等。就分配而言,资本主义只会生产、不会分配的不解之谜,被国家资本主义破解了。分配不再是独立的消费者根据自己的需要在市场上的购买行为,而在很大程度上是满足先前规定好的公共和个人的需要。市场调节的商品分配被直接分配取代,价格管制渗透进所有分配领域。

国家资本主义之所以能够做到如此,主要原因是:首先,大部分生产企业虽然是私有的,但却被政府控制;其次,每一种产业都被卡特尔所组织;再次,价格对供求关系的反应和变化以及成本结构变化都被计划权威和垄断者组织,存在着一个社会产品结构的总体计划。就具体机制而言,国家直接分配最主要的办法就是让消费者净收入总量等同于消费品的价格总量。两者的任何不平衡或是导致哄抢物品、抬高物价,或是导致只有少数产品被分配。

因此,分配消费品的第一步就是用普遍的计划让所有消费者在一定时期内的净收入等于消费品生产总量。但这第一步将会遭遇到两个问题:第一,消费者的自愿储蓄是不同的,整个消费者的净收入和总计划的消费品总数可能不平衡,但可以通过通货紧缩或通货膨胀的价格变动来消除这个问题。第二,消费者的选择可能是多样的,计划者可能难以设想到各种消费品的总量。而这个问题完全可以通过有限的市场价格机制,外加补贴和税收体系等化解。最终,价格变动夷平了消费者的偏好和生产计划。

值得注意的是,这里的价格变动既不会导致定价权威服从价格机制,像自由资本主义那样,价格机制发挥主导作用,也不会像垄断资本主义阶段的垄断阶级,为了确保垄断地位,抵制市场信号。简言之,国家资本主义的价格变动是被控制的、有限的。在国家资本主义阶段,更多的是提前关注消费者如何选择的问题。但这种关注,是为了更好的控制。“通过研究消费者,可以确证的是,收入的总数,习惯和宣传正在很大程度上夷平了消费者的喜好结构。”①

第二,个体和群体的利润利益和其他利益都是存在的,但是从属于总体的计划。虽然国家资本主义不会取消利润利益,利润利益仍发挥作用,但个体和群体的利润利益都必须服从总体的计划。统治集团作为一个整体利益是决定性的、主导性的。当统治集团所控制的国家利益和个人或群体利益发生矛盾时,个人或群体利益必须服从国家利益。“理解这个原则的结果对理解极权主义惊人的权力大有帮助。”②

第三,在国家资本主义中,社会生活是一个整体。科学的组织管理是构建社会整体的基本原则。这不仅包括整体的计划,也包括对私人领域和公共领域的每个步骤、每个环节的精心计算。韦伯意义上的合理化原则在国家资本主义社会中有着充分的体现。

第四,创造一个不受国家干预的经济领域或本质上的私人资本主义已不再可能。在自由资本主义中,资本家对财产还有控制权,但在国家资本主义中,这个权力被交给了政府,“政治方式取代了经济方式,以一种最新的方式保证了经济生活再生产,改变了整个历史时期的特征。它标志着从主要是经济时期向本质上政治时期的转换。”③在国家资本主义权力体系的内部构成中,统治集团的权力不来自于宪法授予,拥有资产但不是统治者的资本家并不必然有政治权力。由于他们的寄生地位,他们将在高额遗产税、被操纵的股票市场等政策中消失。正如恩格斯所言,“资本主义生产方式起初排挤工人,现在却在排挤资本家了。”④半独立的群体、自由职业者、中产者、小生产、社会流通企业等都将消失。医生、记者等社会化为政府的雇工。大部分人变成了雇佣劳动者。“他们的政治权利被

① *The Essential Frankfurt School Reader*, New York: Urizen Books, 1978, p.85.

② *The Essential Frankfurt School Reader*, New York: Urizen Books, 1978, p.76.

③ *The Essential Frankfurt School Reader*, New York: Urizen Books, 1978, p.78.

④ 《马克思恩格斯文集》第9卷,人民出版社2009年版,第295页。

破坏,精心设计的原子化简化了工作任务,使他们在严格的控制之下。”①劳动权被废除,工作变成了强制,工资由政府机构规定,劳动者的休闲时间被控制,家庭也被组织。国家是一个大的权力机构,所有的世俗权力都是其具体展开,政党、军队、经济机构等构成了新统治者权力政治的工具。

总之,国家资本主义是资本主义一个变体,其与私人资本主义的差别主要表现在:第一,在后者中,所有的社会关系是由市场调节的;而在前者中,人们相互之间的关系变成了命令者和服从者。第二,在后者中,每个人作为交换价值的主体,收入和财产的多少决定着其社会地位的高低;而在前者中,每个人的地位首先取决于其在政治组织中的地位,其次才取决于财产。第三,在后者中,每个人作为劳动主体参与市场经济活动,利润动机占据主导地位,社会权力以利润为中介,每个人以物的形式占有社会权力。而在前者中,劳动被直接占有,而不是通过市场中介,利润动机从属于权力动机。“在自由资本主义社会,利润越大意味着权力越大,越不依赖他人的命令。但这种区别不仅在于,利润动机是权力动机的中介形式,而且在于后者本质上与统治集团的权力地位相关联,而前者只与个体相关联。”②换言之,在私人资本主义社会阶段,每个人“在衣袋里装着自己的社会权力和自己同社会的联系”③。个人拥有的财产决定了独立的地位和支配他人的权力,但在国家资本主义社会中,利润动机只不过是权力动机的具体形式。拥有财产并不意味着必然拥有社会权力,个人的权力还要看其在统治集团权力体系中的地位。总之,在私人资本主义阶段,经济优先、利润优先、个体优先,在国家资本主义阶段,政治优先、权力优先、统治集体优先。

尽管从经验层面上看,当时的资本主义并没有完全呈现出此特征,尽管在法兰克福学派中以诺依曼为代表的一方提出了反对意见④,尽管有

---

① *The Essential Frankfurt School Reader*, New York: Urizen Books, 1978, p.92.

② *The Essential Frankfurt School Reader*, New York: Urizen Books, 1978, p.78.

③ 《马克思恩格斯全集》第30卷,人民出版社1995年版,第106页。

④ [美]马丁·杰伊:《法兰克福学派史》,单世联译,广东人民出版社1996年版,第187—192页。

论者认为,“波洛克隐含地将经济领域和马克思的生产关系范畴只理解为分配方式,相应地,他把生产力与生产关系的矛盾解释成为工业生产与分配方式(市场、私有财产)之间的矛盾。”[①]因而,国家资本主义的论断并不能完全成立,但正如霍克海默所言,此成果的价值在于为问题的讨论提供了一个基础。国家资本主义论断至少在以下三个方面影响了早期批判理论的转型。

第一,深化了对资本主义和社会主义的认知。人类社会的基本矛盾是生产力与生产关系、经济基础与上层建筑之间的矛盾。这种基本矛盾在资本主义社会中表现为生产的社会化与生产资料资本主义私人占有之间的矛盾,并具体表现为个别工厂生产的有组织性和整个社会生产的无政府状态之间的矛盾、无产阶级与资产阶级之间普遍的阶级对立。资本主义为了化解这个矛盾,国家不得不承担起对生产的领导,私人资本主义过渡到垄断资本主义,但这并不意味着必然导致社会主义,因为这没有消除生产力的资本属性。矛盾的真正解决只有依赖无产阶级的运动,“无产阶级将取得国家政权,并且首先把生产资料变为国家财产。”[②]通过这个行动,生产资料摆脱了资本属性,生产的无政府状态让位于按照社会总体和每个成员的需要对社会生产进行有计划的调节,其社会属性得到充分发展,人因此不仅成为自然界的主人,也成为自身的主人,成为真正自由的人。

波洛克抓住的正是这种对生产与需要的有计划调节,当资本主义市场调节失去作用时,国家的普遍计划代替市场机制发挥调节作用,此时,生产的无政府状态被瓦解,分配之谜也被破解,利润率下降将导致资本主义危机的理论,也将失效,“如果资本扩张从属于一个统治集团普遍同意的计划,那么,与投资比例相应的剩余价值率将会趋于零,而不会带来任何混乱。这种下降主要会被强制的充分就业有效抵消。”[③]资产者和无产

---

① *The Cambridge companion to Critical Theory*, Cambridge: Cambridge University Press, 2004, p.175.

② 《马克思恩格斯文集》第9卷,人民出版社2009年版,第297页。

③ *The Essential Frankfurt School Reader*, New York: Urizen Books, 1978, p.175.

者的阶级对立也将消失,整个社会变成一个权力控制的整体,只剩下控制者和被控制者之间的对抗关系。垄断资本主义的发展并不必然导致社会主义。

第二,从政治经济学批判转向政治社会学批判。一般认为早期批判理论在20世纪三四十年代的理论转型仅仅是对西欧无产阶级革命失败、法西斯主义上台、苏联社会主义走向极权主义等政治因素的简单反应,而没有充分认识到这实际上源于从政治经济学批判角度对国家资本主义的分析。"将《启蒙辩证法》中发生的形式的和实质性的转变简单地理解为是对三四十年代历史发展带来困境的回应,将是错误的"①。这种理论转型也不能仅仅理解为"形式的转移"或"主题的创新",而应该视为批判理论的内在转向。"阿多诺和霍克海默在波洛克的政治经济学研究中发现了他们自己的主题(这种研究他们自身没有完成),也即,控制被高度发展起来,工业社会不再如自由主义阶段那样采取经济形式,而是直接的政治形式,正如在前资本主义时期。波洛克的理论为他们思考对社会的经济分析已经不再必要或不再可能,提供了经济学证明。"②

波洛克对国家资本主义的分析不是将政治、经济、社会、国家之间的关系简单地视为一种垂直分层关系,或者还原为经济决定论,而是从政治经济学的视角,将国家视为一种扁平化的整体,经济虽有其自主性,但受到政治的操纵,政治优先性凸显。"我们甚至可以说,在国家资本主义条件下,经济学作为一门社会科学将失去其研究对象。当经济活动由有意识的计划调节而不是由市场的自然调节时,原来意义上的经济问题就不存在了。原先经济学家遇到的并绞尽脑汁去解决的交换过程之谜,在国家资本主义条件下,仅仅变成了控制问题。"③因此,政治经济学批判带来的转型意味着从政治经济学批判转向以权力政治批判为核心的政治社会

① Paul Connerton, *The Tragedy of Enlightenment: An Essay of the Frankfurt School*, Cambridge: Cambridge University Press, 2010, p.63.

② Helmut Dubiel, *Theory and Politics: Studies in the Development of Critical Theory*, London: The MIT Press, 1985, p.81.

③ *The Essential Frankfurt School Reader*, New York: Urizen Books, 1978, p.87.

学。这种转向“为霍克海默、阿多诺和马尔库塞的社会哲学奠定了根基，为阿多诺的文化批判理论提供了补充，也预示了更加后来的哈贝马斯和奥菲著作中的政治批判”①。霍耐特在《权力批判》中指出，国家资本主义概念仍以模糊的形式构成了阿多诺后期社会理论的主题。②

第三，从权力关系展开物化批判。“对《启蒙辩证法》产生决定性影响的是波洛克的主题，其认为，法西斯主义和官僚社会主义是资本主义新秩序的变体，这种资本主义新秩序从根本上区别于早期私人资本主义和现代垄断资本主义，他将其称为‘国家资本主义’。”③威廉·范·莱延和简·布兰森甚至根据波洛克的主题，对《启蒙辩证法》1944 年和 1947 年版本中的术语变化进行了考察。1947 年版本更加远离了马克思主义术语。④ 比如，垄断、资本、利润等经济学术语换成了中性化的词语。垄断换成了托拉斯、联合，垄断统治者换成了管理者，资本变成了经济，资本的权力变成了经济上最强的权力；生产关系变成了经济形式，阶级统治变成了统治，剥削变成了更加中性化的奴役，控制变成了利用，控制者变成了领导者。这些话语的转变表明了权力关系成为作者关注的重点。《启蒙辩证法》正是从权力批判推进物化批判的典范。“社会权力更加以对物的权力控制为中介，个体越是强烈地关注对物的权力控制，物将越是控制着他，他将越是失去任何真正的个体的特性，他的思想也就越是转化为自动的形式化的理性。”⑤

第二节　理性的权力实质

如前所述，卢卡奇认为，资产阶级思想二律背反是物化现象的哲学表

① *The Essential Frankfurt School Reader*, New York: Urizen Books, 1978, p.4.

② Axel Honneth, *The critique of power*, Cambridge: The MIT Press, 1997, pp.57-98.

③ Max Horkheimer & Theodor W. Adorno, *Dialectic of Enlightenment*, California: Stanford University Press, 2002, p.249.

④ Max Horkheimer & Theodor W. Adorno, *Dialectic of Enlightenment*, California: Stanford University Press, 2002, pp.250-251.

⑤ Max Horkheimer, *Eclipse of Reason*, London: Continuum Publishing Company, 2004, p.88.

达，同样《启蒙辩证法》也从权力关系对启蒙理性展开了批判。

按照康德的说法，"启蒙运动就是人类摆脱自己所加之于自己的不成熟状态。不成熟状态就是不经别人的引导，就对运用自己的理智无能为力。当其原因不在于缺乏理智，而在于不经别人的引导就缺乏勇气与决心去加以运用时，那么这种不成熟状态就是自己所加之于自己的了。Sapere aude！要有勇气运用你自己的理智！这就是启蒙运动的口号。"①启蒙就是勇敢地运用自己的理性，摆脱恐惧和懦弱，公开地运用自己的理性，树立自主。所以，启蒙也俗称为理性启蒙。而按照卢卡奇的看法，这种理性主义的实质是一种形式体系，就是以知性的方式把握、创造、预见、计算和控制对象。霍克海默和阿多诺对启蒙理性的分析正是以此为出发点的。

霍克海默、阿多诺认为，启蒙意味着对世界祛魅，这种方式就是以知识的形式取代迷信。人的自主性蕴含在这种知识中，但这种知识是一个具有统治意义的概念。理性克服了迷信，但却带来对祛魅后世界的统治。启蒙理性的实质是一种权力。启蒙虽然摧毁了神话，但知识论意义上的启蒙却蜕变为新的神话。

知识主要是以概念的方式把握世界，但概念表达的是现实的权力关系。霍克海默和阿多诺主要从语言与现实的关联、启蒙与神话的关联两个层面对概念所表达的权力关系展开了分析。

从启蒙与神话的内在关联来看，启蒙以概念的方式与神话语言表达的都是权力关系。正如马克思所言，"语言是一种实践的，既为别人存在因而也为我自身而存在的、现实的意识。语言也和意识一样，只是由于需要，由于和他人沟通的迫切需要才产生的。"②语言总是表达了主体间的关系。霍克海默和阿多诺在人类学的基础上指出，语言最初的形态是符号，符号本身就是一种权力关系的表达。在原始巫术中，符号表达了一种拜物教。统治者掌握对符号中所蕴含的神秘之物（mana）的解释

---

① ［德］康德：《历史理性批判文集》，何兆武译，商务印书馆 1990 年版，第 23 页。

② 《马克思恩格斯文集》第 1 卷，人民出版社 2009 年版，第 533 页。

权，而凭借这种解释权控制着被统治者。在原始巫术中，这种拜物教的基础是模仿，拜物教从属于同一性的原则。但启蒙以概念的方式消除了这种语言符号中的内容，语言符号中所表现的实体性内容越来越被消解。甚至启蒙理性最初阶段仍具有实体性内容的理念也越来越显得多余。

语言符号越来越被形式化，形式逻辑成为启蒙理性的准则。这意味着，在启蒙的不断发展过程中，形式理性被视为社会现实的直接表达。"资产阶级社会被同一性所统治。"①在巫术阶段，拜物教从属于同一性。在启蒙的最新阶段，同一性本身被视为拜物教。在这个意义上，霍克海默和阿多诺比鲍德里亚等更早、更彻底地提出了符号拜物教。理性之所以越来越形式化只不过是为了更好地计算现实、控制现实。因此，两位作者认为，在启蒙理性发展的最新阶段（实证主义）中，看似具有中立性的科学语言却比形而上学更加形而上学。这就是卢卡奇分析的科学所隐藏的事实拜物教。霍克海默和阿多诺更加清楚地指出，这种事实拜物教实际上意味着进一步地屈从于现实的支配。

从语言与现实的关联角度来看，语言的逻辑结构与社会现实中的社会结构具有相似性。霍克海默和阿多诺主要从劳动分工的角度，分析了概念之间逻辑系统是社会权力系统的理性表达。"正如第一个范畴表达了组织起来的部落对个体的权力控制，整个逻辑规则，伴随着其概念的上属和对等以及推理和依存所形成的锁链，都是建立在社会现实中相应的条件基础上的，也就是建立在劳动分工基础上的。"②也就是说，概念系统是社会权力的理智表现形式，概念系统中各层级之间的关系是权力系统各层级关系的表现。

在这个意义上，霍克海默和阿多诺是完全建立在马克思的理论基础上的。在马克思那里，分工不是像涂尔干所认为的那样表达了社会的有

① Max Horkheimer & Theodor W. Adorno, *Dialectic of Enlightenment*, California: Stanford University Press, 2002, p.5.

② Max Horkheimer & Theodor W. Adorno, *Dialectic of Enlightenment*, California: Stanford University Press, 2002, p.16.

机团结,而是表达了社会的支配关系。虽然马克思也积极评价了分工的历史价值,但马克思也指出了在分工中所形成的支配关系。“社会活动的这种固定化,我们本身的产物聚合为一种统治我们、不受我们控制、使我们的愿望不能实现并使我们的打算落空的物质力量,这是迄今为止历史发展的主要因素之一。受分工制约的不同个人的共同活动产生了一种社会力量,即成倍增长的生产力。因为共同活动本身不是自愿地而是自然形成的,所以这种社会力量在这些个人看来就不是他们自身的联合力量,而是某种异己的、在他们之外的强制力量。”①启蒙的概念体系正是这种不受个人控制的社会力量的表达。

霍克海默和阿多诺的观点与托尼斯的观点也内在相通。在托尼斯看来,“抽象理性的特殊情况是科学的理性,其主体是客观的人、认识关系的人,即用概念思维的人。科学的概念就其一般起源及实际性质而言是判断,通过判断给感觉复合体起了名字。因此,科学的概念在科学中的情况就像商品在社会中的情况一样。科学概念集中在体系中就像商品集中在市场上一样。最高级的科学概念,如原子的概念或能的概念,不再包含有现实东西的名称,它就相当于货币。”②霍克海默和阿多诺同样指出,语言表达了控制关系的普遍性,这种普遍性与市民社会中沟通的中介是相同的。③ 如果说市民社会中普遍的中介是货币,货币实际上表达了少数人对多数人的统治,那么语言的概念体系,同样表达了少数统治集体对其他人的权力支配。

如果说,现代理性主义区别于传统理性主义在于其总体性要求,在于将各种现象统一起来,揭示各种现象的内在因果关系,如果说,启蒙理性的本质是权力,那么这就很容易得出,理性主义的总体性恰恰表明了权力

---

① 《马克思恩格斯文集》第1卷,人民出版社2009年版,第537—538页。

② 转引自[匈]卢卡奇:《历史与阶级意识》,杜章智等译,商务印书馆1999年版,第207—208页。

③ Max Horkheimer & Theodor W. Adorno, *Dialectic of Enlightenment*, California: Stanford University Press, 2002, p.16.

控制的总体性。① 而这种启蒙理性的总体性要求必然体现在人与自然、人与人、人与其内在自然的关系中。“主体的觉醒带来的是将权力视为所有关系的原则。”②

首先，控制体现在人对自然的控制关系上。第一，自然的数学化。启蒙将数学视为思想的典范，数学被启蒙视为“祛魅”自然、统治自然的工具。数学上升到绝对的权威，自然沦为数学的产物。数学按照自身的模式构建自然，这已经没有了自然，只有数学建构的自然。数学使思想工具化，数学按照时空关系测量对象，使一切对象变得可计算和可利用。第二，控制自然还有其哲学表达，霍克海默和阿多诺将控制自然与康德的纯粹理性批判勾连起来。康德认为没有任何存在是我们的知识不能把握的，但是我们所能认识的不是物自身，我们所能认识的都只能是现象，而现象则是由先验主体通过时空和先天范畴构建起来的。因此，我们所能认识的一切都是理性先行置入客体的。我们对自然的认识其实都是主体对自然的先行建构，都是理性的自我认识。

其次，控制体现在人与人之间的关系上。如前所述，劳动分工建立起经济控制和思想控制的双重体系。第一，这种双重体系本质上是一种控制思想，在现代社会直接通过机器大工业的控制体现出来。思想物化为一种自主的、自动的过程，运用于它所创造出来的机器身上，它最终能被机器代替。机器的发展已经变成了机器的控制，技术和控制交织在一起，并将整个社会融合进去。在这里，没有了资本家和工人的区分，两者都是被机器、技术控制。机器控制建立起一个类似自然的封闭体系。第二，面对这个封闭的体系，每个人必须按照自我保存的原则，融入这个体系，适

---

① 这里有一个有趣的例子可以说明卢卡奇和霍克海默的内在关联。卢卡奇在论述现代理性主义整体性时提到现代理性主义就是要将中世纪区分月亮之上的世界和月亮之下的世界统一起来。（[匈]卢卡奇：《历史与阶级意识》，杜章智等译，商务印书馆1999年版，第183页。）霍克海默为了说明这种理性主义的控制本质，同样举过一个月亮的例子。一个小孩仰望天空，问了一句：“爸爸，怎么给月亮做广告呢？”霍克海默以此说明形式理性主义对自然的控制关系。见 Max Horkheimer, *Eclipse of Reason*, London: Continuum Publishing Company, 2004, p.69。

② Max Horkheimer & Theodor W. Adorno, *Dialectic of Enlightenment*, California: Stanford University Press, 2002, p.5.

者生存，不适者淘汰。“个体只有将其自身界定为物、数据，成功或是失败。他们的标准是自我保存。”①第三，追求自我保存成了最基本的德性，成了整个西方文明的真正格言。但由于其“功能语境”被剥离，也即，掩盖了资本与劳动的对立，抹杀了剥削与被剥削的差别，这就变成了资产阶级的意识形态。“在资本主义社会，个体的社会工作，都是以自我原则为中介，这种劳动对一部分是不断增加的资本，对其他人则是不断增加的额外劳动。”②

最后，这种控制还体现在控制人的内在自然，通过牺牲自我来赢得自我，人类以否定内在自然为代价来获得对外在自然和人类的控制。正如，奥德修斯要将自己捆绑在桅杆上，来抵抗塞壬歌声所激发的内在欲望；正如，奥德修斯的水手们要堵上自己的耳朵，因而不能体会自然的美妙。这种对内在自然的控制构成了整个西方文明合理性的核心。我们在这里能够清楚地看到霍克海默和阿多诺无疑受到了弗洛伊德的影响。在弗洛伊德看来，文明就是对本能的压抑。在霍克海默、阿多诺看来，“西方文明的历史可以根据自我的增强和背后的削弱来书写，也就是其将控制以自我规训（self-discipline）的方式内在化。”③霍克海默和阿多诺在 20 世纪 40 年代，就指出了启蒙理性对身体的规训。正是在这个意义上，在 20 世纪 80 年代，福柯权力哲学的兴起引发了学界对《启蒙辩证法》权力哲学的重新发掘。

第三节 工具理性的辩证法

卢卡奇在资产阶级思想的二律背反中既指出了理性主义是对物化结构的理论表达，又指出了这种理性主义内在发展所蕴含的辩证法对这种

① Max Horkheimer & Theodor W. Adorno, *Dialectic of Enlightenment*, California: Stanford University Press, 2002, p.21.

② Max Horkheimer & Theodor W. Adorno, *Dialectic of Enlightenment*, California: Stanford University Press, 2002, p.23.

③ Max Horkheimer, *Eclipse of Reason*, London: Continuum Publishing Company, 2004, p.72.

物化结构的扬弃。同样,霍克海默和阿多诺也在权力关系之中指出了扬弃工具理性的辩证法。不过在霍克海默和阿多诺这里,这种理性所蕴含的自我扬弃因素更加明显。理性主义的内在危机所表达的是形式化理性与作为其内容的权力关系的矛盾。而这种工具理性的辩证法一方面表明了权力控制的双向建立,另一方面又表明了扬弃工具理性的和解之路。

权力控制的双向建立意思是说,这种工具理性的对象化必然带来在人与自然、人与人和人与内在自然(本性)之间控制关系的反向建立。人被自然所奴役,人被人所控制,人的内在自然开始了其复仇。

首先,从人与自然的关系来看,只要人类以理性的方式从自然中出离,转化为控制自然,理性变成一种控制的工具,沦为工具理性,那么人类就必然会沦为自然的奴隶。究其原因在于,思想一旦沦为控制的手段,不管其具体化为数学、机器还是管理,必然以似自然的方式来控制自然,而忘记了其本身发源于自然。这样真正的自然以"盲目的"、"支离破碎"的方式开始了其复仇,人必然再次沦为自然的奴隶。"一旦精神自我认知为从自然中分离出自然,自然正如在史前时期,开始召唤自身,但不是以被设定的无穷之力'曼纳'的名义,而是作为某种盲目的、被肢解的物。"①

其次,表现在人与人的关系上。如前所述,这种精神自由带来的是以似自然的方式对所有人的控制,资本家和普通劳动者概莫能外,但这并不能掩盖劳动与资本的对立,并且在资本主义的不同时期表现为不同的形式。在自由资本主义阶段,资本家为了建构同一化的生产模式,必然要强制普通劳动者适应工业生产的机制,"因为,自我并不会非常适应生产模式,因此,启蒙在整个自由主义阶段,充满着社会强制。"②换言之,自由资本主义阶段是生产的同一性逻辑夷平个体的过程,交换价值规律发挥着主导作用,资本家是交换价值规律发生作用的"手"。而到了 20 世纪 40 年代,这种情况发生了变化,这种同一性逻辑已经被统治者视为"仅仅是

① Max Horkheimer & Theodor W. Adorno, *Dialectic of Enlightenment*, California: Stanford University Press, 2002, p.31.

② Max Horkheimer & Theodor W. Adorno, *Dialectic of Enlightenment*, California: Stanford University Press, 2002, p.9.

意识形态”,统治者并不相信交换价值的客观必然性,“他们自认为自己是世界历史的引擎”,“公司的主席们的有意识的决定接管了资本主义旧的价值规律,因此,结果是作为强迫性的命运丝毫不减最盲目的价值规律。”①统治者们上升为真正的控制者,他们的“手”操纵着价值规律。这带来了更大的盲目性和强迫性,“战争和危机”成了集体的命运。

最后,从人与内在自然的关系来看,只要人类通过压制自在自然来实现自我和统治,那么,这就意味着自我的消除。在“人类控制自身的基础上形成自我,实现统治,在实践上总是包含着对主体的废除,因为,通过自我保存所控制、压制和分解的不是别的,正是生命整体,自我保存作为手段只能仅仅被界定为其功能——换言之——自我保存所破坏的正是将要保存的”②。结果是,自我保存却没有任何保存之物。

因此,工具理性的逻辑可以简单地归结为人与自然的控制以及这种控制被反控制的逻辑。当然,这里的自然不仅仅包括客观的外在自然,同时包括以规律形态出现的具有似自然性的社会关系,大体上相当于卢卡奇所说的第二自然,也包括人的内在本性,也就是卢卡奇曾指出的第三自然。也正是在这个意义上,罗尔夫·维格豪斯指出年轻的法兰克福学派基本上都将《启蒙辩证法》解读成:“法西斯主义诱发他们形成悲观的历史哲学,这种悲观的历史哲学追溯极权主义的起因,一直追溯到人类历史的初始。斯大林主义只不过加强了他们的看法。战后的宰制社会无法令他们修正看法。他们看出,人类面对自然伸张自我,是一种关键性的原罪,这种原罪从一开始就不仅将人与自然的关系推上了灾难性的道路,而且将人与自我的关系、人与人的关系推上了灾难性的道路。”③霍克海默和阿多诺将理性批判追溯至西方文明的源头,这似乎走向了人类学批判,但实际上两位作者仍试图追寻对当下现实“有规定的否定”的内在超越。

---

① Max Horkheimer & Theodor W. Adorno, *Dialectic of Enlightenment*, California: Stanford University Press, 2002, p.30.

② Max Horkheimer & Theodor W. Adorno, *Dialectic of Enlightenment*, California: Stanford University Press, 2002, p.43.

③ [德]格·施威蓬豪依塞尔等:《多元视角与社会批判:今日批判理论》下卷,鲁路译,人民出版社2010年版,第84页。

第四节　有规定的否定

面对工具理性的灾难性后果，霍克海默和阿多诺把解决问题的路径指向了和解之路。霍克海默和阿多诺一方面吸收了犹太教的禁令思想，一方面吸收了德国古典哲学的辩证法思想，并将犹太教的思想安置在辩证法中，形成了“有规定的否定”的内在批判。

在犹太教中，上帝是绝对的他者，是对神话的否定，也是对所有神话合法统治的否定。上帝超出了巫术的形式，从而超出这种控制。具体而言，在犹太教中，人类的语言不同于上帝的语言，人类的语言不能把握无限的上帝。给上帝命名，意味着拥有上帝的本质，但人类是无法获得这种知识的。人类的希望存在于禁止将有限的事物与无限的上帝等同起来。只有在这种否定中，在作为绝对他者的上帝概念中，才能发现真理。“犹太教将所有的希望寄托在这样的禁令上，不能将错误运用到上帝，不能将有限运用到无限，不能将谎言当作真实。”①正是犹太教这种禁令的思想传统，使得同一性原则遭遇到不可触及的作为绝对他者的非同一性，“任何承认这种不可知的、作为绝对他者的上帝的，不可能彻底融合进一个非正义的社会总体。霍克海默认为，法西斯主义将犹太人和马克思主义者认作为这种否定原则的化身。”②

因此，霍克海默和阿多诺吸收犹太教的思想，并不像哈贝马斯所指认的那样，是他们面对现代性危机不可避免的悲观走向，而是他们化解现代性危机的积极资源。“虽然阿多诺对理性和启蒙传统展开了苛刻的批判，但他引用神学的目的并不是为了取代现代性的理想，或者揭示‘理性的他者”中的一些后现代痕迹。相反，他对神学感兴趣的原因是，他认为神学为揭示现存社会状况提供了基本的洞见。他使用神学概念的目的在

---

① Max Horkheimer & Theodor W. Adorno, *Dialectic of Enlightenment*, California: Stanford University Press, 2002, p.17.

② Michael R. Ott, *Max Horkheimer's Critical Theory of Religion*, Lanham: University Press of America. 2001, p.95.

于帮助实现启蒙理性的理想,而不是抛弃它。"①这种绝对的他者在启蒙的祛魅之路中,即为带来恐惧的曼娜(自然)。启蒙开启于给曼娜命名,但命名本身只不过是将曼娜分成了原始曼娜和为我曼娜,并没有取消曼娜的存在。人们用命名的方式,试图建立的为人存在的曼娜不过是对恐惧的同语反复,并不能真正消除曼娜的存在。

这一点清晰地表现在命名的概念之路上,概念本身就是同一性与非同一性的统一。启蒙不断地用概念之路试图去除这个曼娜,但人类的概念之路或语言所能达到了永远是那个为人存在的曼娜世界,也就是说依然存在着非同一性。实证主义宣称曼娜的不存在,不过是恐惧的彻底化,并不能消除这个非同一性。

正因此,霍克海默和阿多诺高度评价康德哲学,认为康德哲学所传达的智慧是"玄妙的"。一方面,康德哲学是启蒙的积极颂扬者,是同一性哲学的代表,但另一方面,康德哲学认为我们能认识的永远是现象,而不是物自身,物自身永远不可知。"一方面,由于纯粹理性批判试图在理性分析中获得权威的、普遍有效的知识,因此,其包含着同一性哲学,另一方面,他以同样的活力带来了非同一性元素。"②康德对理性的限制,正如犹太教禁止对上帝命名一样,为人类提供了渴望他者的希望,这个彻底的他者是对人类痛苦、绝望、压迫、不幸和死亡的否定。

这种否定作为有规定的否定,不是抽象的绝对否定。作为绝对他者的上帝概念,并不是一个抽象,并不是一个纯形式,一个彻底对上帝的否定。霍克海默和阿多诺认为,佛教的抽象否定和泛神论,或是不承认他者的存在,或是将整个世界作为他者的泛化,都是神话,都是升华的巫术实践。这正是资产阶级自然神论、怀疑主义和实证主义所做的。

有规定的否定也不是预设任何已知的绝对,像黑格尔的哲学那样,预设了作为终极目的的绝对精神,这种具有总体性的绝对精神只能意味着

① Christopher Craig Brittain, *Adorno and Theology*, London: T&T Clark International, 2010, pp.1-2.

② Theodor W. Adorno, *Kant's Critique of Pure Reason*, California: Stanford University Press, 2001, p.69.

总体的控制。“阿多诺在这个意义上可以称为一个客观的观念论者,他否认存在着一个哲学的开端、一个根本的地基、起源或目标,不管其是理智或是自然,主体或是客体。”①有规定的否定从否定开始,从人的痛苦、被抛弃、无意义、压迫和死亡开始,将每一个碎片中的错误元素去除掉,取消它的控制力量,从而在概念和现实、思想和存在、主体和客体之间保持着辩证运动的张力,保持着对现存的积极批判。

因此,启蒙的辩证法“作为一种对控制的内在性批判,批判理论的真理既不存在于绝对理性,也不存在于工具理性,而在于对控制的有规定的否定”②。这种否定表现为对思想自身的批判。在启蒙中,思想一方面是同一性的内核,沦为控制的工具;另一方面,这种工具具有“模棱两可的性质”(equivocal nature)③,思想对所有人具有普遍的客观性。因此,思想本身赢得了独立性,独立于统治者的意志,所有人都能以之作为批判控制的工具。

黑格尔曾指出,“科学的知性形式是向一切人提供的、为一切人铺平了通往科学的道路,……非科学的人通过它就直接进入科学。”④在霍克海默、阿多诺看来,思想的特殊主义起源与普遍主义可能性是不可分离的。“在从神话到逻辑主义的过程中,思想失去了对其自身的反思,机器切断了人与人之间的联系。但正是在这种机器的形式中,异化的理性走向一个社会,在其中,尽管思想在物质和精神层面上都固化为机器,但思想与一个解放的充满生机的元素达成和解,并且思想作为社会的真正主体与社会达成和解。”⑤换言之,有规定的否定是思想对通过概念的中介运动对直接性的有规定的否定,从而恢复思想的社会的、历史的和人类的

① *The Cambridge to Adorno*, Cambridge: Cambridge University Press, 2004, p.19.

② Robert J. Antonio, “Immanent Critique As the Core of Critical Theory: Its Origin and Developments in Hegel, Marx and Contemporary Thought”, in *The British Journal of Sociology*, Vol.32. No.3 (Sep., 1981), p.340.

③ Max Horkheimer & Theodor W. Adorno, *Dialectic of Enlightenment*, California: Stanford University Press, 2002, p.29.

④ [德]黑格尔:《精神现象学》上卷,贺麟等译,商务印书馆1979年版,第8页。

⑤ Max Horkheimer & Theodor W. Adorno, *Dialectic of Enlightenment*, California: Stanford University Press, 2002, p.29.

意义。“因为概念不仅作为科学，将人从自然中分离出来，同时作为思想的自我反思——在科学的形式下，仍然受限于盲目的经济趋势——成为衡量分离所导致的非正义的标尺。”①也即，通过概念的自我反思一方面使人从自然（曼娜）中出离，另一方面是在主体的范围之内对自然（曼娜）的回忆。

有规定的否定不是以历史发展的未来美化当下的物化，而是从当下历史现实出发，在对当下现实的批判中，指向历史发展的下一个环节。正因此，在霍克海默和阿多诺看来，这种与自然的和解存在于理性物化的最新阶段——机器中。

马克思曾指出机器的发展是知识和技能的积累，是社会智力和一般生产力的积累，但这种积累从属于资本家。因此，“在机器体系中，对工人来说，知识表现为外在的异己的东西，而活劳动则从属于独立发生作用的对象化劳动。只要工人的活动不是资本的需要所要求的，工人便成为多余的了。”②这既是一个产生剩余工人，导致工人失业，从而激化阶级矛盾的过程，又是一个将社会必要劳动时间缩减到最低限度，从而创造出更多的剩余劳动时间，使人们在艺术和科学等其他方面得到发展。这就唤起了社会联合和社会沟通的力量，使财富的创造不取决于耗费在这种创造上的劳动时间，从而构成了以劳动时间衡量资本力量的内在限制。

霍克海默和阿多诺既没有像马克思那样从机器中得出劳资对立的尖锐化，也没有像哈特和奈格里那样，根据非物质劳动占据主导地位，公共品的生产意味着主体性的生产、生命政治的建构，而是从中展开了思想的内在批判道路。“阿多诺坚持认为，思想不足以把握客体，因此，真理唯有通过不断的内在的自我批判来否定地实现。”③对自然的回忆由此构成了对理性的自我批判。这就一方面保持着启蒙的同一性原则，另一方面

---

① Max Horkheimer & Theodor W. Adorno, *Dialectic of Enlightenment*, California: Stanford University Press, 2002, p.32.

② 《马克思恩格斯全集》第31卷，人民出版社1998年版，第93页。

③ Christopher Craig Brittain, *Adorno and Theology*, London: T&T Clark International, 2010, p.5.

坚守了对同一性的前提批判。同一性与非同一性的关系变成了非同一性基础上同一性与非同一性的辩证法。“理性唯有通过对人所创造和不断创造的痛苦的反思才能实现合理性，在这种自我批判中，理性将通过守护我们赋予理性的、破除终极目的的真理原则，仍然忠诚于其自身。”①

① Max Horkheimer, *Eclipse of Reason*, London: Continuum Publishing Company, 2004, p.120.

第六章　生活世界的殖民化

哈贝马斯曾说，“我写《沟通行为理论》时，我的主要关切就是形成一种能够处理‘物化’（卢卡奇）现象的理论体系。”①对物化问题的重新讨论，实际上就是一种经典诠释。在法兰克福学派中，对卢卡奇物化理论讨论最多的是哈贝马斯。如果说，霍克海默和阿多诺在《启蒙辩证法》中，从启蒙理性中权力关系的角度推进了物化批判，那么这种推进至少有双重意义：其一，这种推进将普遍的物化关系中所蕴含的权力关系全面揭示了出来，从而使物化批判的画面更加丰满，不仅现实中物与物的关系是权力关系的中介，而且理性本身就是一种权力关系；其二，这种推进也将理性批判推向了僵局，从而很容易使物化批判陷入绝境，如果理性本身是权力关系，那么理性如何自我反思、自我批判呢？

正是面对霍克海默和阿多诺的困境，哈贝马斯回到韦伯，重新思考合理化的问题。“阅读阿多诺给了我勇气，去系统把握卢卡奇和科尔施历史地陈述的作为韦伯意义上的合理化的物化理论。也就是在那时，我关心的问题就变成了现代性问题，即理性在历史中以扭曲形式实现的现代性病理学。”②因此，哈贝马斯物化批判最鲜明的特征就是重建，这种重建不是施莱尔马赫或狄尔泰意义上回到作者原义的重构，而是一种基于新的历史条件下的重新阐释。这既体现在从沟通理性讨论行为的合理性，又体现在社会理论上以系统和生活世界的合理化角度讨论社会合理性。在这双重重建基础上，哈贝马斯提出，物化并不发生在行为模式之间的分

① Jürgen Habermas, “Morality, Society, and Ethics: An Interview with Torben Hviid Nielsen”, in *Justification and Application: Remarks on Discourse Ethics*, London: The MIT Press, 1993, p.170.

② Jürgen Habermas, *The Dialectics of Rationalization*, Telos., 1981, (49), p.7.

化与对立,而发生在系统从生活世界中分化过来。在经济和政治的亚系统调节机制中金钱和权力过于强大,压制了生活世界的调节机制,此时才形成了物化。物化就是生活世界的殖民化。鉴于国内外对哈贝马斯的物化批判研究已经比较充分[①],笔者将根据研究主题的需要,着重分析哈贝马斯对卢卡奇、霍克海默和阿多诺的批判与阐发,来揭示这个诠释历程。

第一节　作为对象性形式的物化

哈贝马斯对卢卡奇关于物化的解读是从对象性形式这个术语开始的。对象性形式是一个新康德主义术语,表达了历史中形成的思想形式或者经验形式,并标志着一个整体,具有总体性。卢卡奇将社会的发展理解为对象性形式的历史发展,这种对象性形式塑造了人类的生存。但卢卡奇并没有陷入历史主义。历史主义认为对象性形式表达了文化的特殊性,这就导致历史停留于个别性之中,正如兰克所言,每个时代都同样接近上帝。因此,实际上也就没有历史的发展了。相反,卢卡奇认为,对象性形式与理性的普遍性直接相关。哈贝马斯认为,卢卡奇还坚守着黑格总体性理念。这种总体性的理念在每一个特定的时代对象化,中介着人们与世界、与自身的关系,尽管在这种理念自我实现之前,理性总是以一种非理性的方式呈现出来。换言之,在卢卡奇的物化批判中,这种批判的根据在于普遍的总体性,物化是其具体展开的一个环节,一个充满分离和对立的环节。

正是在这一基本思想主导下,卢卡奇认为资本主义社会被一种特殊的对象性形式主宰着。用哈贝马斯的说法就是,这种对象性形式主宰着资本主义社会,塑造了我们与世界的关系。在这种对象性形式中,语言行为主体与客观世界、社会世界和主观世界发生关系。这种塑造了我们与

---

① 国外简要的研究成果参见 Timo Jutten,"The Colonization Thesis: Habermas on Reification",in *International Journal of Philosophical Studies*,Vol.19,(5),pp.701-721。国内的研究成果参见汪行福:《"新启蒙辩证法"——哈贝马斯的现代性理论》,《马克思主义与现实》2005 年第 4 期。

世界关系的对象性形式就是物化。物化的含义就是社会关系和主观经验都被理解为物,也就是变成我们感知和控制的对象。三个世界的关系都被理解成物的关系。哈贝马斯认为,卢卡奇在这里犯了一个范畴上的错误,那就是将客观世界物的关系推及到了主体间关系(社会世界)和内在的主观经验(主观世界),把后两个世界都作为整体从属于客观世界物的关系。

具体而言,卢卡奇从对马克思商品拜物教的分析形成了物化概念。马克思描述了基本的商品拜物教。商品之所以神秘,是因为在商品中,劳动的社会属性变成了劳动产品的客观性质。劳动者的社会关系变成了独立于劳动者的物的关系。在作为商品的劳动产品中,物获得了可感知的自然属性和不可感知的社会属性。商品中所体现的劳动的社会关系获得了物的关系的幻象。在哈贝马斯看来,马克思借助于黑格尔的本质与现象的逻辑来分析商品的使用价值与价值,在后形而上学话语中已经不再恰当。卢卡奇没有由此紧跟马克思去深入分析商品形式,而是抓住了当劳动力成为商品时带来的物化效应:劳动力与劳动者个性分裂,劳动力变成了市场上可以交换的物。

哈贝马斯认为,这种物化效应其实并不复杂。当社会劳动中的相互关系以传统形式发生作用,个体主动地与他人、与自身通过准自然的规范发生沟通关系时,这种物化是不可能出现的。同样,当所有社会成员以共同意志的形式参与了社会关系的构建,物化也不可能出现。或者说,在前资本主义社会的共同体中,在理想的沟通关系实现后,这种物化都不可能出现。而一旦商品生产按照交换价值的生产而组织起来,劳动力成为商品被交换,另一种调节行为的媒介就发挥作用了,与经济相关的行为就从生活世界中分离出来,交换价值(金钱)成为媒介形式。当相互沟通不再由规范和价值调节,而是通过交换价值的媒介时,行为者就不得不对他人和他们自身采取对象性的态度。行为的调节机制变成外在的了。通过交换价值媒介所实现的交易外在于通过语言实现相互理解的主体间关系。它们变成了发生在客观世界的东西,获得了准自然的性质。

在哈贝马斯看来,这个过程在马克思那里就是对象化过程。"马克思将规范性和主体性变成了可感知和可控制的物的过程称为客观化和对象化。”[①]当雇佣劳动者的整个生存依赖于市场,匿名的价值增殖过程入侵了他的生活世界,破坏了沟通建立起来的主体间伦理秩序,这就将社会关系变成了纯粹的工具关系。在这种关系中,生产者打破了共同体的脐带。每一个独立的个体参与到社会关系中,社会关系对个体来说也就是外在的和独立的。这个对象化过程是个体解放的一个必要过程。同样,韦伯从西美儿的货币哲学中,已经发现像自然一样的沟通关系转化成了普遍的货币语言。而卢卡奇遵循马克思,从资本主义商品交换,回到了西美儿所分析的基本现象的后面,抓住了商品交换带来的社会合理化。

卢卡奇综合马克思和韦伯的特别贡献在于,他将社会劳动领域从生活世界的脱离同时看成两个方面:既是物化,又是合理化。“生产者同其生产资料的分离,所有自然生产单位的解体和破坏等等,现代资本主义产生的所有经济—社会前提,都在促使以合理物化的关系取代更明显展示出人的关系的自然关系。”[②]当行为主体采取交换价值导向时,他们的生活世界萎缩成了客观世界的模式,他对其自身和其他人采取对象性的成功导向的态度,就同时使他们自身变成了可以被其他行为者控制的对象。这就是说,当一个行为者对他人和自身采取这种成功导向的行为态度时,别人也会对他们采取这种态度;当他将自身和他人做成了实现成功所必需的手段或者控制对象时,他自身也就相应地变成了别人实现目的的手段和控制对象。与卢卡奇不同的是,哈贝马斯认为,虽然这是一种物化的相互作用,但其带来了成功导向的策略行为的自由,这也是一个合理化的过程。而在卢卡奇看来,这种通过市场规律中介的自由实际上还是形式化的自由,还不是真正的自由。

卢卡奇没有跟随韦伯从行为理论出发,将物化的过程理解成目的理性行为渗透到其他行为领域,也没有将系统合理化视为更为普遍的合理化的一个特殊表现,而是从商品结构的调节机制出发,将物化视为在合理

---

① Jürgen Habermas, *The Theory of Communicative Action, Reason and the Rationalization of Society*, Boston: Beacon Press, 1984, p.358.

② [匈]卢卡奇:《历史与阶级意识》,杜章智等译,商务印书馆1999年版,第156页。

化过程中经济系统调节机制渗透进生活世界,破坏了沟通行为。这里我们可以清楚地看到,哈贝马斯对卢卡奇的物化是放到他自己的系统与生活世界的理论体系中讨论的。物化是生活世界合理化的另一个方面。生活世界的合理化意味着系统的分化。在经济领域,金钱媒介行为取代了语言沟通行为,这意味着自由的性质变化,选择性范围的扩大,产生了交换过程中自主的议价机制,提高了效率。就经济系统自身的运行而言,这是一种合理化,并不是物化。只有当金钱媒介渗透进生活世界,破坏了不可或缺的沟通(以语言为中介的沟通行为)理性行为时,这才形成了物化。

值得注意的是,哈贝马斯认为卢卡奇的对象性形式理论局限于黑格尔的总体性理念中,这种局限性直接关涉到了物化理论的第二个层面。

第二节　作为形式合理化的物化

卢卡奇将合理化和物化视为同一个过程的两个方面,在此基础上,卢卡奇吸收了韦伯的两个论断:(1)韦伯在形式合理性概念的基础上,将目的理性经济行为与官僚化的国家等其他领域相类比。在韦伯看来,现代资本主义的典型特征是,在合理技术基础上形成的严格合理的劳动组织,没有一个地方是在这种结构不合理的国家制度内产生的,而且也绝不可能在那里产生。因为这些企业形式由于有固定的成本和精确的计算而对法律和管理的合理性是极为敏感的。这一论断明显是对经济基础决定上层建筑的补充。(2)将社会合理化的过程理解为塑造资本主义的整体结构,也即是说,合理计算的原则渗透进了资本主义社会生活的各个领域。哈贝马斯认为,卢卡奇虽然接受了这两个论断,但都对这两个论点进行了修改。就第一点而言,韦伯从组织的物质方式和行为导向两个方面,对形式理性的经济行为和行政行为、有组织的资本主义企业和公共行政进行了结构性类比,而卢卡奇则考虑唯一的中介,也就是交换价值,仅仅从交换价值来理解整个西方理性主义发展过程的各种症候。就第二点而言,韦伯错误地建构了因果关联,韦伯将物化现象与生存的经济基础分开了,将物化变成了无时间的人类关系。卢卡奇在此基础上指出，商品形式采取了普遍化的方式，成为资本主义不折不扣的对象性形式，具有塑造总体的意义。

商品形式变成了对象性形式，统治了个体之间的关系、个体与外在自然的关系、个体与内在自然的关系，生活世界变得物化。社会的环境外在于个体，变成了不透明的系统，抽象地独立于他们。就此而言，卢卡奇和韦伯、霍克海默没有什么区别。但不一样的地方在于，卢卡奇不仅认为这种发展可以在实践上被超越，而且就理论而言，这个合理化的过程由于其形式理性特征，会遭遇到内在限制，也就是本书第一章所分析的形式合理化与内容之间、部分合理化与总体之间的矛盾。

哈贝马斯认为，卢卡奇为了克服这种形式合理化的内在限制，还在另一个层面上使用了形式合理化这个概念。这就是将商品形式与康德所分析的知性形式联系起来。卢卡奇以这种方式，将对象性形式概念放到了知识论语境中，由此策略性地将物化批判与黑格尔对康德的哲学批判结合了起来。卢卡奇吸纳了黑格尔关于合理组织起来的生活关系的总体化概念，并以此批判社会合理化的非理性。通过这个概念，卢卡奇否认了韦伯的核心分析：伴随着文化价值领域的分化，理性形而上学的统一性彻底地按照各个领域的内在逻辑瓦解了，整体不复存在，也不可能恢复，即使是辩证法意义上，也不再可能。

“卢卡奇对形式合理化特质的分析，与黑格尔对康德的知识论的批判是一致的。他将在行为理论上发展形成的这个概念（形式合理化——引者注）放到了知识论的层面。”①对卢卡奇来说，形式合理化在现代科学知识上表现得最清楚。现代科学将其知识的物质基础视为给定的、不可改变的，因此可以任意地将知性范畴运用到对象世界上去。康德哲学对以往的独断论展开了激烈的批判，但在卢卡奇看来，其仅仅证实了科学主义。也就是说，康德哲学假定了形式化理性是我们认识现实唯一可能的

---

① Jürgen Habermas, *The Theory of Communicative Action, Reason and the Rationalization of Society*, Boston: Beacon Press, 1984, p.361.

方式。

因此,卢卡奇最终发现康德哲学不过是对物化意识结构的反映,是对普遍商品拜物教的理论表达。而卢卡奇所分析的从康德经过席勒到黑格尔的过程,在哈贝马斯看来,也是非常传统的分析进路。在席勒那里,游戏本能作为美学原则,体现了总体的原则。黑格尔发现了生活关系的总体性,在卢梭的自然概念那里就有所体现。这个生活关系的总体性可以实现对理论与实践、理性与感性、形式与内容的内在超越,或者说是过程性超越。这个辩证方法正是对资产阶级社会内在超越的关键。

哈贝马斯认为,卢卡奇的问题是非常明显的。"没有分析地采纳了黑格尔逻辑学的基本概念,卢卡奇在绝对精神概念层面,假定了理论与实践的统一,而韦伯认为社会合理化悖论主要在于,形式合理性的发展(及其制度体现)绝不是如此非理性的,其与学习过程相关,这个学习过程排除了重新开启形而上学的世界观,这一点丝毫不亚于拒绝它们与客观理性的辩证关联。"①也就是说,卢卡奇还处在黑格尔的理论范式中,内在超越之路是以统一的绝对精神为前提的,但在现代社会,这个总体性已经瓦解。

当然,哈贝马斯认为,卢卡奇对德国古典哲学的批判是经过中介的。这个中介就是青年黑格尔派的转向。在卢卡奇这里,就像《德法年鉴》时期的马克思一样,问题的关键在于对合理的生活关系实践地实现的问题。这虽然是黑格尔首先提出的,但是以思辨的方式表达出来的。黑格尔的客观性理论保留在其思辨的特性中,也即他试图将分裂的理性环节重新放到理论中,总体性和解是一种抽象的实现。卢卡奇认为,黑格尔忽视了历史实践,只有在历史实践的基础上,哲学的批判性内容才能发挥作用。

在哈贝马斯看来,正是这种中介使马克思所论证的理论与实践之间模糊的关系,在卢卡奇这里更加清晰可见。一方面,卢卡奇吸收了韦伯的核心观点:现代性被形式化理性的动机主导并制度化,这个形式理性使统

---

① Jürgen Habermas, *The Theory of Communicative Action*, *Reason and the Rationalization of Society*, Boston: Beacon Press, 1984, p.362.

一的实体性理性瓦解为抽象的、非和解的环节。另一方面，卢卡奇反对韦伯的观点：理性的环节在合理化行为系统中相互对立，总体性不再可能，资本主义社会合理化就是认知工具理性的建立，牺牲了实践理性，沟通关系走向了物化。在这里，哈贝马斯马上追问了，当卢卡奇追求合理化的彻底实现难道不表明设定了认知工具合理性和道德实践、美学实践合理性之间相互补充的关系，并以此作为评价的标准？也就是说，这种批判难道不是假定了一个实体性的非分化的总体性？而一旦这种假定成立的话，就显然与上述的第一方面相冲突：实体性理性已经瓦解。哈贝马斯认为，在形而上学世界观中，这个理性被视为是一个实体性的统一体，但客观理性自身在世界观的合理化中瓦解了。马克思对黑格尔的批判已经表明，在理论中，尽管是辩证法意义上的理性和解，仍是一种虚构。在理性的分化环节中，仅仅有一个形式上的关联，这个形式关联可以在生活世界的实践中实现，这才是哲学的志业。[①] 从世界革命先锋队的启蒙事业中，卢卡奇提出了与韦伯所分析的客观理性瓦解不同的观点，其包括两个方面：一是形而上学转化为辩证的历史哲学，其能从理论上将理性抽象分离的各个环节统一起来，二是相信有一个主体能够实践地建立这种统一性，并为这种行动指明方向。

因此，哈贝马斯认为，卢卡奇犯了一个决定性错误，他将实践变成理论层面，认为实践就是以革命的方式实现哲学。[②] 这就赋予了理论比形而上学所宣称的更强大的力量，哲学不仅能把握世界秩序的总体性，而且能够通达世界历史进程。这个总体性历史进程是通过这些人的自我意识的实践实现的。这些人被哲学启蒙，成为理性自我实现的行动者。“因此，卢卡奇用阶级意识理论来补充物化理论。”[③]这意味着赋予无产阶级

① 关于形而上学向后形而上学主题的变化，哈贝马斯在“返回形而上学”一文的第三节“后形而上学思想的主题”中作了精要的概括。Jürgen Habermas, *Postmetaphysical Thinking*, Cambridge: The MIT Press, 1992, pp.28–51.

② Jürgen Habermas, *The Theory of Communicative Action, Reason and the Rationalization of Society*, Boston: Beacon Press, 1984, p.364.

③ Jürgen Habermas, *The Theory of Communicative Action, Reason and the Rationalization of Society*, Boston: Beacon Press, 1984, p.364.

阶级意识为历史的主体与客体。卢卡奇在这种历史客观主义解释中，毫不避讳地提出了革命斗争的组织问题。哈贝马斯认为，这意味着组织可能被工具化利用，苏联极权主义就是其潜在的后果，卢卡奇重建马克思主义的努力最终失败了。哈贝马斯转述了维尔默的观点，指出了卢卡奇的黑格尔主义马克思主义实际变成了马克思主义的黑格尔主义。“卢卡奇试图超越韦伯的合理化概念，揭示出资本主义工业化过程中的政治经济学内涵。这个尝试在很大程度上重新复活了马克思主义的哲学维度，这个尝试最终失败了，我认为具有反讽意味的是，这主要因为卢卡奇哲学上重建马克思主义，在很重要的方面等于回到客观唯心主义。”①

第三节　组织的拜物教化

在卢卡奇那里，组织问题实际上是讨论物化的问题式，也就是说，卢卡奇是在组织问题框架中讨论物化批判的。组织是理论与实践的中介。哈贝马斯认为，理论与实践之间联系的环节是复杂的，将理论与实践的中介赋予一个组织是不妥当的。具体而言，理论与实践的中介包括三个环节，一是经得起科学对话的批判理论的形成与完善；二是启蒙过程的组织，在这个过程中，批判理论可以得到运用，并由运用理论的特定群体的反思来检验其正确与否；三是选择合适的策略和实施政治斗争。三者的关联是清楚的，首先，必须有科学的理论，其次，要对科学理论进行对话式（而非独白式）的启蒙，最后，就是选择正确的策略。

三个环节的目标或者说有效性要求是不同的，第一个是“正确的陈述”（true statement），第二个是“可靠的洞见”（authentic insights），第三个是“明智的决定”（prudent decisions）。实现三个目标的原则也是不同的。其一，一种科学理论只有在科学工作者自由对话的条件下才能发展，没有这种自由对话，就没有批判性理论的形成与发展。其二，只有通过在积极

① Jürgen Habermas, *The Theory of Communicative Action, Reason and the Rationalization of Society*, Boston: Beacon Press, 1984, pp.364-365.

实施启蒙的这些人采取合适的预防措施，并且按照“治疗性话语”模式确保留有沟通空间的前提下，也就是说在相互协商、相互沟通基础上，启蒙的过程才可能组织起来，才能避免被剥削和被欺骗。其三，政治斗争只有在一切重大决断都依赖于参与者实践对话的前提下，合法地进行。“在这里，特别是在这里，谁都没有掌握真理的特权。”①显然，这里对无产阶级政党自觉的理论知识展开了批判。

理论与启蒙是联系在一起的，理论可以为启蒙提供合法化依据。同时，如果沟通失败了，理论可以被驳倒，并且可以被纠正。但理论决不能为一个策略性的，更不用说冒险性的行动提供依据。因此，政治斗争的决定不能从一开始就在理论上被证明具有合法性，并有组织地实施。这种政治斗争的唯一合法性来源是参与者的共识，这些参与者认识到他们的共同利益、复杂的情况、可预测的行为主要的和次要的后果、他们的期望和风险等。换言之，谁参与革命，谁才有发言权；谁参与革命，谁就必须有发言权；谁参与革命，谁就必须参与对话，达成共识。“事先让可能牺牲的人确信他们肩负的世界历史使命，从而作为牺牲的回报，这种理论是不成立的。”②这种理论不成立的原因在于其是独白式的，而不是对话式的。这里很显然的是对目的论历史哲学的批判。

哈贝马斯认为，理论、启蒙和策略三者之间遵循不同的原则、追求不同的目标，因此，不能将三者混淆起来。而整个欧洲无产阶级革命运动的问题正在于，认为一个政治组织同时根据同一个原则，承担三种任务。任何一个组织如果试图这样做，即使短暂地成功了，也注定是要失败的。比如，俄国革命似乎取得了胜利，但在迄今为止从未被打破的历史的因果律面前，这种“自相矛盾的胜利”终究要付出代价。也即是说，如果一个组织根据统一原则，同时承担理论、启蒙和策略三种任务，即使取得革命胜利，但一定要付出代价，一定要补课，这是历史的“‘自然的’、不受控制的因果性”③，简言之，这是历史的“铁律”。

① Jürgen Habermas, *Theory and Practice*, Boston: Beacon Press, 1973, p.34.

② Jürgen Habermas, *Theory and Practice*, Boston: Beacon Press, 1973, p.33.

③ Jürgen Habermas, *Theory and Practice*, Boston: Beacon Press, 1973, p.34.

正在这种理论前提下，哈贝马斯对卢卡奇的《关于组织问题的方法论》展开了批判。哈贝马斯认为，卢卡奇的问题就在于：他仅仅根据领导政治斗争的需要来建构其政党理论，这就是卢卡奇所谓的，“组织是理论与实践的中介”这个主题的含义。哈贝马斯认为，这导致了三个问题。

首先，卢卡奇将理论变成了策略行为的需要。理论变成了根据组织问题之需来选择，理论就没有了科学对话的空间，就不可能有任何理论分歧，也就不能追求共识。“因此，党内任何科学对话的可能性都被禁止了。”①这导致的结果只能是进一步加剧了机会主义。哈贝马斯引用了卢卡奇的一段话，“在纯粹理论中，各种不同的观点和思潮可以和平共处，它们的对立只是采取讨论的形式，讨论可以在同一个组织中进行，而不必把这个组织炸毁。但是只要这些同样的问题被赋予了组织的形式，它们立刻就会变得尖锐对立起来，甚至彼此完全不能相容。任何一个‘理论’倾向或意见分歧，如果想要超出纯粹理论或抽象意见的水平，就是说，如果它真的想要为自己的实现开辟道路，它就必须立即变为组织的东西。”②在第四章中，我们已经分析了，卢卡奇是从将理论转化为行动这个角度思考理论的，而不是说在转化为行动之前、之中和之后不允许有意见的分歧或批判。但哈贝马斯由这段话得出的结论是：卢卡奇进一步陷入了机会主义，卢卡奇不能容忍任何假设的有效性，理论上的分歧直接从属于组织的决定。

其次，同理论一样，无产阶级的启蒙也毫不迟疑地从属于政治领导的目的。哈贝马斯认为，同马克思一样，卢卡奇也认为政党的任务是引导雇佣工人达到自我意识，也就是在正确理论的帮助下，意识到历史发展所赋予他们的历史使命。但卢卡奇没有将无产阶级阶级意识的形成过程视为一个启蒙的过程：“使未被意识到的东西被意识到，使隐藏起来的东西变得明确起来，等等。更确切地说，在这个阶段，获得意识的过程对无产阶

---

① Jürgen Habermas, *Theory and Practice*, Boston: Beacon Press, 1973, pp.34–35.

② Jürgen Habermas, *Theory and Practice*, Boston: Beacon Press, 1973, p.35.［匈］卢卡奇：《历史与阶级意识》，杜章智等译，商务印书馆 1999 年版，第 397 页。

级说来不意味着是一种可怕的内在意识形态危机。"①而哈贝马斯所引用卢卡奇的这段话,实际上是卢卡奇对卢森堡的批判。卢卡奇认为卢森堡式政党的作用仅仅在于使未被意识到的东西被意识到,使隐藏起来的东西变得明确起来,这种政党总是作为历史的结果,而不是同时作为历史的动因。但这句话却被哈贝马斯引证为卢卡奇自己的观点,这不能不说是对卢卡奇的误解。在哈贝马斯看来,卢森堡的理论揭示了无产阶级的启蒙过程,因此是正确的。而卢卡奇同列宁一样,认为无产阶级还陷入资本主义的情感和思维模式中,其阶级意识落后于经济过程。哈贝马斯认为,但如果从无产阶级没有革命的意志推导不出没有客观的革命条件,如果在每一个无产者中,个体意识和阶级意识的冲突绝不是偶然的,那么政党作为阶级意识的代表必然代替大众采取行动,必然不再停留在自发性上。政党必然有意识地采取步骤,操控落后的无产阶级进行斗争。落后的无产阶级将政党视为一个可以感知、但不能达到的先锋队,因此,政党自身就成了一个既可以感觉又超出感觉的拜物教。

最后,理论也不需要经由其运用者的自我反思以达成共识基础上的一致。如果实施组织的政党是无产阶级阶级意识客观性的最高形式,如果其必须策略性地考虑广大落后群众的意识状态,那么理论越是发展,无产阶级就越要服从组织的强制性选择。对于群众来说,理论就是不可违抗的客观的权威。理论可能就沦为控制的工具。

哈贝马斯认为,组织问题并不是首要的,"为了政治行动的独立性,理论和启蒙的自主性是必须的。"②卢卡奇在组织问题和客观的历史哲学之间建立了直接关联。而苏联的实践证明,这种工具化的组织和马克思主义蜕变成科学的辩护士就相辅相成了。

以上大体就是哈贝马斯对卢卡奇物化理论的讨论。概言之,在哈贝马斯看来,卢卡奇的理论逻辑是:以黑格尔具有总体性的绝对精神作为批判依据,结合了马克思的商品拜物教和韦伯的合理化思想,将资本主义合

① Jürgen Habermas, *Theory and Practice*, Boston: Beacon Press, 1973, p.35.[匈]卢卡奇:《历史与阶级意识》,杜章智等译,商务印书馆1999年版,第402页。

② Jürgen Habermas, *Theory and Practice*, Boston: Beacon Press, 1973, p.36.

理化过程理解为普遍的形式合理化过程,以交换价值为形式合理性的主导原则,分析了这种原则对生活世界的侵蚀。同时,卢卡奇认定无产阶级阶级意识代表着社会和历史的总体性,能够通过实践的方式,将这个被瓦解的总体性实现出来。这个过程是由无产阶级组织实施的。无产阶级组织掌握着这个总体性知识,将理论和无产阶级启蒙从属于实际斗争的需要,最终这个组织被工具化利用,组织成为极权主义的先导。

在哈贝马斯看来,正是这种被工具化的阶级意识使霍克海默和阿多诺放弃了阶级意识理论,走向了工具理性批判。"黑格尔的历史哲学模式很难站得住脚,这使得霍克海默和阿多诺放弃了阶级意识理论。他们综合马克思与韦伯,但从韦伯那里借助了更多。如果遵循韦伯,将生活秩序的合理化视为目的理性行为的制度化,那么将物化意识普遍化为工具理性就只是很小的一步;如果将目的理性行为的亚系统视为不可阻挡地走向了铁笼,那么将卢卡奇的物化理论转向工具理性批判,也就是转向目的—手段理性和控制融合在一起的总体控制的物化世界,就只是很小的一步。"①哈贝马斯的这段话清楚地揭示了霍克海默和阿多诺将物化批判进一步转向了工具理性批判。

第四节　走出工具理性批判的困境

哈贝马斯在韦伯合理化的框架中,以工具理性批判为主题讨论了霍克海默和阿多诺的物化批判。也正是由此,哈贝马斯转向了自己的理论构建。哈贝马斯对《启蒙辩证法》有一个总体评价,悲观作家"把启蒙的自我毁灭过程加以概念化。据他们分析,人们不可能再对启蒙的拯救力量报以希望。本雅明式的绝望在反讽意义上变成了希望:在这个观念的影响下,霍克海默和阿多诺不愿放弃充满悖论的概念化探讨"②。这个总

① Jürgen Habermas, *The Theory of Communicative Action, Lifeworld and System*, Boston: Beacon Press, 1987, pp.332-333.

② Jürgen Habermas, *The Philosophy Discourse of Modernity*, Cambridge: Polity Press, 1990, p.106.

体评价包含丰富的内涵:第一,就《启蒙辩证法》作者的态度而言,他们是悲观的,与尼采对虚无主义的诊断一样,这种激进的批判具有冒险色彩,“根本没有告诉我们如何才能够摆脱目的理性转化为客观暴力的神话。”①给出的希望实际上是反讽意义上的绝望;第二,在理论逻辑上,《启蒙辩证法》遵循了物化批判,将理性等同于工具理性,但仍然企图用概念超越概念;第三,这一批判陷入了总体化批判思维的“践行矛盾(performative contradiction)”②,无法破解韦伯所提出的合理化困境,原因在于其“简化现代性的图景”,因此,其可信度值得怀疑,但其中已经蕴含某些合理性的因素;第四,哈贝马斯认为,只有超越这种意识哲学藩篱,在工具理性批判终止的地方,重建沟通理性,方能开启对物化具有建设意义的批判与拯救。

哈贝马斯认为,霍克海默和阿多诺首先面临一个问题,即卢卡奇认为世界看起来已经彻底合理化,但它在其自身合理性的形式方面达到了极限,也即形式无法把握内容的极限。两位作者提出了批评,从经验角度看,物化已经彻底渗透到文化和内在自然,表现为物化的普遍化;从理论角度看,卢卡奇的黑格尔主义马克思主义所发挥的客观唯心主义只是继承了同一性的思想路线,也就不可能超越黑格尔的唯心主义。因此,“霍克海默和阿多诺首先将物化范畴普遍化。”③起初被扩展到控制逻辑的同一性思想,进一步被引申为对物和人的控制。

首先,哈贝马斯认为,霍克海默和阿多诺将物化概念溯源到同一性思想。这就颠倒了卢卡奇所继承的马克思主义传统。卢卡奇从雇佣劳动的商品结构推导出物化意识,也即,只要人们不在按照伦理规范或语言作为沟通的媒介,而是通过交换价值的中介,这就必然形成物化意识结构。霍克海默和阿多诺却认为,“主观理性和同一性思想,才更加基础。交换抽

① Jürgen Habermas, *The Philosophy Discourse of Modernity*, Cambridge: Polity Press, 1990, p.114.

② Jürgen Habermas, *The Philosophy Discourse of Modernity*, Cambridge: Polity Press, 1990, p.119.

③ Jürgen Habermas, *The Theory of Communicative Action*, *Reason and the Rationalization of Society*, Boston: Beacon Press, 1984, p.378.

象只是一种历史形式,在其中,同一性思想发挥其世界历史的影响,并决定了资本主义社会中的沟通形式。"①两位作者认为,不是主导资本主义商品结构的交换价值导致了同一性思想,而是由来已久的同一性思想造就了物化结构,也就是古希腊神话中已经蕴含着的同一性思想。同一性思想通过交换价值的中介,首次获得了普遍意义。

其次,哈贝马斯认为,两位作者将物化概念重新放到了意识哲学的语境中,也即同一性哲学的语境中,接着对物化意识结构进行抽象,以至于它不仅包括理论形态的同一性思想,也包括目的行为主体与外在自然相处的整个过程。这个过程的核心理念是主体的自我保存。理性服务于技术控制和适应外在自然,而外在自然被安放到了工具理性的行为范围之内。工具理性是物化意识结构的基础。两位作者就将物化意识的产生机制,放到了人类为了自我保存而征服改造自然的工具理性行为上。"这样霍克海默和阿多诺就为物化意识的产生机制在类的历史上找到了人类学的依据,也就是说,他们认为,物化意识的产生机制在于通过劳动再生产的类的存在形式。他们这样认为,实际上是部分地收回了他们最初的观点,即剥离了思想与再生产的语境。"②在这里,哈贝马斯认为同一性思想与自我保存导致的工具理性思想实际上存在着区别。这种区别在于:其一,先前的同一性思想是物化的根源,也即抽取了特定历史语境的同一性思维是外化的根源,这是一种历史哲学分析;而自我保存的目的在于将自然作为对象、手段在人的劳动中满足人的生产与再生产,这是一种人类学分析。这两个出发点是不同的。这里直接关涉到霍克海默和阿多诺物化批判的理论根基究竟是历史哲学,还是人类学。其二,工具理性发端于主体与客体的关系中,而对相互交换具有重要意义的主体间关系在工具理性中没有任何意义。

最后,哈贝马斯认为,在《启蒙辩证法》中,控制自然并不是一个比

① Jürgen Habermas, *The Theory of Communicative Action*, *Reason and the Rationalization of Society*, Boston: Beacon Press, 1984, p.378.

② Jürgen Habermas, *The Theory of Communicative Action*, *Reason and the Rationalization of Society*, Boston: Beacon Press, 1984, p.379.

喻，他们将控制外在自然和控制人、控制人的内在自然理解为同一种控制。控制自然包含着控制人。哈贝马斯认为，这句话从语义分析就可以得出结论，这里的关键是理解这个主体是一种控制式的主体，其与外在自然、其他主体和人的内在自然的关系都是一种控制式的关系。“同一性思想，首先渗透到工具理性中，现在进一步扩展成为一种对物和人的控制逻辑。”①控制外在自然使控制人和人的内在自然成为生命的终极目标。

“霍克海默和阿多诺不仅把物化概念与资本主义经济系统的具体历史语境剥离开，而且同主体间的沟通剥离开，并且将之在时间上（整个类的历史）和实体上（同样的控制逻辑放到了自我保存的认知和压抑内在自然中）普遍化。”②这是对物化的双重普遍化，形成了工具理性概念。它从历史哲学的角度重构了主体性的史前史和自我同一性的形成过程。形成于控制外在自然的自我，是成功的自我确证的产物，是实现工具理性的产物。这个自我具有两方面的特性：一方面，其是启蒙的不可阻挡的主体，其征服自然，提高生产力，对周围世界祛魅；另一方面，其也是学会控制自身的主体，是压抑内在自然的主体，增强了在自身之内的自我对象化，因此对自身变得更加不可理解。对外在自然的胜利付出的代价是内在自然的挫败。合理化的辩证法源于理性的内在结构。这个理性为了实现自我保存这个终极目的而被工具化。主体性的历史证明了工具理性在带来进步的同时也带来了非理性。

哈贝马斯认为，《启蒙辩证法》没有看到合理化内在逻辑的复杂性。现代社会的形成是复杂的，也就是说，社会合理化按照不同的普遍有效性要求分化形成不同的领域。在日常实践中，虽然在不断地合理化和物化，但在这个外壳下有着合理性的统一性。霍克海默和阿多诺走向了工具理性批判，理性不再追求真理。一方面，这个反思表达了一个真理概念，这个真理概念表达了人通过复活自然的普遍和解，达到人的解放。由于理

① Jürgen Habermas, *The Theory of Communicative Action, Reason and the Rationalization of Society*, Boston: Beacon Press, 1984, p.379.

② Jürgen Habermas, *The Theory of Communicative Action, Reason and the Rationalization of Society*, Boston: Beacon Press, 1984, p.379.

性能够在艺术领域达成和解，其就不仅仅是工具。另一方面，霍克海默和阿多诺只能激发这种真理概念，如果他们想要根据他们的观点说明这些规定不能存在于工具理性之中，他们将依赖于另一种理性。这种理性先于从一开始就变成工具化的理性。这种更加原始的理性不同于工具化的理性，霍克海默和阿多诺认为这是一种模仿的能力，一种对未被理解和控制的自然的模仿。在这种模仿的能力中，被工具化的自然发出无声的控诉。这种模仿的能力就是一种"激发"(impulse)。

哈贝马斯认为，模仿理论实际上一个悖论，这种观念不是黑格尔式的"普遍的和解"，不是精神和自然、同一性和非同一性的统一，而是将之作为一个密码(code)。这种观念"充满了犹太教—基督教神秘主义色彩——青年马克思关于人化自然和自然人化这一辩证描述就已经揭示了这一传统。[①] 因此，启蒙辩证法陷入了一个悖论，一方面揭示理性批判的真理之途；另一方面在彻底异化的状态下，真理是否还有可能性。

霍克海默和阿多诺试图重建不断被工具理性所压抑的模仿冲动。但哈贝马斯追问道，"即使思想已经掌握了和解的理念，即使其不再是从外面获得这个观点，其如何将模仿冲动根据其自身的要素转化为一种推论式的洞见，而不仅仅是一种直觉，一种无言的回忆？如果思想总是同一性思想，总是与操控联系在一切，在工具理性之外没有任何可指明的意义——这一切今天变得更加明显，伴随着工具理性的胜利前进，物化意识似乎变得普遍化——思想如何能做到这一点？"[②]哈贝马斯认为，与马尔库塞不同，阿多诺根本不想从这种困境中解放出来，其否定辩证法主要试图：一方面强调存在着理性推论所不能言说的存在，另一方面告诫可以从黑格尔那里寻找到拯救的道路。尽管在阿多诺的美学理论中，模仿能力找到了客观的地方，但否定辩证法和美学理论只能无望地相互支撑。而这种从推理式思想退回到对自然的回忆付出的代价是，放弃了对被控制

① Jürgen Habermas, *The Theory of Communicative Action*, *Reason and the Rationalization of Society*, Boston: Beacon Press, 1984, p.383.

② Jürgen Habermas, *The Theory of Communicative Action*, *Reason and the Rationalization of Society*, Boston: Beacon Press, 1984, p.384.

者的启蒙，放弃了多学科的唯物主义。哈贝马斯认为应从意识哲学范式终结的地方，继承早期批判理论的纲领，从沟通理性范式回到被工具理性批判中断的事业上去，重新开启物化批判。

工具理性批判之所以不能唤醒被控制的对象，原因在于工具理性批判仍局限在意识哲学中，其将唯心主义与自然主义行为理论结合起来。在这个基础上，主体与客体的关系只有两种，“在客体之下，哲学的主体将所有的事物表象为现存的，在主体下，其首先将以一种对象性的态度将自身与整个世界联系起来，并从理论和实践上控制客体。思想的两种态度是表象和行动。主体与客体的关联，或者如其所是地表象它们，或者以它们应该所是的样子创造它们。思想的这两种功能是相互交织的：对现存事物的知识在结构上与干预作为现状总体的世界相关，并且，成功的行动需要对其干预对象的因果联系的认知。”①这种认识论意义上的知识主体和行为主体的关联从康德到马克思再到皮尔士越是发展，自然主义主体就越是根深蒂固。

主体的概念在经验主义和理性主义的发展过程中吸收了自我保存概念。在形而上学世界中，自我保存意味着每一个事物都追求其内在本质目的的实现。现代思想将自我保存概念从这种最高目的系统中分离出来。根据资产阶级社会哲学和经济学的基本假设，每一个个体都根据经济理性追求自己的特殊利益。从这个角度看，思想的本质——认知和追求目的行为——被转换为主体维持自我保存的功能。由此，霍克海默和阿多诺认为主观理性是工具理性。

工具理性是从主体的角度实现对自然的控制，但不能从被控制的自然的角度来言说对自然都做了什么。工具理性是主观的，其表达了主体和客体的关系，但这是从言说和行为主体的角度，而不是从被感知和被控制的客体角度来说的。“因此其不能从被破坏的和扭曲的生活关系角

① Jürgen Habermas, *The Theory of Communicative Action*, *Reason and the Rationalization of Society*, Boston: Beacon Press, 1984, p.387.

度,提供一个解释的工具来说明社会和内在心理关系的工具化。”①也即是说,工具理性不是从被控制者的角度思考问题的,不能让被控制者自己言说。换言之,谁为自己代言?哈贝马斯由此对工具理性展开了批判,恰恰在此,后来霍耐特也对哈贝马斯的沟通理论展开了批判。

“工具理性批判仍束缚于主体哲学的前提中虽然指出了一种缺陷,但其不能解释这种缺陷,因为其根据工具理性而缺乏一个概念方式充分地说明被工具理性批判摧毁的一切。”②确切地说,霍克海默和阿多诺给出了一种方式:模仿。从这个角度来看,模仿与客体优先性之间的关联就很清楚了,也就是必须从被控制的对象自己说出自己的痛苦。模仿激发了联想,表明了一种主体与他者的关系。这种关系是包容他者、认同他者和移情他者。这不是要抛弃自我,而是要丰富自我。模仿能力避免了主客体认知—工具的关系框架,作为理性的一个反面,一个激发。在阿多诺的美学中,艺术作品将模仿的能力视为一种敞开。哈贝马斯对模仿中主体间向度的解读使他走向了自身的理论建构。“如果我们放弃意识哲学的范式,也即主体表象客体、裁剪客体,而遵循语言哲学的范式,也即主体间的理解与沟通,并把认知—工具理性恰当地放到更加具有包容性的沟通理性当中,那么我们就可以揭示出模仿活动内部所包含的合理因素。”③

哈贝马斯引入社会生活的再生产概念,区分了系统与生活世界。“社会生活通过两方面实现再生产:其成员的媒介控制的目的理性行为和所有个体的沟通实践所形成的共同意志。”④换言之,目的理性行为和沟通理性行为的双轮驱动,推动着社会系统和生活世界的再生产。由沟

---

① Jürgen Habermas, *The Theory of Communicative Action*, *Reason and the Rationalization of Society*, Boston: Beacon Press, 1984, p.389.

② Jürgen Habermas, *The Theory of Communicative Action*, *Reason and the Rationalization of Society*, Boston: Beacon Press, 1984, p.389.

③ Jürgen Habermas, *The Theory of Communicative Action*, *Reason And the Rationalization of Society*, Boston: Beacon Press, 1984, p.390.

④ Jürgen Habermas, *The Theory of Communicative Action*, *Reason and the Rationalization of Society*, Boston: Beacon Press, 1984, p.398.

通理性所塑造的主体性抵抗着自我保存对自身的去自然化。沟通理性不诉诸表象和控制从而与客体发生关系,保存自身的主体存在,也不诉诸一个与环境相分离的自我维持系统,而诉诸通过一个符号结构的生活世界。这个生活世界通过其成员的解释而实现,并且只有通过沟通才能实现再生产。因此,沟通理性不是简单地面对现成的主体和系统,而是参与到其将要保存的生活世界的建构中去。在此意义上,阿多诺关于和解的乌托邦回到了尘世,其扎根于个体社会化的沟通条件中,源于人类的再生产的语言机制。另一方面,自我保存的社会强制不仅存在于个体成员行动的目的中,而且存在于复合行为的功能性相互关联上。社会成员通过相互理解过程实现的社会融合在这方面被限制了,物化也就形成了。这不仅是因为竞争利益的作用,而且因为行为者通过自我保存所形成的系统强制。"物化的问题更少地源于已经绝对服务于自我保存的目的理性,源于已经失去控制的工具理性,而是源于系统维持所释放出来的功能化理性漠视和践踏了扎根于沟通社会化中的理性要求,使得生活世界的合理化失去作用。"①

这就是哈贝马斯基于行为理论和系统理论对物化概念的诠释。"启蒙的世界历史进程的讽刺意味是:生活世界的合理化为提高系统的复杂性带来了可能,这个系统的复杂性过度肥大,释放了系统的强制,将生活世界工具化,损害了生活世界的能力。"②这的确是"新启蒙辩证法",也就是生活世界的合理化使得系统不断地复杂化,但其所释放出来的系统强制(金钱和权力)过分强大,限制了以沟通为原则的交往行为,侵害了生活世界。生活世界的殖民化就是生活世界的物化,这就是哈贝马斯对物化批判的重新解释。

---

① Jürgen Habermas, *The Theory of Communicative Action, Reason and the Rationalization of Society*, Boston: Beacon Press, 1984, p.399.

② Jürgen Habermas, *The Theory of Communicative Action, Lifeworld and System*, Boston: Beacon Press, 1987, p.155.

第七章　承认的遗忘

霍克海默和阿多诺曾说道，“失去记忆是科学的先验条件，所有的物化都是遗忘。”①科学技术的前提是遗忘，但在遗忘中，物化不可避免，因此科学技术也不可避免地陷入物化。海德格尔认为，整个西方形而上学的天命是存在的遗忘，技术的“座架”是形而上学的最后形态，这就是说存在之天命的最后完成。② 从这里，我们可以看到对形而上学的批判，对科学技术的批判有一个共同的主题，那就是遗忘。正是这个遗忘的主题，构成了霍耐特重新阐释物化概念的出发点。

霍耐特认为，物化是承认的遗忘。人与人之间的物化主要体现在，工具理性行为和由世界观、意识形态偏见等导致的遗忘；人与对象之间的物化主要体现在，一是从属于人与人之间的间接遗忘，二是同一性思维导致的直接遗忘；人与自身之间的物化主要体现在，人或是主动地创造、或是被动地观察自己的情感、欲望、意图等导致的遗忘。物化批判的任务在于，根据具体案例，揭示具体物化的具体原因，从而展开社会病理学的分析。霍耐特对物化批判社会病理学重构的特色在于，从物化批判的规范基础入手，运用超验与经验相结合的方法，综合了多科学研究成果，为其伦理规范性承认理论结构奠定了社会存在论基础，对物化概念进行了重新诠释。

---

① Max Horkheimer & Theodor W. Adorno, *Dialectic of Enlightenment*, California: Stanford University Press, 2002, p.191.

② ［法］费迪耶等辑录：《晚期海德格尔的三天讨论班纪要》，丁耘译，《哲学译丛》2001年第3期。

第一节　物化批判的两种实践形态

霍耐特认为,卢卡奇并没有将物化视为一种道德原则,而是视为一种实践或世界观,这种实践或世界观是我们生活形式合理化的本质特征。但同时,物化概念间接地具有规范性质,这种规范性质的前提是社会存在论或哲学人类学。“在这个意义上,卢卡奇的分析可以被理解为关于我们生活实践的某种病理学的社会存在论解释。”①

物化最一般的含义是指人与人的关系获得物的性质,以一种“幽灵般的对象性”掩盖了其基本性质:人与人之间的关系。卢卡奇将物化的范围拓展至人与对象、人与人和人与自身的关系领域。在交换价值的主导下,这三个层面的关系形成了物化的三个维度。对象成了盈利的物,他人变成了实现利润的工具,自己的能力沦为一种计算利润的人力资源。物化成为普遍性症候,渗透到资本主义社会生活的整个领域,成为人的“第二自然”。

霍耐特认为,实际上物化批判在卢卡奇这里是一个难以完成的任务,主要体现在:一方面,卢卡奇采取功能论证的方法,认为资本扩张需要商品交换成为主导原则,人与对象、与他人和自身的关系必然表现为经济关系;另一方面,卢卡奇将物化与合理化嫁接起来,认为合理化过程必然导致工具理性渗透到社会生活的全部领域。但问题是,“如果这个概念仅仅指称这样一种状况,即所有的社会要素作为经济计算对象而重新界定,其又怎么能解释商品交换以外领域的物化呢?”②这就牵涉到物化概念的适用范围问题。

霍耐特认为,卢卡奇似乎也认识到了这个问题,他不仅从对象层面(三个维度的关系)考察物化,而且从主体的行为模式出发,分析物化意

---

① Axel Honneth, *Reification: A New Look at an Old Idea*, New York: Oxford University Press, 2008, p.21.

② Axel Honneth, *Reification: A New Look at an Old Idea*, New York: Oxford University Press, 2008, p.24.

识和物化行为。普遍物化的形成,离不开物化意识,物化意识是物化现象不可或缺的一环。正由于主体以直观的、中立的态度和行为面对世界,物化才得以形成并永久化。直观的态度意味着,主体失去了任何主动性,只是被动地接受,而不力求超出这种给定的形式;中立的态度意味着,主体与世界是一种分离的状态,主体对世界没有任何情感上的投入,越来越失去了自己的意志。在这个意义上,我们的确可以按照流俗的理解,将物化理解为人变成了物,丧失了自己的独立性和自主性。

由此,物化不仅是一种意识结构,也即不仅是一种错误的认知行为,将人与人之间的关系,错认为物与物的关系;物化也不是一种错误的道德行为,因为主体作为被动的观察者,没有任何选择权利,也就没有任何道德义务,相应地也没有道德上的正确与错误。物化本质上是一种实践形态,是一种"结构性错误的实践形态"①,其错误性体现在,人与世界的关联不是一种积极的、主动的实践形态,而是一种中立的直观模式,"这种分离的、中立的观察行为模式,卢卡奇试图将之概念化为'物化',必然构成一个习惯和态度的总体,这些习惯和态度偏离了更加真实的、更加好的实践形态。"②而这个更好的、更真实的实践形态,是直观模式的前提与依据,从而构成了物化批判的规范基础。

这个实践形态存在着两个版本。一是所谓理想的、无所不包的作为绝对主体的实践,其原型是费希特的"思想的自发活动"。这个理想的形态充满了唯心主义色彩,其本质特征是一种同一性模式,所有的客体来源于这个主体的创造。另一个版本则是互主体性的③、共感的实践。在这个版本中,所有的唯心主义色彩都消失了,其关注的不是一种具有创世意

① Axel Honnetz, *Reification: A New Look at an Old Idea*, New York: Oxford University Press, 2008, p.26.

② Axel Honneth, *Reification: A New Look at an Old Idea*, New York: Oxford University Press, 2008, p.26.

③ intersubjective 学界有翻译成"主体间性",也有翻译成"互主体性"。在霍耐特这里,其强调的是一种先于主体存在,或者说是主体得以形成的互主体性,而不是有了主体之后的,主体之间的主体间性。王晓升教授在翻译霍耐特《分裂的社会世界》时,根据德文同样将之译成"互主体性"。故这里,采取了"互主体性"。下文对之作了同样处理。

义的活动，而是一种特殊的、互主体性的相互作用，其本质特征在于用一种移情的、共感的、生存论意义上的介入式实践，作为物化批判的标准。

显然，第一种实践形态，不仅受到了卢卡奇的自我批评，认为其是一种“抽象的、唯心主义的实践概念”，从而陷入了“以救世主自居的乌托邦主义”①。此外，这种行为模式所具有的形而上学色彩，也遭到了哈贝马斯等后形而上学思想的批判。由此，霍耐特认为，第一种实践形态不足以担当物化批判的规范基础，只有第二种介入式实践，才是物化批判的真正基础。这种规范原则，并不是一整套道德合法性原则，而是物化批判的前提与依据。恢复和继承卢卡奇物化批判的遗产，必须澄清这种规范基础。

霍耐特认为，这种共感的、互主体性的介入式实践，就其实质而言，是一种互主体性的承认关系。承认作为一种规范基础意味着，承认对于物化具有优先性。物化批判意味着，以承认关系重建批判的规范基础。而为什么这种实践形态就是一种承认关系，承认关系为什么具有优先性，则是霍耐特必须处理的问题。

第二节　承认优先性的三重论证

众所周知，在《为承认而斗争》中，霍耐特在后形而上学语境中，以米德的社会心理学为依托，以青年黑格尔的“为承认而斗争”模式，重构了主体间伦理意义上的承认关系，重建了批判理论的规范基础，承认理论由此成为霍耐特标志性理论创见。但在分析物化批判的规范基础时，霍耐特并没有停留于此，而是采取了理论历史分析、个体起源分析和概念范畴分析三种方式，论证承认的优先性。

第一重论证：理论历史分析。霍耐特主要梳理了卢卡奇、海德格尔和杜威在承认理论上的内在相通性。霍耐特认为，卢卡奇介入式实践与海德格尔的操心、杜威的“实践关联”在物化批判上，具有异曲同工之妙。

---

① ［匈］卢卡奇：《历史与阶级意识》，杜章智等译，商务印书馆 1999 年版，新版序言（1967），第 12 页。

首先,卢卡奇、海德格尔和杜威都反对中立观察世界的认识论主体概念。海德格尔对此在的生存论现象学分析表明,我们并不首先作为一个认知主体认识世界,而是实践地与世界打交道,此在首先是“在—世界—中”之在,也即与他人共同生存于世。当然海德格尔并没有走向像卢卡奇那样诉诸资本主义社会物化的生活结构;杜威同样批判了知识论的“旁观者模式”,并指出生存实践总是一种具有特性的实践,在其中,没有情感、认知和意志的区分。这种与世界情感式的打交道活动,是所有理性知识的基础。同时,杜威用“相互作用”表明我们的日常活动不是自我中心的、利己的,而是与给定条件的和谐共在,这种“相互作用”就是一种承认关系。其次,物化意味着这种此在的操心处于被遮蔽状态。我们作为主体,不仅失去了同感的能力,而且世界失去质的、敞开的性质。杜威认为,我们越是采取传统的主体与客体模式,认知与情感、理论与实践、科学与艺术也就越分离,我们的生命实践就越遭到破坏。最后,既然物化意味着日常的操心处于被遮蔽状态,这就表明,可以通过批判反思的方式,使这种前认知的、前反思的操心被意识到。杜威认为,虽然在理性的认知活动中,这种经验特性被破坏,但经验特性的内容并没有从抽象认知活动中消失,而是转变为知识的背景。如果没有这种经验特性,我们就不可能获得认知对象。

这里,霍耐特提醒道,这种前反思、前认知的、操心式的实践,不能理解为主体间参与式行为。主体参与者行为是仅仅站在别人的立场上,相互理解别人行为的原因,这里已经先行设定了主体的存在。两者的差别体现在适用的范围和内容上。就范围而言,介入式实践是一种先于主客二分的前反思状态,是原初的,参与式行为的目标只不过是主体间采取他者的立场,因而是派生的;内容上的差别主要体现在,操心式的实践不仅采取他者的视角,而且还增加了“情感气质”元素,而这不是主体间参与式行为所能表达的。

由此可见,承认作为一个基本概念,虽然在杜威那里表现为实践关联,在海德格尔那里表现为操心,在卢卡奇那里表现为介入式实践,但它们都表明,这种共感的介入式实践先于中立的直观模式,承认先于认知。

但霍耐特没有停留于诉诸哲学“权威”的历史分析，而是吸收经验科学的积极成果，转向了第二重论证。

第二重论证：个体起源学分析。霍耐特主要吸收了发展心理学和个体社会化研究的最新成果，从个体认知能力的形成角度来看，婴儿只有在情感上认同他人的视角，才有认知的可能性。

首先，认知心理学研究已经表明，一个人只有在接受他人视角的基础上，才能获得认知能力。皮亚杰、米德、戴维森和弗洛伊德等研究已经表明，婴儿认知能力的形成，与沟通关系的优先性紧密相关。认识能力的形成会经历一个“9 个月革命”，此时，婴儿通过他人的视角获得关于对象的认知，逐步瓦解其自我中心，并通过他人的视角来纠正其看法。

其次，霍耐特认为，这种解释并不充分，原因在于，这种理论存在着一个“情感空场”，忽视了婴儿和其依恋者之间的情感关系。越来越多的研究表明，在婴儿的认识能力形成过程中，婴儿与其依恋者情感活动的作用非常重要。彼特·哈布森和迈克尔·托马塞洛对自闭症小孩的研究，更加证明了这一点。不同于认知主义者，哈布森和托马塞洛更加强调的是，婴儿对心理父母的情感依恋。一个婴儿在情感上与依恋者达成一致后，才有可能接受他人的视角。这种情感上的依赖，在自闭症小孩身上表现得特别明显。传统认知论认为，自闭症源于认知缺陷。比如，不会说话、不会思考等。哈布森和托马塞洛则认为，自闭症源于缺乏对他人的情感依恋。自闭症小孩依然受限于他们自己的世界，情感接受能力不强。他们不能理解别人的面部表情、肢体动作、沟通手势等所表达的内容和意义，是一种“情感上的失明”。

最后，霍耐特认为，阿多诺同样揭示了情感上的认同先于认知。在《最低限度道德》中，阿多诺提出，一个人只有在模仿中才能成其为人。“人与模仿不可分解地连接在一起：一个人只有通过模仿他人才能成其为人。”①这种模仿是“爱的原型”，包含着一种“无意识的敞开性”、忠诚

① Theodor Adorno, *Minima Moralia*: *Reflections from Damaged Life*, London: Verso, 2005, p.154.

和爱,是关于对象的“利比多式的投射”,而不是一种纯粹认识论意义上的概念。①

个体发生学揭示的是时间顺序意义上承认先于认知,但霍耐特认为,这并没有说明,主体如何达到对他人情感上的承认,这就必须对这种互主体性的承认关系做范畴上的分析。

第三重论证:概念范畴分析。霍耐特主要借鉴了卡维尔和萨特的观点。在他们看来,交互主体的情感认同本质上不是一种认知关系的论证,而传统观点视之为一种认知关系,从而陷入确定论和怀疑论的两难中。确定论认为,我们能够获得关于他人情感的直接的、非中介的知识;怀疑论认为,这种确定性是没有任何保证的,这实际上是一个认识论困境,这多少有点像庄子所言,“子非我,安知我不知鱼之乐?”而卡维尔认为,无论是确定论,还是怀疑论,都注定要失败,原因在于两者分享了同样的前提,两者都将互主体的情感认同视为一种知识论问题。而实际上,互主体的精神认同并不是一种认知关系,在我们与他者的关系中,我们首先不是一个描述性判断对象,而是精神状态的相互敞开。萨特在《存在与虚无》中同样指出,只要我们将通达他人的问题理解为认知问题,怀疑论就不可避免。原因是,我们的精神状态不是认知的对象。只有通过他人与自身的关系才能达到我们和他人的关系。在这里,人不是一个认知主体,而是情感关联的主体,互主体性沟通是生存论意义上的介入式沟通。② 因此,卡维尔与萨特的现象学分析得出了同样的结论,他们都将互主体的情感状态理解为一种承认关系,而不是一种认知关系。

至此,霍耐特从理论历史、个体起源和概念范畴三个角度论证承认的优先性,这就进一步明确了物化批判的规范基础,对物化的重新界定也由此展开。

---

① 按照哈贝马斯的说法,阿多诺实际上已经提出了只有建立在自由承认基础上的相互理解才能建立和维持完整的主体间和解。Jürgen Habermas, *The Theory of Communicative Action, Reason and the Rationalization of Society*, Boston: Beacon Press, p.390.

② 霍耐特对萨特的互主体性理论的详细分析可参见《为承认而斗争——萨特的互主体性理论》,载[德]霍耐特:《分裂的社会世界》,王晓升译,社会科学文献出版社 2011 年版,第 52—163 页。

第三节　先行承认的遗忘

霍耐特认为,虽然卢卡奇已经指出物化不是一种认知错误,也不是一种道德错误,而是一种错误的实践形态。由于商品交换导致我们丧失了共感的实践,成为中立的旁观者。但卢卡奇将这种中立的旁观式行为与共感式的实践相对立起来,这就无法解决问题。

唯一正确的理解是,以承认作为物化批判的规范基础。物化与承认不能被理解为一种对立关系,而应该理解为一种复杂的关联,两者既不是透明的,也不是模糊的,既不是不可通达的,也不是相互通达的。具体而言,一方面,认知行为依赖于先行的承认;另一方面,认知行为迷失了自身,认为自身具有自主性,这个过程就是承认的遗忘。我们遗忘了我们对他人的认知,实际上归功于我们先行的承认。“正是这个遗忘、失忆,我将以之作为重建物化概念的基石。”①

而物化具体表现为人与人、人与对象、人与自身三个维度,相应地也就存在着三重遗忘。

首先,人与人之间的物化表现为,遗忘了相互间先行的承认关系。这主要有两个原因:第一,目的理性行为导致了遗忘。我们狂热地追求某个特定的目标,以至于遗忘了可能更加原初的、更加重要的相互承认关系。霍耐特举了一个例子来解释,当一个网球手拼命地进行比赛的时候,他忘记了对手是他最好的朋友,他将比赛放到了第一位。比赛所追求的目标(胜负)源于两者的友谊关系,但在比赛中,此目标忘记了这种友谊关系。第二,意识形态的原因,这里的意识形态主要是指一种观念体系、思想图式。思想图式和偏见可能导致对先行承认的遗忘,这实际上是一种观念上的拒绝、防御。比如,种族灭绝、性别歧视就是受到了某种偏见的影响。就两者的差别而言,前一种是工具理性行为占据了主导,而后者则纯粹受

① Axel Honneth, *Reification: A New Look at an Old Idea*, New York: Oxford University Press, 2008, p.57.

到某种特殊的世界观或意识形态偏见的影响，而不是某种实践行为导致了遗忘。

其次，人与对象之间的物化表现为，人对客体的认知态度遗忘了先行的承认关系。关于这一点的论证，其实可以从第一种物化中推论出来的。当我们遗忘了人与人之间的承认关系，也就相应地遗忘了他人关于对象的承认关系。但霍耐特并没有完全按照这种逻辑关系进行论证，而是援引了阿多诺的相关论证，对之进一步补充说明。按照阿多诺的研究，第一，我们关于对象的认知，只有通过利比多投射到另一个具体人身上，只有通过这种先行承认关系，我们才能获得关于外部世界的独立认识；第二，模仿他人、获得他人的视角越多，关于对象的知识也就越多；第三，这不是理论思辨，而是人与自然的相互作用，这种承认表现在尊重人们赋予物的多种意义；第四，物化表现为，在认知对象的过程中，我们仅仅采取同一性思维模式，而未能考虑对象对其他人所具有的、多样的生存论意义。

虽然人与人之间的物化和人与对象之间的物化具有内在相关性，但两者还是有差别的，具体表现为：第一，前者是物化的直接表达，我们遗忘了对他人的承认；后者是物化的间接表达，我们遗忘了由先行承认获得的关于物的多样意义。第二，在人与人之间，如果遗忘了承认关系，就不可能认识他人，而在人与物之间，即使我们采取物化的态度，我们也能够认识它。第三，虽然在人与对象的物化关系中，没有直接违背人与人之间的承认关系，但间接违背了这种承认关系。换言之，如果我们在对对象的认知中，忽视了他人所赋予给对象的意义，那么我们同样忘记了与他人的承认关系。

最后，人与自身的物化表现为，人将自我当作认知对象，遗忘了与自身先行的承认关系。这主要有两种表现形式。

一种是对自身的“侦探主义”，在这种模式中，主体对自身的欲求遗忘了承认关系。这种对自身的侦探主义主要有两个缺陷：第一，其成立的条件是将主体视为一个认知的器官，一个“内心的眼睛”认知自身，但这种感知能力是如何被感知的，这就需要设定更高级的感知能力，而最终则导致了寻求感知能力的无限后退。第二，其成立的另一个条件是设定了我们的心理现象，具有明确的固定性，具有清晰的轮廓，从而可以视为认知对象，但霍耐特认为，这种设定是没有根据的，我们的心理经验是混乱的、流动的和非固定的。

另一种则是“构成主义”，其不认为我们能获得关于心理状态的内在的、直接的认知，也不赞同将我们的精神状态等同于对象，而主张欲望、情感等是我们自由行动的结果，主体能够完全对之负责。霍耐特认为，构成主义的错误同样很明显，其将心理经验理解为我们的创造，从而陷入了一种先验的立场。事实上，在社会化过程中，我们的欲望、情感等心理状态都是先行给予我们的，我们通过语言与其他人共同分享生活世界的元素，主体采取“表现主义”立场，将其与自身的精神状态相关联，主体必然表现自身，对自身的承认就出现了，这是对自身的介入式关心。一个主体能够表达这种承认关系必然承认其自身，这种承认的方式是积极地敞开和表达自己的心理经验，这又是一种自爱。但构成主义却将心理状态理解为被制造出来的、具有工具性质的对象。

因此，侦探主义和构成主义都是一种承认的遗忘，它们将欲望、情感视为物一样的对象，或是加以被动地观察，或是加以主动地创造，遗忘了人与自身表现主义式的承认关系。霍耐特列举了两个生活中的例子，说明这种承认关系的遗忘。第一个是面试性质的变化。从前，面试考察的是应聘者适合工作的程度，现在的面试则需要应聘者根据工作的要求，塑造自己的情感和态度。这里，主体越是自我装饰，越是将自己的欲望和意向作为任意控制的物。这是自我主动的物化。另一个案例是网上约会，这是一种被动的自我物化。在网上寻找一个朋友，他们需要根据规定好的范畴来描述自己的个性，需要按照预先规定好的评估系统来描述自我。这是被动的自我物化。在这两种情况下，当主体遗忘了他们值得表达和拥有的欲望和情感时，当主体仅仅或者观察或者创造他们的心理状态时，承认的遗忘就形成了。

总之，物化是对人与人、人与对象、人与自身先行承认的遗忘，但三者之间没有先验的逻辑联系，遗忘的具体表现、导致遗忘的社会原因也并不相同。具体而言，人与人之间的物化主要体现在：一是工具理性行为导致的遗忘，二是纯粹由世界观、意识形态偏见导致的遗忘；人与对象之间的物化主要体现在：一是间接地从属于人与人之间的遗忘，二是对自然同一性思维导致的直接遗忘；人与自身之间的物化主要体现在：一是人们主动地创造自己的情感、欲望、意图等，二是人被动地观察自己的情感、欲望、意图等。就三者的关系而言，人与人之间的物化同人与对象的物化存在一定的关联，但人与自身的物化同前两者都没有内在的逻辑关联。此外，导致三个维度物化的社会原因也是不同的，因此，这就必须根据具体案例，对形成物化的具体社会原因，展开具体分析。

正是在这个意义上，霍耐特对物化的社会病理学重构，实际上提供了一种物化批判的理论框架，从而为具体的、经验的社会病理学分析指明了方向。也正因如此，霍耐特列举了网球、法西斯主义、种族灭绝、性别歧视、招聘和网上交友等诸多社会现象，分析物化的社会原因；也有学者根据其理论模式，对具体的社会现象，比如人力资源管理中的物化，展开具体分析。①

第四节　承认理论的社会存在论转向

霍耐特对物化的社会病理学重构，不仅综合了欧洲大陆哲学和英美哲学，而且综合了哲学、社会学、心理学、语言学、人类学等多学科的研究成果。这种以问题为导向，综合多学科的研究方法，既是法兰克福学派形成、发展和壮大的重要原因，也是其重要特色。从理论逻辑来说，霍耐特对物化概念的社会病理学重构是对物化批判规范基础的重建。这种重建主要体现在以下三个层面。

第一，对卢卡奇物化批判的反思与批判，构建了多元物化概念。霍耐特并不反对卢卡奇分析商品交换中的物化现象，相反，霍耐特认为，卢卡奇为重思物化提供了基本框架，也即人与人、人与对象和人与自身三个维

① Gazi Islma, "Recognition, Reification, and Practices of Forgetting: Ethical Implication of Human Resource Management", in *Journal of Business Ethics*, Vol.111.1, 2012, (1), pp.37-48.

度的物化,但霍耐特同时认为,卢卡奇物化批判的内容过于片面。这集中体现在,卢卡奇将商品交换导致的物化等同于其他各种应该区别对待的物化,也即,卢卡奇将商品交换导致的物化总体化了。而卢卡奇之所以过于片面,主要源于其物化批判的四个错误:其一,将物化等同于社会关系"去人格化"。卢卡奇虽师从西美儿,但没有像西美儿那样,区别物化与社会关系去人格化。社会关系去人格化和物化的核心区别在于,在社会关系去人格化中存在着基本的承认关系,存在着将匿名的他者视作为人,而物化则意味着承认关系的遗忘。"因此,社会关系的去人格化一定假定了承认将匿名的他者作为人来对待,而物化否认或遗忘了这种先前的承认。物化不能等同于社会关系的普遍对象化。"①因此,霍耐特认为,卢卡奇由于将现代法律关系视为物化的产物,未能看到其对最基本的承认关系的保护作用,未能注意到在商品交换中,即使每个人都追求利润最大化,但这种交换形式,至少保证了对交换者最低限度的人格尊重。② 其二,卢卡奇将商品交换或经济领域中的物化直接推演到其他领域,这仍是一种先验的推理,存在着"任意的元素",而不是一种具体的经验分析。其三,卢卡奇之所以将经济领域物化总体化,根源于其理论的前提,这个前提就是马克思的经济基础与上层建筑的分析模式,从而认为经济领域对文化生活甚至是整个社会生活都存在着决定作用,经济领域中的物化规定了其他所有领域。"根据马克思的经济基础—上层建筑的模式,卢卡奇认为经济领域有能力塑造文化生活,以至于他将社会生活的所有方面都视为经济过程的必然结果。"③其四,这就导致了卢卡奇未能区分经济领域与非经济领域,也就不能解释诸如种族灭绝、性别歧视、宗教歧视

① Axel Honneth, *Reification: A New Look at an Old Idea*, New York: Oxford University Press, 2008, p.76.

② 颇有意味的是,霍耐特在其新作《自由的权利》中文版序言中,认为其书可能在"中国产生效应,促使人们去思考这么一个实践政治的问题——在自己国家的现代化进程中,哪些形式的自由还没有充分得以实现"。[德]霍耐特:《自由的权利》,王旭译,社会科学文献出版社2013年版,第2页。

③ Axel Honneth, *Reification: A New Look at an Old Idea*, New York: Oxford University Press, 2008, p.77.

等诸多意识形态偏见或其他原因导致的物化。“他(卢卡奇——引者注)如此单一地只关注了资本主义商品交换对社会行为者行为的影响,以至于他未能注意物化的其他社会原因。”①

正是基于对卢卡奇物化批判的反思与借鉴,霍耐特不仅吸收了卢卡奇物化批判的理论框架和积极的规范基础(介入式实践),而且区分了三个不同维度的物化,为分析不同领域的物化提供了新的视角。比如,对“非物质劳动”(信息生产劳动、与计算机相关的处理分析性和符号性的劳动、情感劳动等)中物化的批判就非常具有启发意义。在卢卡奇那里,物化是在生产劳动领域中形成的,生产劳动占据着主导地位,作为直观态度的物化意识从属于生产劳动。物化意识是一种直观的、被动的意识。而在当今时代,按照奈格里、哈特、拉扎托拉等人的说法,非物质劳动占据主导地位,物质生产劳动被非物质劳动所组织、所规定,在其中,主体不再是一种被动的观察者,主体性本身就是一种积极性的劳动,正如霍耐特分析自我物化时,主动地创造自己的情感、欲望等,此时,根据承认理论对这种积极的主体性展开批判,不失为一条社会批判的道路。

第二,重建哈贝马斯物化批判的规范基础。霍耐特物化批判是对法兰克福学派社会批判理论的进一步发展,这主要体现在,其对哈贝马斯物化批判规范基础的批判与反思。哈贝马斯认为卢卡奇的物化批判陷入了将商品交换原则总体化困境,“卢卡奇仅考虑到一种中介,也即商品交换,并将物化仅仅追溯至‘商品交换’。”②而之所以如此,根源于卢卡奇陷入了生产范式,而忽视了沟通范式。由生产所建构起来的系统和由沟通所建构的生活世界分属两个领域。系统融合并不导致物化,只有当系统的融合原则跨越界限,渗透进生活世界,生活世界殖民化,物化才形成。因此,哈贝马斯“根据系统入侵生活世界的病理学,重构物化的问题式”③。

---

① Axel Honneth, *Reification: A New Look at an Old Idea*, New York: Oxford University Press, 2008, p.78.

② Jürgen Habermas, *The Theory of Communicative Action, Lifeworld and System*, Boston: Beacon Press, 1987, p.360.

③ Jürgen Habermas, *The Theory of Communicative Action*, Boston: Beacon Press, 1984, p.xxxii.

沟通行为是以语言为中介的，语言沟通结构蕴含着批判生活世界殖民化的潜能，物化批判植根于沟通行为。但霍耐特认为，系统与生活世界二分的做法很容易陷入规范性与功能性之间的紧张对立中，同时，其沟通行为也仍主要局限在合理化的范围内，容易忽视情感领域的物化。也正在这个意义上，霍耐特批评了哈贝马斯的系统与生活世界二元论，为其"重垫根基"①，以承认理论作为系统与生活世界共同的规范基础，生活世界的殖民化也得到了重新解读。"当纯粹观察的、评估的和计算的实践指向生活世界时，其逃离了已经构建起来的法律关系框架，并变成了独立性的，此时，那种对先行承认的遗忘就形成了，这种遗忘是我们先前论述的所有互主体性物化的核心。"②也就是说，系统对生活世界的殖民化，是对生活世界中先行承认关系的遗忘。而且，按照程序正义所建立的现代法律关系，比如劳动契约关系，在工具理性作用下变成了独立自主的、从而遗忘了先行的承认关系。这里并不违背系统的原则，但在道德情感上可能存在缺陷。因此，霍耐特以承认一元论作为物化批判的基础，打破了系统与生活世界的二元区分，解释了系统与生活世界都可能遗忘基本的承认，从而导致物化。

第三，推进了承认理论的社会存在论转向。霍耐特在《为承认而斗争》中，揭示了爱、权利和团结三种伦理生活的承认关系，从而为社会批判理论奠定了基础。这三种承认关系都是伦理规范性概念。但在论述物化批判时，霍耐特一再强调，作为先行的承认关系没有任何"规范取向"，而是一个具有"社会存在论重要性"的概念。

"当然，我们可以基于规范的理由说，禁止将另一个人视为物，但这确实没有说明物化概念的社会存在论的重要性。对他人的物化不仅仅违背了一个规范，而且犯了一个根本性错误，因为，一个人因此违背了我们所涉及的道德的前提性条件。因此，如果我们遵循这个术语的字面意义，

① Axel Honneth, *Redistribution or Recognition?: A Political-Philosophical Exchange*, London: Verso, 2003, p.242.

② Axel Honneth, *Reification: A New Look at an Old Idea*, New York: Oxford University Press, 2008, p.80.

我们应该在其否定意义上用物化说明,违背了我们社会生活世界的必要前提。在这个意义上,我们必须从概念上明晰主体之间如何在社会存在论意义上获得相互作用。"[①]同情、操心等术语虽然与霍耐特之前的承认理论的术语具有相似性,但霍耐特认为,他使用这些术语要解决的问题是,它们都是一种生存论意义上的表达,这些生存论意义上的术语,是基本的先行承认关系的结果。从这个意义上讲,这种承认形式并不意味着包含任何肯定意义上的关心或尊重等规范,也不意味着某种肯定的、仁慈的感情在发挥作用。霍耐特用这些情感性的词语,只是想表明这种承认关系的非认识论特性。"这种承认关系中所具有的、构成其特殊性质的是,我们采取这种立场对待他者,这种立场渗透进情感领域,在这种立场下,我们将另一个人视为我们自身的他者,我们的同胞。"[②]

只有当我们已经在他者之中承认一个与我们自身相关的意向之后,我们才能采取他者的观点。这不是一个理性的行为,或者对理性的理解,而是我们前认知地采取一种立场。"相反,实体性的规范性承认形式,比如,蕴含着社会制度中的传统荣誉,现代的爱或者平等的法律,代表着由基本的承认所开启的生存性经验图式在历史中被充实的各种形式。没有将他人视为同胞的经验,我们不能将指导和限制我们行为的道德价值观与这种图式将匹配。因此,基本的承认必须被实现,我们必须在生存论上同情他者,在我们学会遵守规范性承认之前,这些规范性承认迫使我们表达特殊形式的关心和仁慈。"[③]这种历史性的充实也即是个体在社会化过程中,将各种承认的规范内在化,因此,这一步一步地将具体的价值观内化,丰富这种基本的承认概念。这些内化的价值观作为调节规范,使我们合法地处理各种关系。"如果我们将这些规范内在化和习惯化,我们甚

① Axel Honneth, *Reification: A New Look at an Old Idea*, New York: Oxford University Press, 2008, p.149.

② Axel Honneth, *Reification: A New Look at an Old Idea*, New York: Oxford University Press, 2008, p.151.

③ Axel Honneth, *Reification: A New Look at an Old Idea*, New York: Oxford University Press, 2008, p.152.

至可以说,它们构成一个社会的'第二自然'。"①这个"第二自然"概念与卢卡奇的"第二自然"不同,更加接近的是黑格尔在《法哲学原理》中所说的伦理生活意义上的"第二自然"。

霍耐特认为,只有在很少的、例外的情况下,只有在零度社会化下,我们发现了这种真正的否认先行的承认。与之形成鲜明对比的是,想象的物化——在这些情况下,他人好像被视为物——是人类行为中更加强化形式的不可或缺的一部分。"因此,重建物化范畴的最大挑战在于,很难解释这种基本的承认消失的原因。"②

这就意味着,霍耐特实际上提出了两种承认关系:一种是社会存在论意义上的、基本的承认关系,这是关于个体社会化的承认关系;一种是根据伦理生活形式建立起来的承认关系(爱、权利和团结)。前者是一种承认的生存论模式,为任何实体性的承认提供了前提,后者是这种基本承认形式在具体的历史发展中的充实与发展,对于个体来说,就是在社会化过程中,通过学习,将各种具体的规范内在化。"这意味着,对我的承认理论结构来说,我必须在我以前讨论的承认理论之前增加一个阶段,这个阶段代表了一种"先验的条件"。因此,自发的、非理性的对他人作为同胞的承认,为适当的道德价值观提供了必要的前提,我们据此以某一规范的方式承认他者。"③霍耐特以社会存在论意义上的承认理论,为其规范性承认理论结构提供了前提,为其思想发展奠定了新的起点。

纵观法兰克福学派对《历史与阶级意识》中物化概念的诠释史,我们可以总结概括如下:第一,揭示了普遍的物化背后的权力关系,丰富了物化批判的内容,为社会批判提供了更为微观的视角。这一点主要是霍克

---

① Axel Honneth, *Reification: A New Look at an Old Idea*, New York: Oxford University Press, 2008, p.153.

② Axel Honneth, *Reification: A New Look at an Old Idea*, New York: Oxford University Press, 2008, p.154.

③ Axel Honneth, *Reification: A New Look at an Old Idea*, New York: Oxford University Press, 2008, pp.152-153.霍耐特在注释中说明,以前的承认理论主要是《为承认而斗争》的第二部分第五章和《再分配还是承认?——一个政治哲学的对话》中《作为承认的再分配——对南希·弗雷泽的回应》一文。

海默、阿多诺的分析所提供的,哈贝马斯认为权力是政治亚系统的融合原则,其过于发展对生活世界中的沟通原则构成了危险。第二,批判了卢卡奇将交换价值导致的物化推广至社会生活的其他领域,因此陷入了先验的分析模式,没有对其他原因导致的人与人之间、人与自然之间和人与自身之间的物化关系展开具体分析。这主要是哈贝马斯和霍耐特所共同提出的。哈贝马斯认为,卢卡奇没有注意到社会分为系统与生活世界,系统融合的媒介是货币和权力。在系统内,这种机制带来了社会的高效发展,其本身并不带来物化,只有当这些媒介侵犯了生活世界中的沟通媒介时,才构成物化。霍耐特在这个方面走得更远,其认为卢卡奇停留于马克思的经济基础决定上层建筑的分析结构,这就走向了经济还原论,而未能分析不同关系领域物化的不同原因。第三,批判卢卡奇将对象化等同于物化。哈贝马斯和霍耐特都批判了卢卡奇将对象化和物化等同起来,而一旦将两者等同起来,当所有的对象化都是物化的时候,物化也就不可能被消除。因为一旦扬弃物化的实践本身也是一种对象性活动,按照这种逻辑,其也是一种物化。这就陷入了"践行矛盾",物化批判也就失去了规范基础。这个规范基础在哈贝马斯那里表现为沟通行为,在霍耐特这里表现为承认。第四,批判卢卡奇陷入了唯心主义,其将物化批判与韦伯的形式合理性联系起来,并将这个批判坐落到了黑格尔对康德的知识论批判中,结果无产阶级代表了绝对精神,无产阶级自我意识的实现就是精神达到自我意识,物化批判仍处于黑格尔的历史哲学之中。如此一来,无产阶级的实践必然是唯心主义的实践概念,世界被理解为无产阶级的主观创造,这就陷入了浪漫主义。第五,无产阶级需要启蒙达到这种自我意识,启蒙的主导者是政党,政党拥有着正确的理论直接转化为现实,这就不仅牺牲了理论,而且还不可避免地导致了政党对无产阶级的控制,卢卡奇的组织理论预示了苏联极权主义的统治。

第八章　法兰克福学派物化批判的方法论

法兰克福学派重新诠释物化问题是资本主义时代经验的产物，是根据不断发展的时代经验展开对资本主义批判的产物。理解这种发展进程，我们就不得不分析法兰克福学派物化批判的方法论。

正如霍耐特指出，“通过‘社会的批判理论’，这就意味着，这种社会思想与法兰克福学派的原初计划分享着一种特殊的规范性批判——事实上，可能也是与整个左派黑格尔主义——其将提供给我们关于前理论的资源，批判的立足点是超乎理论之外的经验兴趣或道德经验。”①也就是说，批判理论区别于其他社会批判的关键点在于其继承了左派黑格尔主义的批判路径——规范批判。这种路径就是要在前理论的实践中找到批判的要素，再运用到实践之中。根据这个路径，理论必须展开双重反思：其一，反思批判理论如何从前理论的经验实践中形成。如果在现实中没有发现问题，也就是其自身批判的要素，那么这种诊断必然是错误的，这种批判必然是无效的；其二，反思理论如何运用于将来的实践。如果这种批判不能运用到现实生活中，不能被诠释者自我理解从而转化为改变现实的力量，那么这种批判同样也是无效的。这里的规范既意味着普遍性，也意味着能够通过学习反思的方式变成一种冲破不合理现实的力量。从这个角度来讲，批判就是现实的自我批判，其理论路径就是：追寻内在的超越。“在黑格尔左派的学徒中，也就是从马克思到卢卡奇，其认为不证

① Axel Honneth, *Disrespect: The Normative Foundation of Critical Theory*, Cambridge: Polity Press, 2007, pp.63-64.

自明的是:只有在社会现实中重新发现其自身的批判要素,这种社会理论才能展开批判。因此,这些理论家不断地呼吁对社会诊断的内在超越之路。"①

法兰克福学派物化批判继承了马克思和卢卡奇的内在超越之路,这条内在超越之路是围绕劳动概念展开的。在马克思那里,劳动既是其资本主义批判的切入点,也是其批判的规范基础。卢卡奇认为劳动时间中的质量辩证法体现了物化的内在超越,而在霍克海默和阿多诺的《启蒙辩证法》中,劳动已经逐渐蜕变为工具理性行为,劳动中所蕴含的超越维度已经式微。哈贝马斯认为,无论是马克思,还是卢卡奇,抑或是霍克海默和阿多诺,都将超越之路寄托于劳动范畴,劳动范畴又等同于工具理性批判,而在工具理性行为中,不可能蕴含着解放维度,物化批判的规范基础本身就是缺失的。因此,必须用主体间的沟通理性行为补足工具理性行为的不足,只有沟通理性行为中才有内在超越的可能性。而在霍耐特看来,哈贝马斯以沟通理性行为重建物化批判的规范基础,导致了其既不能看到构成批判前理论资源的承认,也不能看到劳动中可能导致的物化及其所蕴含的解放和反抗因素。因此,霍耐特打破了哈贝马斯劳动与沟通、生活世界与系统的二分,以承认理论重建物化批判的规范基础。因此,我们可以说从哈贝马斯开始,法兰克福学派物化批判的方法论是规范重构。

第一节　劳动与规范基础的确立

马克思分析资本主义社会中的异化和物化是以劳动为核心的,劳动概念在马克思那里既是一个规范性范畴,也是一个经验性范畴。劳动的经验性主要体现在早期《巴黎手稿》中对"异化劳动"的批判和晚期经济学著作中对"抽象劳动"的批判。劳动的规范性体现在马克思的劳动概

① Axel Honneth, *Disrespect*: *The Normative Foundation of Critical Theory*, Cambridge: Polity Press, 2007, p.64.

念具有三重规定性，其构成了批判的基础。这种规范基础构成了卢卡奇和法兰克福学派反思物化批判规范基础的前提。

马克思的劳动概念是一个现代范畴。在传统社会，与高贵的政治实践、理论实践等相比较，劳动的地位比较卑微。但随着地理大发现和经济的迅速发展，劳动的地位与作用逐渐上升。在经济学话语中，至少在重农学派中，全部财富已经被归结为土地和耕作。而土地只有通过耕作、劳动才对人存在，因此，财富的主体本质已经移到劳动中。在斯密和李嘉图那里，财富的主体本质——劳动已经被揭示出来，正是在这个意义上，恩格斯曾称斯密是国民经济学的路德。马克思的劳动概念首先来自对古典经济学劳动财富论的改造与吸收。

马克思劳动概念的另一个主要来源是黑格尔的劳动概念。黑格尔站在国民经济学的立场上，将劳动看作是人的本质，看作是人的本质的自我确证。劳动是人在外化的范围内或者外化的人的自为的生成。在黑格尔这里，劳动是精神自我发展的一个过程，因为劳动产品对劳动主体具有反作用的意义，也即劳动具有教化功能。劳动塑造人。当然黑格尔的劳动概念是抽象的精神劳动，是对经济学劳动概念先验哲学话语的改造。劳动是自我意识的构成要素，是意识的自我设定。马克思对黑格尔劳动概念的改造吸收了费尔巴哈的人类学唯物主义。

在马克思这里，劳动不再是同一性哲学所描述的精神的自我发展历程，而是人类学所解释的人类的生命过程。这集中体现在马克思认为劳动是人的生命的本质力量的对象化。劳动不是绝对精神的外化，而是人改造自然的对象化活动。“它所以只创造或设定对象，因为它是被对象所设定的，因为它本来就是自然界。因此，并不是它在设定这一行动中从自己的‘纯粹的活动’转而创造对象，而是它的对象性的产物仅仅证实了它的对象性活动，证实了它的活动是对象性的自然存在物的活动。”①因此，在霍耐特看来，马克思劳动概念的前两个理论渊源只有放到这个基础上才能得到理解。“只有在这个意义上，这个概念的复杂性才能得到理

① 《马克思恩格斯全集》第3卷，人民出版社2002年版，第324页。

解,也即,肉体地改造自然的活动既是经济学上生产的一个要素,也是道德上精神的自我发展过程。"①

马克思劳动概念的三个来源,也相应地形成了劳动概念的三重规定。首先,在社会理论层面,劳动是社会结构形成发展的主导动力。劳动主要表现为物质生产,也即人合作性地改造外在自然。劳动的技术结构和社会组织是人类历史发展的钥匙,整个世界历史的演进都可以归结为通过劳动而自我产生、自我保存和自我解放。其次,在知识论层面,劳动是正确认识的来源。特别是对费尔巴哈的批判中,马克思将社会劳动描述为实践前提,在这种前提下,人类获得对社会现实的正确认识。合作性占有自然的知识成为唯物主义认识论的基础。最后,在实践规范层面,劳动推动着人的解放和自由。马克思认为社会劳动概念具有有意识学习的功能,工人意识到他们的需要和能力超越了给定的社会结构所能允许的可能性,这里,从社会生产过程中释放出来的解放理论成为社会革命理论的基础。② 因此,马克思劳动概念从社会理论、社会认识论和实践规范角度分别可以概括为劳动构建论、劳动知识论和劳动解放论。

在马克思的《关于费尔巴哈的提纲》中,可以集中地看到劳动概念的这三重规定。从社会理论来看,劳动构建论表现在,全部社会生活本质上是实践的,不应该将环境和人的活动分割开来,环境是通过人的活动建构的,人也是在这个过程中实现自我改造的。从知识论来看,劳动知识论表现在,人的思维是否具有现实性不是一个理论问题,而是一个实践问题。人只有在实践中和对实践的理解中,证明思维的现实性和力量。旧唯心主义和旧唯物主义不是夸大了能动的方面,就是夸大了感性方面。从实践规范来看,劳动解放论表现在,问题的关键不在于解释世界,而在于改变世界。旧唯物主义的基础是市民社会孤立的个体,新唯物主义的立足点是人类的社会或社会的人类,只有在实践中才有人的现实的解放。

---

① Axel Honneth, *The Fragmented World of the Social*, New York: State University of New York Press, 1995, p.19.

② Axel Honneth, *The Fragmented World of the Social*, New York: State University of New York Press, 1995, p.16.

正是以此劳动概念为批判的规范基础，马克思展开了对异化劳动和抽象劳动的批判。按照霍耐特的说法，这两种模式分别出现在马克思的早期经济学哲学手稿和晚期的经济学手稿中，两种批判模式都是建立在这种复合型劳动概念基础上的。

在《巴黎手稿》中，马克思明确提出了确证人的对象性本质力量的劳动概念，历史无非是这种劳动的展开，这是批判的规范基础。但在资本主义社会中，劳动表现为异化劳动。异化劳动作为一种前理论的经验事实，是批判的前理论资源。但问题是，如果异化劳动意味着人同自己的劳动产品、人同活劳动、人同自己的类本质和人同人相异化，如果对象化表现为对象的丧失和被对象奴役，占有表现为异化、外化，那么这种经验事实如何真正确证劳动作为人的自我实现的规范性维度呢？马克思给出的答案是，异化劳动与异化的扬弃走的是同一条道路，但显然，如果考虑在现实社会中的实现问题，异化劳动自我扬弃也就成了问题，当对象化表现为被对象奴役，当劳动表现为生命本质力量的被剥夺，谁还能承担扬弃的重任？

这种规范性和经验性之间的鸿沟在马克思晚期的经济学著作中同样存在。在《1857—1858年经济学手稿》中，经验性的事实表现为纯形式的机械的抽象劳动。这种劳动已经成为机械体系的一个组成部分，被切割成了专门化的劳动。按照霍耐特的说法，此时，作为规范性劳动是一种“劳动主体的知识指导的、需要人的整个行为能力的生产过程。”①这个劳动概念不再是人的类本质力量的对象化，而是具有手工业性质的、与对象具有亲密联系的自我调节活动。但此时，马克思不再将两者简单地对比，而是直接研究资本主义的生产过程，分析这个过程作为中介对无产阶级的组织和训练，从而实现其内在批判。换言之，此时，马克思不再简单地用一种规范性的劳动概念来批判异化劳动事实，而是研究资本主义生产过程是如何训练、组织合格的无产阶级，这些慢慢启蒙了无产阶级，并使

① Axel Honneth, *The Fragmented World of the Social*, New York: State University of New York Press, 1995, p.22.

其逐步革命化。这个过程大体上包含三个环节:首先,资本集中带来无产阶级集中;其次,工业发展带来工人阶级之间的合作和自我训练;最后,技术发展要求教育培训不仅培养工具化的技术能力,还培养无产阶级的社会知识。结果就是工人阶级开始反对资本主义制度。这种论证模式就是马克思认为无产阶级在工业这所"大学校"中,学习了已经发展的批判的规范性意识,并将这种意识转化为推翻资本主义的革命活动。但正如霍耐特指出的那样,马克思将这种学习过程寓于社会劳动中,但马克思同样没有给出一个具有说服力的论证。也就是说如何从这种抽象的社会劳动中产生学习过程,催生社会革命,上升到具有手工业性质的劳动仍是一个问题。

由此可见,在马克思的批判模式中,劳动的规范性内涵或者表现为人的生命的对象性本质力量的确证,或者表现为类似于劳动主体自主安排的统一的劳动。前者批判的对象是异化劳动,后者批判的对象是抽象劳动。但无论是前者,还是后者,在经验性与规范性之间都存在着鸿沟。马克思都相信在社会劳动中蕴含着批判的规范性因素,在社会劳动与人的解放之间存在着内在关联,而模糊不清的是这两者之间的中介。

第二节　劳动与工具理性行为

如果说,马克思劳动概念的复合性是对手工业劳动和机械大工业并存的实践经验的反映,那么随着时代的发展,劳动概念中的知识论维度和解放维度逐渐消失,劳动逐渐转变为工具理性行为。

这个具体转变过程集中体现在泰罗制的运用上,与对象直接相关的手工业生产慢慢淡出了历史舞台,而这个劳动形式正是马克思和黑格尔认为的劳动构成对象化的基础。劳动者很难将对象视为自己本质力量的对象化。大工业的生产带来了劳动组织结构的变化。工业生产作为一个整体与劳动主体的技术知识相分离。传统劳动力的知识被现代科学教育的知识取代。工人在劳动中获得合作性知识的可能性减少。技术企业与劳动企业分离,企业领导对制度化知识的垄断使得对整个劳动过程的控制成为可能。科学的管理将整个生产过程作为一个整体,控制着每一个环节。当机械化的劳动普遍化时,马克思赋予社会劳动以实践的和道德的学习过程就失去原初的含义。

在这个过程中,劳动者并没有像工业化生产增长的速度那样增长,反而呈现出两极化的趋势。一方面不熟练的工人被吸纳进工业生产的流程中,另一方面复杂的精神劳动只属于少数人。马克思认为劳动生产力的加强与工人数量增加之间的因果关系不存在了。工人阶级慢慢消失了,革命的概念也逐渐退出了历史舞台。马克思劳动概念中的革命理论开始慢慢陷入困难。

即便是马克思社会理论意义上的劳动概念也开始发生变化。社会哲学家和科学家越来越强调劳动的技术和经济功能,淡化其解放功能,劳动的解放功能更多地被放逐到了文化批判领域。社会学的历史清楚地揭示了对传统规范性内容的清洗。伴随着这种清洗,是劳动效益和绩效的上升,劳动越来越从生产力的角度来理解。"从黑格尔经过马克思,直到德国工业社会学的出现,劳动概念总是包含着一种与其对象紧密相关的、有意义的、自我调节的活动形式的可能性,这种可能性在手工业劳动的清晰可见的完整性中能找到经验表达;社会学从此消除了这种规范性关联。"①

这种对劳动概念规范性内涵的消解的典型表现是马克斯·舍勒关于劳动与伦理的论述。在舍勒看来,劳动从其概念本身的含义来说与痛苦和受罚联系在一起,劳动在规范上是一个否定性概念。因此,以劳动作为自我决定的主体性基础本身就是成问题的。劳动是一种典型的必要的外在的调节和控制行为,只有共同体实践的客观制度才能赋予劳动以积极意义。

正是在这个背景下,卢卡奇的物化批判重建社会劳动与社会解放的内在关联。在上篇中,笔者对卢卡奇的物化批判已经有所阐述,在这里,笔者将集中根据哈贝马斯和霍耐特对卢卡奇的批判来加以考察。

---

① Axel Honneth, *The Fragmented World of the Social*, New York: State University of New York Press, 1995, p.31.

卢卡奇面对的现实是劳动概念越来越变成工具理性行为。在《历史与阶级意识》中,卢卡奇由商品拜物教批判拓展到抽象劳动批判,此时泰罗制已经进入到了卢卡奇的视野。正是在此基础上,卢卡奇才对机械化、专门化和原子化的劳动展开了批判。在实践规范意义上,合理化消除了人的特性,劳动塑造主体性的意义不复存在。在知识论意义上,原子化的个体使得物化意识成为主导,相互合作和社会学习很难进行,现代法律、国家、管理和教育等具有同样的物化结构和意识结构。在社会理论层面,现代社会虽然解放了人,但人是孤立的、个体的、自私自利的资产者,意识是个体的、孤立的、鲁宾逊式的意识,社会活动的行为特性却因此被取消了。行为蜕变成了工具理性行为,或者说目的理性行为。“这种行为就是要尽可能预测到和估计到那些规律可能的影响。这时,‘行为’的主体就要采取一种立场,以使这些影响能为他的目标提供最佳机遇。”①

但卢卡奇仍认为,劳动解放论是可能的。这种前理论的经验,就是卢卡奇所提出的劳动对人的意义,劳动对无产阶级与资产阶级具有不同的意义。剥削数量上的差异对资本家来说只意味着外在于生命的非感性的剩余价值的差异,对工人来说则是“全部肉体的、精神的和道德的等等存在的决定性的质的范畴”。卢卡奇引用了黑格尔的论述,“但是要使固定的思想熔化开却比要使感性存在熔化开困难得多”②,从而指出,只有在工人的劳动中,而不是在其他行业(新闻业、行政管理等)中,才能更加体会到这种前理论的人的生存经验。但显然个体行为是孤立的工具理性行为,个体意识囿于直观的物化意识,因此,这种前理论的经验并不能直接改变现实。因此,在哈贝马斯和霍耐特看来,这种批判的规范基础在于“反思的超个体的集体主体的行为”,解放的可能性在于无产阶级这个社会集体的学习过程,而不在于工人的具体劳动。这个集体主体(无产阶级)的学习过程就是黑格尔在《逻辑学》中所描述的精神的自我发展过程,无产阶级相当于黑格尔的绝对精神概念。

---

① [匈]卢卡奇,《历史与阶级意识》,杜章智等译,商务印书馆 1999 年版,第 206 页。

② [匈]卢卡奇,《历史与阶级意识》,杜章智等译,商务印书馆 1999 年版,第 261—262 页。

“这个被安放到劳动过程中的集体的反思过程是由历史唯物主义实施的，因此，其表现为无产阶级自我理解的理论形象。”①也就是说，历史唯物主义作为一种思想被介入到了劳动过程中，才能实现物化的扬弃。“在这个版本中，通过劳动的解放概念需要一个无产阶级主体的总体概念，这个主体与工业工厂中的现实劳动经验不再关联。”②由此可见，在卢卡奇这里，尽管劳动概念已经蜕变为了工具理性行为，但其仍坚信社会劳动与解放之间存在着肯定性关联。这种肯定性关联在霍克海默和阿多诺这里已经不复存在。

在霍耐特看来，《启蒙辩证法》的主导思路沿袭了卢卡奇的物化批判，但在他们的范畴框架中，劳动不再有实践的解放潜能，相反，劳动变成了控制的实践基础，因为其历史逻辑地先于所有其他的控制形式，或者说是控制的原初形式。“启蒙辩证法的理论基础是控制理论，其理论起点是对自然的工具控制。这种理论呈现为工具理性的同一性逻辑——用普遍性统摄特殊性——控制的基本模式，其他控制形式皆源出于此。”③

在卢卡奇那里，发源于商品交换的物化在资本主义社会才普遍建构起来，霍克海默和阿多诺则将物化追溯至行为主体面对自然的行为。他们认为，人从超自然的力量中，只有通过劳动才能成功地解放出来，这是一个技术地控制外在自然和压制内在需要、欲望的过程。为了获得解放，与劳动相关的认知从一开始就有着合理化的特征，这种合理化基于控制的立场，对自然和社会环境的对象化不加区分。人的文明解放以工具理性的不断发展为代价，“在人系统地增加对外在自然控制中，社会进步是一个物化的社会过程，这里，人逐渐失去了内在本性，因为人像对待外部世界一样对待内在本性。”④

① Axel Honneth, *The Fragmented World of the Social*, New York: State University of New York Press, 1995, p.38.

② Axel Honneth, *The Fragmented World of the Social*, New York: State University of New York Press, 1995, p.37.

③ Axel Honneth, *The Critique of Power*, London: The MIT Press, 1991, p.42.

④ Axel Honneth, *The Fragmented World of the Social*, New York: State University of New York Press, 1995, p.37.

这种将资本主义的社会关系追溯到人的社会文化的条件，从而揭示这种物化的起源，导致的结果是马克思赋予劳动概念以主体性形成的意义彻底消失了。劳动仅仅意味着主体学会塑造和控制他的本能以控制自然。

霍克海默和阿多诺陷入了奇怪的论证悖论，由于其持续地遵循马克思的劳动哲学范式，而这种劳动被理解为改造自然的行为模式，并试图从这种模式中寻找到解放的因素，但由于他们没有放弃主体与自然关系的理论模式，因此被迫提出了一种哲学美学，从理论上描述了一种与自然的非工具的、模仿的关系。“在这种历史哲学视角中，批判理论的指导性理念是‘与自然的和解’。”①

因此，霍耐特认为卢卡奇与霍克海默、阿多诺分享着同样的理论框架。他们都将劳动理解为对自然和社会的控制行为，“这种根本性理念的范畴就是社会劳动对外在自然有组织的关系。其基础是主体实用主义地与他的自然环境相关联。”②因此，在这种模式中，一方面是劳动与外在自然形成积极的控制关系，另一方面则试图寻找超越这种控制关系的理想的人与自然的和解。在卢卡奇那里，这个超越之路是理想化的超个体的历史哲学的劳动概念，在霍克海默和阿多诺这里，是摆脱控制的模仿自然的美学观念。但这种模式终归失效，因为随着法西斯主义的产生，这种内在超越既不能在经验中找到前理论资源，也无法在社会中找到这种反思性主体。霍克海默转向了叔本华悲观的神学，阿多诺转向了历史哲学的否定主义。

第三节　劳动与沟通理性行为

这两种批判模式的关键在于，他们都将批判的规范基础放到了蜕变

① Axel Honneth, *The Fragmented World of the Social*, New York: State University of New York Press, 1995, p.38.

② Axel Honneth, *The Fragmented World of the Social*, New York: State University of New York Press, 1995, p.38.

为工具理性行为的劳动概念，而这源于马克思那里劳动内涵的复杂性。在哈贝马斯看来，马克思的劳动概念承担了不可承受的规范性之重。只有区分劳动与沟通、工具理性行为和沟通理性行为，切断劳动、工具理性行为与规范之间的内在关联，以沟通理性行为重新奠定物化批判的基础，才能超越马克思、卢卡奇和霍克海默、阿多诺物化批判的困境。

哈贝马斯的沟通行为理论综合了涂尔干、米德、帕森斯等社会学理论和塞尔语言学理论，但其劳动与沟通的区分无疑受到了阿伦特的影响。阿伦特在《人的境况》中，将劳动、工作和行动分开了。“我打算用积极生活这个词，来表示三种根本性的人类活动：劳动（labor），工作（work）和行动（action）。他们之所以是根本性的，是因为它们每一个都相应于人在地球上被给定的生活的一种基本境况。”①劳动表示一种人获得生活必需品的活动。工作表示人从自然实际的物质材料中创造出一个持久的、然而是人为的环境。劳动与生产为人类社会的再生产创造了经济和社会基础，因此，自洛克、斯密和马克思以来备受推崇。但阿伦特认为，人的存在是复数性存在，没有语言和行为的生活是死的世界，而不是活的人的生活。只有主体间的沟通行动才打开了历史，才使得人类得以继续。在行动中，人们相互之间印证了主体性，获得了社会群体文化身份，同时，行动为政治革命提供实践空间。由此，阿伦特认为，现代性是一种人的世界的异化，行动领域总是受到非社会的行为方式的侵蚀，开始是劳动，然后是工作。而马克思理论的缺陷正在于混淆了劳动、生产与行动，试图从劳动与生产中寻求人的解放，这个思路一直延续到了卢卡奇、霍克海默和阿多诺。

哈贝马斯虽然没有像阿伦特那样明细地区分劳动、工作和行动，但同样切断了劳动与解放之间的关联。在哈贝马斯看来，劳动是一种人与自然之间的综合，连接着主观自然和客观自然。“社会劳动的基础性体现在，其是调节客观自然和主观自然的范畴。它表明了类历史的进化机制，通过劳动过程，改变的不仅是通过生产劳动对之加工的自然，而且通过劳

---

① ［德］汉娜·阿伦特：《人的境况》，王寅丽译，上海世纪出版集团2009年版，第1页。

动产品，改变了劳动主体自身贫乏的自然。"①劳动的含义不仅改造了自然，而且塑造了人类历史进程，也改变了人的内在本性。这个劳动概念显然包括了阿伦特所说的劳动与工作。

哈贝马斯将马克思的劳动概念与康德的先验统觉概念相类比，认为劳动在人与自然之间的综合是一种工具理性行为系统。"但这种综合既不是创造一个逻辑结构，也不是创造人与自然之间绝对的统一。像康德的知觉概念一样，唯物主义的综合概念保留着内容与形式的区分。但形式不是知性范畴，而是客观活动，关于对象的客观经验的统一性不是根据先验意识构建的，而是在工具行为系统中构建的。"②康德认识论中知性形式与经验内容之间的分离在马克思这里表现为客观活动与对象经验之间的分离。工具理性行为是一种技术对自然控制的知识。"从工具理性框架中产生的知识，以生产力的方式外在地呈现出来。因此，在劳动过程中塑造和形成的两种自然，一是在劳动过程中塑造和改变的自然，二是在生产力过程中的劳动主体自身。"③

在哈贝马斯的劳动概念中，工具理性行为保留了马克思劳动概念中的经济学和人类学意义维度。人类面对自然时的先天性不足，必须通过经济上的工具理性行为再生产自身。但哈贝马斯消除了劳动概念规范性维度，在阿伦特行动概念的影响下提出了沟通行为。

"工具理性行为与外在自然的束缚相关，生产力水平决定了对自然力量的技术控制程度，沟通行为与人的内在本性的压抑有关……社会从外在自然力量中解放出来主要归功于劳动过程，也即是技术控制的知识，社会从内在本性中解放出来主要取决于，在多大程度上摆脱控制的与沟通相关的社会关系组织取代了建立在强力基础上的制度。这不会直接发生于生产活动，而是通过统治阶级的革命活动（包括批判的反思科学）实现的。"④这里，我们再次看到哈贝马斯关于工具理性行为与沟通理性行

① Juergen Habermas, *Knowledge and Human Interests*, Boston: Beacon Press, 1971, p.29.

② Juergen Habermas, *Knowledge and Human Interests*, Boston: Beacon Press, 1971, p.34.

③ Juergen Habermas, *Knowledge and Human Interests*, Boston: Beacon Press, 1971, p.36.

④ Juergen Habermas, *Knowledge and Human Interests*, Boston: Beacon Press, 1971, p.53.

为的区分、内在本性和外在自然的区分、改造自然和改造社会之间的区分。改造社会世界的过程是社会从压抑的组织形式中解放出来，其建立在实践和道德知识上。在规范性学习过程中，行动者合作地意识到存在于沟通行为中相互理解的目标，由此提供了道德洞见，将人们从社会控制中解放出来。因此，对哈贝马斯来说，社会革命意识的自我发展从根本上说不同于社会对自然加工的劳动逻辑。

就劳动（工具理性行为）与沟通（沟通理性行为）的关系而言，在哈贝马斯看来，既可以从行为的合理化角度理解两者的关系，也可以从社会合理化的角度理解两者的关系。从沟通行为合理化来看，沟通理性行为是工具理性行为的基础。沟通理性行为是一种语言商谈行为，其可理解性包含三个有效性要求：正确性、正当性和真诚性。沟通理性行为的分化分别形成了工具理性行为（有效性要求是正确性）、实践规范行为（有效性要求是正当性）和戏剧行为（有效性要求是真诚性），三种行为分别对应了三个世界：客观世界、社会世界和主观世界。从社会合理化来看，社会合理化包含生活世界的合理化和系统的合理化。生活世界合理化是系统合理化的前提。生活世界的合理化正是上述沟通行为的合理化，系统的合理化是经济和政治系统的分化形成。前者是遵循沟通原则的社会融合，后者是遵循货币和权力原则的系统融合。

因此，“在哈贝马斯重建历史唯物主义过程中，沟通行为具有规范性和经验性两重作用……一方面，这个概念澄清了经验事实：只有通过（至少在特定行为领域）沟通行为过程，只有允许沟通行为过程，社会的复杂性才能实现文化再生产和社会融合。同时，沟通行为模式提供了分析标准，由此，具体的社会结构所赋予的自由，可以根据他们相互作用形式的沟通内容来衡量。”①物化批判的规范基础是沟通理性行为，前理论的经验主要是：（1）在晚期资本主义社会中，技术进步与社会解放之间的分离，（2）充满生命力的社会沟通开始枯竭，（3）系统融合原则（货币和权

① Axel Honneth, *The Fragmented World of the Social*, New York: State University of New York Press, 1995, p.42.

力)蚕食了生活世界的调节原则(沟通)。物化批判的内在超越就是重建生活世界的沟通理性,让系统调节原则和生活世界调节原则并行不悖。

第四节　劳动与承认

从这个角度来看,哈贝马斯的沟通理论延续了批判理论内在批判的路线。但在霍耐特看来,前理论的沟通行为概念与批判理论反思性关联是成问题的。“正如我们回顾历史来看,批判理论必须能够识别经验的体验和态度,以之作为前理论的规范基础的标志。”①沟通理论与什么样的前理论的经验相关,如果没有这种相关性,那么批判什么呢?

当卢卡奇、霍克海默看到资本主义生产在劳动上表现出来的持续非正义时,哈贝马斯看到了,在主体间相互理解的解放潜能上,社会的沟通关系存在着非正义的束缚。根据普遍语用学概念,作为沟通行为根基的语言规则具有规范性,也即真实性、规范性、真诚性和可理解性。这些要求决定了相互理解的过程摆脱了控制。如果我们将语言条件作为规范性的核心结构,其对社会的批判视角就很清楚了:批判那些阻碍运用语言规则的社会条件和认知条件,使人们自由运用沟通理性的原则,达成相互理解。

“通过转向普遍语用学,哈贝马斯最终走向了将社会相互作用的规范性潜能等同于摆脱控制的致力于相互理解的语言条件。但是,沟通范式的语言—理论版本的优点有多少,其缺点就有多少。”②因为通过沟通理解所推进的社会过程是生活世界的沟通合理化。但很显然,这个过程隐藏在主体参与后面,其既不是直接由人们的意欲所导向的,也不能从个体的意识来理解,也就是说相当于背景,不能从个体意识来理解。生活世界的沟通合理化并不表明一种主体经验中的道德状态。“哈贝马斯赋予

① Axel Honneth, *Disrespect*: *The Normative Foundation of Critical Theory*, Cambridge: Polity Press, 2007, p.69.

② Axel Honneth, *Disrespect*: *The Normative Foundation of Critical Theory*, Cambridge: Polity Press, 2007, p.70.

批判理论的规范性方面绝不意味着主体参与道德经验中的解放过程。人们所体验到的受损的道德经验不是本能地掌握语言规则上的限制，而是违背了社会化过程中的身份诉求。"①也就是说，真正构成前理论的道德经验并不来自语言能力的缺陷，而是来自社会化过程中身份的缺失。

"如果沟通范式跳出语言理论框架之外，其可用来表明在多大程度上任何违背了相互作用的规范性前提，这种违背一定直接反映了这些参与者的道德情感。因为，社会承认的体验代表了一种条件，人的身份形成依赖于此，否认它，蔑视它，就必然伴随着对人的个性的威胁。"②这种模式在违背社会相互作用的规范性前提和主体日常沟通中的道德经验之间，建立了紧密联系。如果这些条件被破坏，也即主体应该得到的承认被破坏了。这就必然带来了主体的普遍的道德情感体验，这些道德情感体验包括羞耻、气愤和愤怒等。

如此一来，在霍耐特这里，物化批判的规范性前提变成了承认理论。霍耐特认为用承认理论取代沟通理论主要源于对社会底层生存状况的分析。"当考虑这些研究时，更加持续地证明了，底层阶级的社会抗议并不是为肯定性构成的道德原则所激发，而是源于他们对社会正义被违背的本能的经验。"③规范性核心概念在于对某人的自尊、荣誉和完整性尊重的期盼。如果超越特定的研究语境，将这个结果普遍化，那么，"我们得出的结论是，所有沟通行为的规范性前提就是获得社会承认：主体以相互的道德期盼为标准面对他者，这个相互期盼是他们以道德人格和社会成就给予承认。"④

霍耐特具体分析了三种承认形式：一是亲密的社会关系（比如爱和

① Axel Honneth, *Disrespect*: *The Normative Foundation of Critical Theory*, Cambridge: Polity Press, 2007, p.70.

② Axel Honneth, *Disrespect*: *The Normative Foundation of Critical Theory*, Cambridge: Polity Press, 2007, pp.71-72.

③ Axel Honneth, *Disrespect*: *The Normative Foundation of Critical Theory*, Cambridge: Polity Press, 2007, p.71.

④ Axel Honneth, *Disrespect*: *The Normative Foundation of Critical Theory*, Cambridge: Polity Press, 2007, p.71.

友谊)中的情感关心;二是有道德责任的社会成员权利基础上的承认;三是对个人成就和能力的社会尊重。但在一个特定社会框架中,承认是如何构建起来的问题,只有通过对体现了这三种承认模式制度的具体经验状态展开分析才能解答。也就是说,必须将规范性的承认理论与具体的蔑视经验联系起来。

"关注的中心不再是系统与生活世界的张力,而是系统违反了承认条件的社会原因。批判的社会理论必须将其关注点从自我产生的独立的系统转向承认的社会关系的破坏和扭曲。这就要求,与哈贝马斯相比,我们需要在批判理论的范畴框架中,重新评价劳动经验的角色。"①哈贝马斯将劳动与沟通区分开来,去除了劳动的规范性内涵,使劳动中的实践道德维度也相应地被遮蔽了。在这种实践道德基础上,劳动主体对资本状态下的工具行为带来的贫困化经验被彻底地抛出了这种概念框架之外。换言之,工具理性行为带来的道德上的蔑视没有进入视线之中。与之相应,社会劳动中还清晰可见的社会冲突在行为理论中消失了。但这并不意味着生活世界中的劳动没有任何规范意义。实际上,人们仍将劳动与社会身份联系在一起。就业不仅仅是为了满足生存的需要,还是一种人格的满足。失业不仅仅意味着生活没有着落,而且还被理解为一种人格缺陷,一种社会耻辱。"劳动不仅仅没有失去在生活世界中的意义,而且仍保持着规范意义。"②

问题的关键是如何理解劳动中的规范意义。霍耐特认为在现代机器大工业时代,劳动蜕变为工具理性行为,因此将劳动理解为具有手工业性质的自由自觉的对象性活动已经不再可能,同样将劳动理解为美学意义上的非异化的、自我决定的活动也不再可能。因为这种建立在手工业和艺术生产基础上的劳动模式在现代经济条件下已经不再可能,其已经不再是社会生产与再生产所必需遵守的规范要求。用手工业劳动或艺术生

① Axel Honneth, *Disrespect: The Normative Foundation of Critical Theory*, Cambridge: Polity Press, 2007, p.72.

② Axel Honneth, "Labour and Recognition: A Redefinition", in *The I in We, Studies in the Theory of Recognition*, Cambridge: Polity, 2012, p.57.

产的规范批评现实劳动无疑是一种外在批判,其对现实的劳动不可能有任何触动。“尽管手工业的浪漫主义模式和艺术生产的美学理念能够对我们关于幸福的美好生活概念产生持续影响,但它们对工人斗争运动没有任何现实影响,对于改善和提高工人劳动环境的社会主义运动没有任何现实影响。”①

如果说借助于传统劳动模式的规范基础批判工具理性行为是一种外在批判,那么能否从工具理性行为自身寻找规范基础从而展开内在批判呢?霍耐特曾借助于经验社会学的成果指出,工人在工具理性行为中仍然具有自主性要求。这种自主性主要表现为四个方面:工人根据工作节奏自主控制劳动时间,工人个体和群体占有劳动场所,工人自主地使用技术,合作式重新组织工厂技术。这种自主性占有正是工具理性行为所蕴含的规范诉求。“有效的规范诉求不是源于相互理解的沟通模式中道德受到损害,而是源于工人对自身活动的占有。”②但这种理解受到了哈贝马斯的批评。哈贝马斯认为,这种自主性只是特定工作条件下的要求,自主性受到损害的蔑视体验仅仅表达了特定群体在特定条件下的道德诉求。这种经验性诉求在当代并不具有普遍的可证成性,并不能充当劳动批判的规范基础。

为了回应这个批评,霍耐特在《劳动与承认:一个重新界定》中对劳动中蕴含的规范维度作了重新论证。霍耐特一方面接受了哈贝马斯的批评,承认工具理性行为中的自主性的确不具有普遍性,尤其是在现代服务业中,劳动主要是对消费者需要的反应。自主性变成了纯粹的反应性。劳动者必须根据消费者的不同需要做出不同的反应。这里最清楚地体现了自主性并不是现代劳动的规范要求,其不能承担劳动批判的规范基础。另一方面,霍耐特借助于黑格尔的市民社会理论和涂尔干的劳动分工理论,以“承认”重构了劳动批判的规范基础。

---

① Axel Honneth,“Labour and Recognition:A Redefinition”, in *The I in We*, *Studies in the Theory of Recognition*, Cambridge:Polity,2012,p.59.

② Axel Honneth,*The Fragmented World of the Social*,New York:State University of New York Press,1995,p.47.

黑格尔在《法哲学原理》中指出市民社会包含三个环节:通过个人劳动的中介使需要得到满足,通过司法保护所有权,通过警察和同业行会将特殊利益作为共同利益予以关怀。在霍耐特看来,黑格尔已经解释了在市民社会中,每个人要想实现各自的需要,就必须遵守基本的规范原则。这个规范原则包含两个方面:其一,每个人必须通过劳动对共同善作出自己的贡献。每个人必须限制自己的特殊性,提高自己的劳动技能,通过劳动满足普遍性的要求。“受到普遍性限制的特殊性是衡量一切特殊性是否促进它的福利的唯一尺度。”①其二,因为每个人都通过自己的劳动为普遍的共同善作出了自己的贡献,因此每个特殊性也有主张自己权利、满足自己生存需要的自由。“我在促进我的目的的同时,也促进了普遍物,而普遍物反过来又促进了我的目的。”②因此,在市民社会中,劳动不仅仅是一个经济行为,其还具有相互承认的规范意义,也即表达了个体间的相互依赖和相互满足。劳动中蕴含的相互承认构成了市民社会的规范原则。

黑格尔当然也看到了市民社会的进一步发展可能导致与其相互承认的规范相矛盾。市民社会的进一步发展带来的是财富迅速集中到少数人手中,而局限在特定劳动中的劳动者将走向依赖性和匮乏,沦为贱民。贱民没有通过劳动满足自身需要的机会,“丧失了自食其力的这种正义、正直和自尊的感情”③。贱民的本质特征在于其不以自食其力为荣,而以乞求为生作为其权利。面对这个令现代社会“感到苦恼”的问题,黑格尔给出的方法不是富人通过慈善接济穷人,因为这将是对市民社会规范原则的破坏。每个人都必须通过劳动来满足自己的需要,实现自尊,而不是通过再分配的方式达到抽象的平等。

“警察”和“同业协会”作为市民社会的基本环节,或者说矫正性环节的作用同样在于确保相互承认和自尊得以实现,从而保证市民社会的正常运行。警察的主要作用在于通过干预经济过程,实现供需平衡。同业

① [德]黑格尔:《法哲学原理》,范扬、张企泰译,商务印书馆 1961 年版,第 198 页。
② [德]黑格尔:《法哲学原理》,范扬、张企泰译,商务印书馆 1961 年版,第 199 页。
③ [德]黑格尔:《法哲学原理》,范扬、张企泰译,商务印书馆 1961 年版,第 244 页。

行会的作用在于确保每个人具有基本的劳动技能,以维持他们的生存。在霍耐特看来,这些具体制度尽管有着鲜明的早期资本主义工业化特征,但关键在于黑格尔是从市民社会的规范要求这个内在角度,而不是从外在角度展开制度设计的。

在霍耐特看来,涂尔干的分工理论同样表达了劳动中相互承认的规范维度。涂尔干认为劳动分工形成的团结是一种有机团结。在劳动分工中,每个人都有自己的活动范围,都作为社会的有机组成部分促进个人和社会的同步发展。劳动越是分工,团结所产生的凝聚力就越强。“实际上,当每个器官都获得了自己的特性和自由度的时候,有机体也会具有更大程度的一致性,同时它的各个部分的个性也会得到印证。借用这一类比,我们就把归因于劳动分工的团结称为‘有机’团结。”①劳动分工并没有使人变成一个不完整的人,也并没有削弱人的人格。通过分工,与他人合作,取人之长,补己之短,使个人变得更加完善。那种认为分工之前人格是完整的说法,本身就是一种幻想。随着分工的发展,个体的人格才发展起来,丰富起来了。“个人的人格非但没有由于专业化的发展而受到损害,反而随着分工的发展一同发展起来了。”②分工所产生的团结也不是说将每个人都变成了经济人,而是说在人与人之间构建了权利和责任体系,形成了相应的规范。分工越发展,规范也就越完善,有机团结也就越完善。在霍耐特看来,劳动分工所形成的相互联系和有机团结正是现代劳动的规范内涵。虽然涂尔干没有使用“承认”这个术语,但就其理论内涵而言,涂尔干与黑格尔是一致的。两者的差异主要体现在,黑格尔更加关注的是劳动中经济上的相互依赖,涂尔干更加关注的是劳动分工中的公平正义、忠于职守、各尽其责等规范价值。

概言之,霍耐特认为现代劳动的内在规范是主体间的相互承认。劳动批判的可能性在于以“承认”作为一个“反对事实的基础”来批判现实劳动关系中出现的不道德现象。当劳动者遭遇蔑视或其他不道德现象

---

① [法]涂尔干:《社会分工论》,渠东译,生活·读书·新知三联书店2013年版,第92页。
② [法]涂尔干:《社会分工论》,渠东译,生活·读书·新知三联书店2013年版,第361页。

时，应该诉诸相互承认这个内在规范原则展开批判，而不是诉诸某种更高的、外在于劳动的普遍原则。同样，仅仅从经济效率和系统融合的角度理解资本主义劳动市场也是不可取的。与生活世界一样，资本主义劳动市场同样是基于相互承认基础上的社会融合机制。因此，任何对于资本主义劳动关系的批判，也应根据相互承认这个内在规范而展开。

霍耐特根据时代经验的变化，以承认重构劳动批判的规范基础，代表了法兰克福学派劳动批判的最新努力。承认范畴打破了哈贝马斯在劳动与沟通之间的区分，这就重新赋予了劳动概念以规范性内涵。但这个规范性内涵更多地体现了道德上对自尊的承认。虽然导致这种蔑视的也有经济上的内容，但其已不再是马克思、卢卡奇意义上劳动与资本的关系，而主要是对劳动贡献在道德意义上的承认。比如，失业问题更多关涉的是尊严问题，女性家庭劳动的报酬问题更加侧重的是男权主义下有没有得到承认的问题，等等，但市场交换和劳动分工所形成的相互承认只是主体间关系的一个面相。当一无所有的雇佣劳动者出卖自己的劳动力、从而与资本家构成资本关系时，这种关系无疑具有相互承认的维度。用相互承认批评资本关系无疑是一种内在批判，但这种批判所能带来的最理想结果不过是保障工人作为一个雇佣劳动者的基本权益，规训资本家做一个“合格”的资本家。劳动分工的确产生相互团结，但分工与私有制也是“同义语”。所有制就是对他人劳动力的支配。分工还不可避免地形成了支配关系。在资本关系中，资本家和雇佣劳动者的分工中既形成了相互依存关系，也形成了社会权力的支配关系。因此，从资本主义生产关系的角度来看，以承认作为劳动批判的规范基础所能带来的不过是对资本这种关系的承认。

从资本主义生产关系再生产的角度来看，生产关系的再生产不仅包含生产资料的再生产，而且包含劳动力的再生产。劳动力的再生产不仅包含劳动技能的再生产，还包含劳动者对劳动关系中规范认同的再生产。阿尔都塞已经清楚地指出了资本主义通过家庭、学校、教会、媒体等意识形态国家机器保证了劳动者对于劳动规范的认同。“孩子们在学校还要另外学习良好的行为‘规范’，即每个当事人在分工中根据他们‘被指定’

要从事的工作所遵守的姿态:道德规范、公民良知和职业良知;实际上就是关于尊重社会技术分工的规范,说到底,就是由统治阶级建立起来的秩序的规范。"①规范的功能在于维持劳动关系的再生产,对规范认同的再生产是生产关系再生产的必要环节。因此,从生产关系的再生产来看,霍耐特重构劳动批判规范基础所追求的是承认这种规范在现实中的彻底实现,而这种规范不断地被实现的过程也是资本家与雇佣劳动者之间承认关系不断再生产的过程。

从法兰克福学派物化批判的方法论来看,无论是霍克海默和阿多诺在劳动领域寻找解放的可能性,还是哈贝马斯根据时代经验(劳动蜕变为工具理性行为),切断了工具理性行为与解放之间的关联,从沟通领域重新寻找解放的可能性,抑或是霍耐特以承认理论重新解释社会冲突和社会解放的可能性,批判理论一直致力于从批判的规范基础入手,寻找对资本主义社会内在超越的可能性。

① [法]阿尔都塞:《哲学与政治(下)——阿尔都塞读本》,陈越译,吉林人民出版社 2003 年版,第 273 页。

下篇　当代激进哲学对历史哲学的重新阐释

法兰克福学派从理性批判角度重新诠释物化批判受到了当代西方激进哲学代表人物齐泽克的批评。齐泽克彻底拒绝法兰克福学派的物化批判，主张复兴《历史与阶级意识》中的历史哲学，捍卫卢卡奇的资本主义批判，重申共产主义理念。

齐泽克复兴《历史与阶级意识》中的历史哲学主题并不是为了回到卢卡奇，而是基于对资本主义危机的前理解基础上，试图为激进革命的立场寻找理论资源。激进哲学的兴起是2008年国际金融危机以来资本主义新变化的产物，他们主张对资本主义资本逻辑、政治结构、意识形态、社会治理等进行彻底的批判，他们都挖掘了马克思主义的理论资源，代表了当代国外马克思主义的新路向（第九章）。

激进哲学重解《历史与阶级意识》的历史哲学是有文本依据的。这就是卢卡奇的《尾巴主义与辩证法——捍卫〈历史与阶级意识〉》。在这本卢卡奇的辩护之作中，卢卡奇并没有提到被法兰克福学派所继承和推进的物化批判，卢卡奇回应了共产国际对他的一系列批评，明确指出了研究马克思主义辩证法的目的就是捍卫列宁的布尔什维克政党（第十章）。齐泽克认为，卢卡奇是十月革命的哲学家，法兰克福学派继承物化批判是对卢卡奇的背叛,是虚假左翼的体现。历史辩证法的关键在于否认知识论意义上的历史必然性规律,否认与历史直接统一的无产阶级普遍性。这实际上是对历史和无产阶级普遍性的双重解构。没有了历史普遍性规律,就为历史偶然性打开了空间;没有了与历史直接统一的肯定意义上的无产阶级普遍性,就为彻底否定的、需要主观介入的无产阶级普遍性打开了空间。因此,对齐泽克来说,历史辩证法的关键在于,抓住时机,采取行动,介入历史(第十一章)。激进哲学复兴《历史与阶级意识》中的历史哲学,批评了法兰克福学派理论的保守主义,但激进哲学陷入了"剩民政治"的困境,激进哲学推崇历史偶然性和时机,反对历史必然性知识,在思想结构上接近于政治浪漫派。卢卡奇的辩证时机论不同于可能性至上的机缘论,社会历史的总体性不同于主观想象的总体性,无产阶级政党也不同于浪漫派主体(第十二章)。

第九章　激进哲学重解历史哲学的理论背景

尽管从严格意义上说，激进哲学只是齐泽克、哈特、奈格里、朗西埃等一批西方激进反对资本主义学者的代称，他们之间也存在着诸多内在差异，但从当代国外马克思主义的历史发展来看，他们与传统意义上的西方马克思主义具有内在渊源关系，都运用了马克思主义的思想资源，都对资本主义展开了激进批判。在这个意义上我们可以将之理解为当代国外马克思主义的新路向。理解激进哲学对《历史与阶级意识》的阐释路向，首先就必须了解激进哲学的理论诉求和基本特征。

大体上说，激进哲学发端于 20 世纪 60 年代后期，但受到学界广泛关注则始于新世纪，特别是 2008 年西方资本主义经济危机以来。从 2008 年开始，西方主要资本主义国家爆发了经济危机。面对经济危机、工人失业、恐怖主义、难民危机等一系列社会问题，齐泽克等当代激进哲学纷纷发声，他们将经济危机理解为资本主义结构性危机，而不是某些局部性、个别性危机。在他们看来，不可能通过局部的修补拯救资本主义结构性危机。资本主义显然并不意味着历史的终结，也不意味着人类的未来，必须重申马克思主义激进革命的维度对资本主义展开系统批判。

第一节　激进哲学的理论定位

激进哲学的异军突起，丰富了国外马克思主义的思想图景，如何在当代国外马克思主义谱系中定位激进哲学就成了学界关注的问题。[①] 从现有研究成果来看,学界主要有以下几种代表性观点。

第一种观点认为,激进哲学是后马克思主义。有论者认为,激进哲学属于宽泛意义上的后马克思主义。后马克思主义并不仅仅指称拉克劳和墨菲。从西方马克思主义的发展史来看,阿多诺的非同一性逻辑终结了卢卡奇的同一性逻辑,阿尔都塞的科学主义马克思主义终结了早期西方马克思主义的人本主义逻辑。因此,经典的西方马克思主义在 20 世纪 60 年代已经终结。[②] 西方马克思主义进入了后马克思主义阶段。齐泽克、巴迪欧等属于后马克思主义者。"新近出场的重要人物是斯洛文尼亚的拉康主义者齐泽克和法国的巴迪欧。他们从一个断面激烈地批判当代资本主义,又小心地与马克思主义保持一定的距离。这还可以包括在此基础上形成的后殖民主义和新历史文化主义批判。这就是所谓的'后马克思思潮'(Post-Marxism)。"[③]第二种观点认为,激进哲学是拉康化的马克思主义。这意味着,他们不属于后马克思主义。因为严格意义上的后马克思主义(拉克劳和墨菲),在 2008 年的经济危机中就已经终结。他们也不能被归结为阿尔都塞的马克思主义,因为,除了巴里巴尔坚持了阿尔都塞的路向,巴迪欧、朗西埃和马舍雷都与阿尔都塞决裂了。他们都受到拉康的影响,都属于拉康化的马克思主义。这里的关键就在于他们都保留了拉康的实在界,而不是像后马克思主义或后现代主义那样解构了一切实在。[④] 第三种观点认为,激进哲学是当代西方马克思主义的激进派。有论者认为齐泽克、巴迪欧、朗西埃、阿甘本等激进左翼是西方马克思主义发展的当代阶段。他们有着共同的政治经历,都经历了 1968 年

---

① 参见张国清等:《当代西方的激进主义:一种重要社会思潮》,《人民论坛·学术前沿》2016 年第 3 期;李西祥:《实践与解放:从马克思到"后马克思主义"——马克思主义哲学视域中的"后马克思主义"批判》,《福建论坛》2016 年第 7 期。

② 这种"终结论"引发了不少争论。参见:汪行福:《"西方马克思主义"已经终结了吗?》,《学术月刊》2006 年第 10 期;张一兵、周嘉昕:《如何理解"西方马克思主义的逻辑终结"?》,《学术月刊》2006 年第 10 期;等等。

③ 张一兵:《当代国外马克思主义哲学思潮》下卷,江苏人民出版社 2012 年版,第 2 页。

④ 蓝江:《后马克思主义还是拉康化马克思主义?》,《福建论坛》2016 年第 7 期。

革命运动，都受到了阿尔都塞、拉康、后结构主义的影响。他们在学术思想上也积极展开对话和互动，都批判新自由主义和资本主义民主，探索共产主义。“因此，激进左翼在性质上不同于作为修正主义的后马克思主义，它们是当代西方马克思主义的激进派。”①

应该说，从理论旨归来看，当代激进政治哲学的确具有相似性，但从理论资源来看，他们都不是单一的，而是充满了复杂多样性，因此，从单一的思想资源（拉康、阿尔都塞等）对激进哲学加以归类并不妥当。

戈特利布在《激进哲学——传统、反传统和政治》中指出，激进哲学大体上兴起于20世纪60年代后期，致力于政治的、社会的、经济的和文化的激进变革。激进哲学的特征主要有三点：第一，反对传统普遍主义的理性主义，但又不是简单地反对理性，而是主张将理性批判与权力、控制、剥削、压迫、资本主义体系、种族主义、帝国主义、生态危机等联系起来，也就是说理性从来都不是纯粹的，所谓的纯粹理性批判是不够的，必须将理性批判与资本主义的现实批判关联起来。这一点正是激进哲学与后现代主义的区别，后现代主义也反对普遍主义的宏大叙事、基础主义和本质主义，但后现代主义对理性的批判主要针对的是纯粹理性本身，而不是将理性批判与现实政治结合起来。第二，激进哲学批判地运用了马克思的“意识形态”“剥削”“阶级”“社会主体”“批判的社会理论”等思想资源，在一定意义上说，所有的激进哲学家都属于马克思主义的阵营。第三，激进哲学的政治信念和价值观不是来自“纯粹的思想”，而是源于20世纪六七十年代参与左派革命运动的政治经验，是这种政治经验的哲学反思。② 这一点进一步解释了他们与马克思主义的内在关联。由此可见，激进哲学的一个显著特征是政治性。因此，我们主张根据家族相似原则，将之理解为激进政治哲学，其代表了当代国外马克思主义一个新的研究路向。

---

① 韩振江：《当代“激进左翼”的理论特征与定位——以齐泽克、巴迪欧和阿甘本为例》，《理论探讨》2016年第4期。

② “Roger S.Gottlieb, Introduction: Dimensions of Radical Philosophy”, in *Radical Philosophy: Tradition, Counter-Tradition, Politics*, Temple University Press, 1993, pp.1-18.

第二节　激进哲学的问题意识

激进哲学丰富了国外马克思主义的思想图景，也拓展了国外马克思主义研究的问题域。一般来说，国外马克思主义研究有两个基本要素：一是批判资本主义，二是重新理解马克思主义。激进哲学的问题意识也主要包括这两个方面。

在重新理解马克思主义方面，激进哲学关注的主要问题有以下几个方面。

其一，文本研究中的“《大纲》热”，也就是重视《1857—1858 年经济学手稿》（《大纲》是西方学界关于《1857—1858 年经济学手稿》的简称）的研究。[①] 奈格里在《〈大纲〉：超越马克思的马克思》中指出研究《大纲》主要有三个目的：一是重建马克思主义。这个重建的基本观点是，马克思革命思想的顶点不是晚年的《资本论》，而是《大纲》。《资本论》是马克思革命思想的倒退，或者说《资本论》中革命思想已经衰减了。该著标题中“超越马克思的马克思”意思是《大纲》中的马克思超越了《资本论》中的马克思。二是对共产主义作一种政治化解读。如果说《资本论》侧重的是从生产方式的规律，从经济规律的角度来解读共产主义，那么《大纲》则从政治角度，从阶级斗争的角度来理解共产主义。三是揭开 20 世纪晚期欧洲和美国反抗资本主义的序幕。奈格里认为，《大纲》的重要性在于指出了资本主义的发展会导致利润率的降低，从而阻止资本积累。资本的持续增长取决于普遍智能的发展，由于机器、自动控制和科学技术的发展代替了工人，普遍智能自身成为活劳动，成为不受物质束缚的知识，带来反抗资本主义的力量。

其二，重释辩证唯物主义。按照朗西埃的说法，当代激进哲学的普遍

① 学界关于《1857—1858 年经济学手稿》的研究主要有两种观点，一种观点认为《大纲》是一本独立的著作，另一种观点认为《大纲》仅仅是《资本论》的准备性手稿，甚至最极端的观点是直接忽略《大纲》。比如，阿尔都塞就只谈到了马克思思想的早期和成熟时期的划分，完全没有注意到 1857—1858 年手稿的内容和意义。

理论倾向是将激进政治奠基于存在论上，也就是说激进政治之所以是可能的，是由存在本身的属性决定的。存在论根基在哈特和奈格里那里表现为斯宾诺莎式的无限存在，在巴迪欧那里表现为不可能还原为“一”的“多”，在阿甘本那里表现为亚里士多德式的生命潜能。在这个理论背景下，当代激进哲学重新理解辩证唯物主义，辩证唯物主义的“物”是不可能被形而上学、意识形态或象征界所把握和控制的多样性和自因性。对辩证唯物主义的重新理解直接关系到如何理解马克思主义哲学中的“物质”和“辩证法”概念。在物质概念上，激进哲学批评抽象的同质的物质观，主张异质性、离散型、多样性的物质观；在辩证法上，激进哲学批评正反合的辩证逻辑，主张意识与物质的非同一性逻辑。

其三，精神分析资源的新运用。精神分析学说的创始人是弗洛伊德。将精神分析与马克思主义结合起来，源于弗洛伊德的后继者们批评弗洛伊德过多强调了心理本能因素，忽视了社会因素，所以弗洛伊德主义的马克思主义形成于精神分析朝着社会心理学的转变过程中。“弗洛伊德主义的马克思主义”一词最早出现在1936年赖希的《性革命》一书的序言中。整个法兰克福学派充分运用了精神分析资源展开了资本主义批判。霍克海默和阿多诺主要借助于精神分析中文明源于内在自然（本性）的压抑，但这种压抑却带来了本性的造反。弗洛姆则运用精神分析资源讨论了法西斯主义产生的社会心理根源，对自由的恐惧使得人们选择逃避自由，选择了极权统治。马尔库塞则借助于弗洛伊德关于爱欲是人的本质的思想，深化了劳动是人的本质的思想，从而深化了劳动解放理论。到了哈贝马斯这里，精神分析与社会解放之间的关联就不存在了，哈贝马斯主要借助发展心理学来解释后习俗时代人们的道德意识是如何形成的。霍耐特则重建了精神分析与社会解放的关系，其主要借用的是精神分析的对象关系理论，也即主体的形成必须借助于对象，在与对象认同中才能获得自身，自我的形成是在他者中的自在。① 阿尔都塞曾借助拉康的镜

---

① Axel Honneth, “The Work of Negativity: A Recognition-Theoretical Revision of Psychoanalysis”, in *The I in We*, Cambridge: Polity, 2012, pp.193-200.

像理论指出，在资本主义社会中，个体被意识形态质询而成为主体。主体的形成与对意识形态的臣服是同一过程，甚至这种臣服是一种无意识行为。既然主体的形成与臣服的过程一体两面，何以有革命的主体生成呢？激进哲学试图从阿尔都塞的意识形态质询中走出来，将主体从臣服中解放出来，激进哲学同样在拉康的精神分析理论那里找到了思想资源。在精神分析理论看来，无论是作为观念体系的意识形态，还是作为规范层面的意识形态都只属于象征界，而象征界与实在界之间总是存在着缝隙，这个缝隙正是主体的生成之处。这也正是精神分析与激进哲学的结合之处。如果联系阿尔都塞关于意识形态的质询理论来看，当代激进哲学认为，这种质询未必都是成功的，对于个体而言，一定存在着不能被象征界所吸纳的实在界。这个实在界尽管总是通过幻像的方式呈现出来，但其幽灵般的存在就表明总是存在着剩余，这种剩余的主体化就是激进哲学所寄托的激进主体。

其四，生命政治与空间理论的兴起。激进哲学对生命政治和空间的关注可以追溯到后期阿尔都塞那里。阿尔都塞认为，空间是原子相遇的场所，也是激进政治存在的地方。奈格里认为福柯的《规训与惩罚》对权力的分析非常完美，但遗漏了主体性。对于奈格里来说，生命政治是非物质劳动的代名词，是新的生产关系的生产，是生命力量的生产。“首先是新的生产方式；其次是这种新的生产方式向全社会延展；再次是在这个社会中，伴随着社会完全被置于资本的控制之下，矛盾的各种经典因素就出现了。换句话说，我接过了生命政治这一概念，并对它进行了重新界定（很显然是在实体性的意义上），目的就是解释资本主义的发展给我们带来的断裂和对抗。生命政治可以仅仅是生命权力的光明面，但它绝非仅此而已。它是一种力量。从一种内在的、非辩证的、非目的论的角度来看，我觉得它是非常重要的。”①阿甘本则相对悲观，在他看来，自然生命—政治生命、赤裸生命—政治生存是整个西方政治结构的基础。现代

① 《马克思主义的发展与社会转型——内格里访谈》，肖辉译，《国外理论动态》2008年第12期。

政治并不仅仅是对自然生命的算计，而是例外状态的常态化，是赤裸生命的政治化。生命政治的本质就是死亡政治。生命政治和空间转向又紧密地联系在一起，空间既是对身体进行控制和规训的场所，又是生命力量进行反抗的场所。

在当代资本主义批判方面，激进哲学既根据时代条件的变化批判了资本主义，又指出了超越资本主义的共产主义之路。在对当代资本主义新变化的批判方面最具代表性的是哈特、奈格里的后帝国主义时代的帝国批判。对资本批判最具代表性的是齐泽克对于资本幽灵的分析，在对资本主义政治制度批判方面最具代表性的是朗西埃对资本主义治安结构的分析，而对资本主义意识形态批判最具特色的是齐泽克的犬儒主义意识形态批判。

其一，后帝国主义时代的帝国批判。哈特与奈格里从生产方式变迁的角度指出，经济全球化阶段是一个后帝国主义的帝国时代。生产方式的重大转变体现在非物质劳动取代了工业生产占据了统治地位。非物质劳动占据统治地位是从支配力说的，也即是从质的角度说的，而不是从数量上说的。在哈特和奈格里看来，非物质劳动占据统治地位与经济全球化的趋势是一致的。第一，非物质劳动的统治带来了新的全球劳动分工。非物质劳动生产形式主要存在于占据支配地位的发达地区，而传统的工业和制造业正在转移到处于从属地位的欠发达地区。第二，非物质劳动改变了其他生产形式，正如传统工业生产改变了农业的生产方式一样，非物质劳动也塑造和改变了工业和其他劳动形式。第三，非物质劳动的统治地位为独立劳动组织提供了新的基础。一方面，在非物质劳动中，合作、交流和协作等生产过程完全掌握在劳动主体手中。另一方面，非物质劳动产品本身就具有社会性，具有共同性。生产情感、沟通和知识可以直接带来财富的共享。所以，非物质劳动的生产直接就是主体性的生产和社会本身的生产。

在哈特、奈格里看来，一方面非物质劳动占据主导地位形成了帝国的趋势，但另一方面，由于非物质劳动依然是人们的体力和脑力的耗费，所以，非物质劳动在本质上也是“生命政治劳动”。非物质劳动不仅生产商品，而且生产肉体本身；不仅生产生产关系，而且生产情感合作；不仅生产体制，而且极有可能也生产革命。这就产生一个反帝国的力量。这种反帝国的力量将带来超越帝国的诸众的自主性生成。“维持着帝国的芸芸众生的创造力也能够自主地构成一个反帝国，一个可供全球替代的全球流动和交流的政治组织……通过这些斗争和类似的斗争，诸众将创造新的民主形式和新的宪政力量，它总有一天将带领我们穿越和超越帝国。”①

其二，对资本的幽灵的批判。与哈特和奈格里相一致，齐泽克关注的也是资本的全球化进程，但与哈特、奈格里不同的地方在于，齐泽克并没有他们那么乐观。齐泽克并不认同经济全球化带来了帝国，带来了新的对抗，带来了资本主义的自我扬弃。齐泽克认为经济全球化的进程无疑是资本全球化的过程，是资本在整个世界范围内扩张的过程。就这一点而言，齐泽克直接承接了马克思在《共产党宣言》中的资本逻辑批判和政治经济学批判。

马克思在《共产党宣言》中描述了资本全球化的过程，资本必须在世界范围内寻求生产资料，寻求资本增殖的空间。这个过程是一个东方从属于西方，落后民族从属于先进民族的过程。齐泽克非常认同这个逻辑，直截了当地指出了经济全球化的实质是资本全球化。“我们今天生活在何处？影响越来越大的口号是‘全球化’：粗暴地强迫人们接受统一的世界市场，而这个市场威胁着所有地方性的种族传统，包括民族国家的特定形式。”②所以，我们今天更加接近马克思所描述的资本主义时代。资本虽然总是以物的形式表现出来，但资本无疑是一种社会关系，是一种社会权力关系。当哈特、奈格里将这种权力关系理解为一种力量，一种作用与反作用的对抗关系，并由此引出了资本逻辑的内在超越时，齐泽克却将这种权力关系理解为一种暴力关系。这种暴力关系是我们生存的社会经济

① Michael Hardt & Antonio Negri, *Empire*, Massachusetts: Harvard University Press, 2000, p.vv.

② ［斯洛文尼亚］齐泽克：《资本的幽灵》，胡大平译，载《当代国外马克思主义评论》(4)，人民出版社 2004 年版，第 250 页。

结构。

正基于此，齐泽克认为资本这种暴力关系比前资本主义时代的直接暴力更加离奇，更加具有隐蔽性。这种暴力是纯“客观的”，是不以个体意志为转移的；这种暴力是系统的，是一个自我增殖的结构，渗透到生活的每一个方面；这种暴力是匿名的，与具体的个人和动机的善恶无关。

齐泽克认为，当代资本主义批判必须将政治经济学批判从共产主义目的论的预设中解放出来。这包含两个基本要点：第一，马克思的政治经济学批判依然是有价值的，必须回到政治经济学批判，必须对资本逻辑及其具体形态（比如虚拟资本主义）在世界范围内的扩张展开具体分析。第二，政治经济学批判不能预设共产主义这个目的，扬弃资本逻辑只能是彻底的否定性力量，而不是辩证否定。在齐泽克看来，从政治经济学批判入手，当前资本主义有四大危机：生态危机、知识财产的私有化、私人资本控制的新技术（尤其是生物遗传技术）、新的隔离和贫民窟。在这四种危机中，齐泽克认为只有被吸纳者和被排斥者之间的对抗才是最有意义的对抗，只有这种对抗才是超越资本逻辑的力量。在这一点上，齐泽克高度赞同朗西埃的“无分之分”提法，也就是在社会结构的划分中，看起来是一分子或者是一个成员，但其实却没有任何位置或身份，这种彻底“失位者”才是反抗资本逻辑的真正力量。

其三，政治的治安化。尽管激进哲学的主要代表人物对于现代政治都有着自己的看法，但朗西埃对政治的理解最为独特。朗西埃现代政治批判的独特性在于将现代政治理解为治安结构，现代政治的病症在于治安化，政治批判的要义在于打破这种治安结构。

治安这个术语来源于福柯。在朗西埃这里，“治安”大体上相当于现存的社会秩序，而不局限于政治领域。“治安”不同于马克思所描述的国家机器。虽然从字面上来看，治安与警察具有相似之处。治安具有管理控制的含义；维护社会治安，维护阶级统治。但从本质来看，警察是国家机器的组成部分，是阶级统治的工具。在朗西埃看来，如果将治安等同于警察，这就仍陷入了国家与社会的二元对立，从而一方面将治安仅仅理解为政治管理，另一方面将治安理解为一个贬义概念。但在朗西埃看来，治安是一个中性概念。治安包含的范围比警察更广,治安中并没有国家与社会的二元区分。

在朗西埃看来,治安不是某种权力控制,不是某种社会功能,而是社会的一种符号建构。“治安不是一个社会功能,而是社会的一种符号建构。治安的本质不在于对生命的压制和控制,其本质在于以某种特定的方式分配感性。”①治安与治理的原则性区别在于:治理更加突出权力维度,而治安更加突出的是感性的分配。治安逻辑既是身份职业的区分,也是与之相对应的感性的分配。在社会秩序中,每个人都被分配了一个特定的身份和职业。身份和职业规定了每个人的行为方式、生活空间和存在方式,也就相应规定了每个人的听、看、说、行等感知方式。感性的分配既意味着感知的分享,每个人都具有与职业相对应的感知能力,也意味着感性的切割,每个人都不能超越特定职业所赋予的感知能力的界限。如果借用中国哲学的说法就是非礼勿视,非礼勿听,非礼勿言,非礼勿动。“礼”规定了每个人的身份和地位,也规定了每个人的“视”“听”“言”和“动”的边界和能力。感性分配的关键在于职业身份与感知能力的一一对应关系。

简言之,朗西埃所界定的治安,从范围上看,涉及社会生活的各个方面,这里没有了经济与社会、基本生活与美好生活的区分;从存在形态上看,治安是社会秩序的普遍建构,既包括国家机器,也包括阿尔都塞所分析的意识形态国家机器;从实质上看,治安的实质是区分,既是身份、职业、地位、空间的区分,也是听、看、说、行等感性的区分,还是这两种区分之间的对应关系。

治安逻辑的区分是建构整个社会的普遍原则,因此治安具有双重特征:一是虚空的缺失,二是增补的缺失。从虚空的缺失来看,治安逻辑按照区分原则建构整个社会,这就必然要求各个部分之间没有任何的缝隙。即使缝隙存在,也必然要求成为进一步区分的对象,从而克服这个虚空。从增补的缺失来看,区分要求整体的每一个部分都必然要被安放,每个人

① Jacques Ranciere, *Dissensus*: *On Politics and Aesthetics*, London: Continuum, 2010, p.36.

都必然被赋予一个身份以及与之相应的感性，这里没有任何增补的可能性。

朗西埃对治安逻辑特征的分析，如果放到卢卡奇的合理化批判中，就比较容易理解。合理化必然遭遇到非理性的挑战。非理性表现为两个方面：一是整体与部分的矛盾。合理化总是按照计算原则将整体分成部分，各个部分之间的联系必然是按照计算原则建构的，因此，部分之间的联系一定是偶然的，一定存在断裂的可能性。二是内容与形式之间的矛盾。既然各个部分的合理化是按照计算原则建构的，计算意味着抹去内容的特殊性，保留形式的普遍性，但那些没有被计算、不能被计算的内容总是构成对形式的挑战。

朗西埃虽然没有借用卢卡奇的资源，也不用合理化—非理性这个分析模式，但朗西埃同样指出了，治安逻辑会遭遇到“非部分的部分”的挑战，会遭遇到“不能被计算的”挑战。这就是政治与治安的对立，就是政治的本质存在。“存在着两种计算共同体部分的方式。第一种仅仅根据不同出生、功能、空间和利益来计算构成社会整体的实存部分，这里排除了任何增补。第二种增补、计算不是部分的部分。我称第一种为治安，第二种为政治。”①政治与治安相对立，政治的核心问题就是解释虚空与剩余。只有当虚空与剩余出现时，当“非部分的部分”“不能被计算的”出场时，才有政治的形成。

其四，犬儒主义意识形态批判。意识形态批判是马克思资本主义批判的重要组成部分。马克思的意识形态批判既是对占统治地位的观念的批判，也是对产生这种观念的现实土壤的批判，是从观念批判回溯到对生产方式的批判。激进哲学意识形态批判的核心问题在于打破历史终结论的迷雾，使人们认识到资本主义并不是非历史的，并不是注定要永存下去的。在激进哲学的意识形态批判中，最具影响力的是齐泽克的犬儒主义意识形态批判。

犬儒主义意识形态指的是在认知层面，人们不再受到意识形态的欺

---

① Jacques Ranciere, *Dissensus*: *On Politics and Aesthetics*, London: Continuum, 2010, p.36.

骗，人们能够很清楚地看到理论性意识形态的虚假性。比如，当资产阶级理论家欢呼自由、平等、博爱时，工人阶级非常清楚这种观念背后的虚假性，工人阶级非常清楚自由背后的不自由，平等背后的不平等，博爱背后的伪善。但问题是，看清理论性意识形态的虚假性，并没有使工人阶级走向反抗之路。同样，面对文化工业、大众传媒、符号消费等，人们也非常清楚这些物质性意识形态的虚假性，但人们仍然乐在其中，仍然接受充分享受这种快感，甚至“娱乐至死”。这种“心知肚明”基础上的“自投罗网”是一种虚假的意识，是对资本主义的“投怀送抱”。所以，犬儒主义在本质上是一种启蒙了的虚假意识。在齐泽克看来，这种犬儒主义甚至已经渗透进了无意识的领域，已经转移到人们对于物质性意识形态的快感的享用。显然，这种主动配合式地享用资本主义意识形态机制无非是先行认定现存社会秩序不可改变之后的一种“主动投降”。如果借助于当下的流行语来理解的话，犬儒主义就是“佛系”，就是一种“不走心”，一种“无意识”，一种“怎么都行”。

第三节　激进哲学的理论旨归

当代激进哲学不仅对资本主义的经济结构、政治结构和意识形态展开了激烈批判，而且指出了超越资本主义的具体道路，这就是共产主义。

共产主义是激进哲学持续关注的热点问题。从 2009 年到 2016 年，激进左翼思想家围绕共产主义观念展开了四次讨论。激进哲学复兴共产主义的原因主要有三点。一是走出福山主义。苏东剧变之后，福山抛出了历史终结论，宣称人类的政治制度终结于资本主义的自由民主制度，再也不可能有其他民主制度和意识形态的可能性。但在激进左翼看来，随着新自由主义的肆虐，面对巨大的贫富差距、生态危机、局部战争、难民危机、恐怖主义等问题，尤其是金融危机所引发的经济危机，使人们确信资本主义并不是人类的福音，更不是人类的未来。由此，走出福山主义，寻找新的可能性就成为激进哲学的方向。二是走出传统社会主义。激进哲学普遍的理论倾向是将传统社会主义与斯大林的极权主义等同起来，因此,反对社会主义。三是接续马克思主义。在马克思主义经典作家那里,扬弃资本主义的现实运动是共产主义。无论是青年马克思,还是成熟时期的马克思,都将共产主义理解为资本主义的自我扬弃。正是基于这三个方面的考虑,激进哲学试图重新激活共产主义,这虽然未必是一个"新发明"①,但一定是被重新激活了的"新武器"。

尽管激进左翼的共产主义理念有着这样或那样的差别,但齐泽克认为他们有着共同的理论诉求。第一,面对新自由主义的去政治化,重申政治主体性。第二,反对国家极权主义和经济主义,重提激进政治行动。第三,面对资本主义对共同品的私有化,主张回归共者,建立新的大同世界。第四,面对自由与平等的矛盾,共产主义致力于自由与平等的结合,主张没有平等就没有自由,没有自由就没有平等。激进左翼哲学的共产主义不是作为历史必然性的生产资料公有制基础上的共产主义,而是着眼于如何形成作为共产主义根基的共同性。也就是说,共产主义的核心要义在于打破私人占有,形成共同性。激进哲学复兴共产主义的代表性路向主要有以下几种。

其一,巴迪欧复兴共产主义的关键词是"共产主义假设"。什么是共产主义假设呢?从字面意思就能看出这是一种设定,设定统治阶级对雇佣劳动的统治并不是必然的,而是可以消除的。巴迪欧根据《共产党宣言》中的论述指出,共产主义假设是假设消灭财富不平等、劳动分工的集体性组织形式是可能的。这具体包含:其一,私人资本家大量占有财产或通过遗产来占有财产,将不再可能;其二,国家将没有存在的必要,自由人的联合使国家逐步消亡。

《共产党宣言》中的共产主义并不仅仅是一种假设,还是具体行动的指南或纲领。但巴迪欧的共产主义假设只是一种观念,而不是一个纲领。共产主义不是一个纲领就意味着没有具体的措施,共产主义假设具有实验的性质。作为一个观念,共产主义的基本原则是平等,是关于平等的纯

① 汪行福:《为什么是共产主义?——激进左派政治话语的新发明》,载《当代国外马克思主义评论》(8),人民出版社2010年版,第3页。

粹观念。在这个意义上,共产主义假设是一个"恒量",这个"恒量"在历史过程中不断呈现出来。

巴迪欧认为,柏林墙的倒塌并不意味着历史的终结,世界并不像福山所欢呼的那样将共同走向唯一的自由民主道路。恰恰相反,新的隔离墙、新的分裂在世界的每一个角落建立起来了。新的隔离墙不再存在于传统意义上东方社会主义与西方资本主义阵营之间,而是存在于富有的北半球和贫穷的南半球之间,在巴勒斯坦与以色列之间,在墨西哥与美国之间、在富人与穷人之间,在每一个富人区与平民窟之间。"一个统一的资本世界的假设,其代价就是人类的生存被警犬、官僚体制、海军巡逻、铁丝网和驱逐粗暴地区隔为不同的领域。事实上,所谓'移民问题',就是以外来劳工所面临的境况鲜活地证明——对于人类来说——全球化的'统一世界'是一个假象。"①

正是面对这个分裂的世界,巴迪欧寄希望于共产主义假设的再度现实化,也就是平等原则的再度实现。首先,必须肯定所有人都同属一个世界,这是一个存在论的革命。只有一个世界是确定无疑的公理和原则。"在这里,我们颠覆了'世界是由对象和符号统一起来的'这个占统治地位的观念,认为统一性是通过活生生的、在此时此地行动着的存在者造成的。"②巴迪欧在这里很显然借助了海德格尔的存在论变革。由对象和符号建构起来的世界是一种典型的理性形而上学世界观,对象是我们表象的对象。在海德格尔哲学的影响下,巴迪欧接受了世界是此在在世界之中的存在,又是与他人共在的存在。其次,同一个世界是一个差异的世界。这个世界无疑充满了差异,但这些差异的存在本质上是世界的属性。"这个唯一的世界正是存在着一系列无限的差异的地方。用哲学的方式来说就是,这些差异远非对于世界的唯一性的怀疑,而恰是后者之存在的原则。"③

---

① [法]巴迪欧:《共产主义假设》,罗久译,载《当代国外马克思主义评论》(8),人民出版社2010年版,第38—39页。

② [法]巴迪欧:《共产主义假设》,罗久译,载《当代国外马克思主义评论》(8),人民出版社2010年版,第39页。

③ [法]巴迪欧:《共产主义假设》,罗久译,载《当代国外马克思主义评论》(8),人民出版社2010年版,第40页。

最后,这种对多样性存在的确认是由行动规定的,是有实践指向的。行动需要勇气。勇气是自己决定自己命运的勇气,尤其在面对时代的迷失时,勇气是最重要的德性。

其二,齐泽克复兴共产主义的关键词是"从头开始"。为什么需要从头开始?齐泽克认为,面对1989年的苏东剧变,人们通常有两种态度:一种是幸灾乐祸,一种是悲天悯人。幸灾乐祸指的是,这些人认为共产主义试图将极权主义的幻想强加给整个社会,因此陷入了失败,这些人当然开始幸灾乐祸。悲天悯人指的是,这些人认为共产主义的公正社会理想非常美好,但理智告诉这些人,共产主义不切合实际,计划经济只能带来新的不自由。齐泽克拒绝这两种态度,认为传统社会主义失败更好,一切必须从头开始。这包含两个基本要点:第一,对于齐泽克来说,苏联共产主义模式实际上是斯大林的极权主义,所以,失败更好。第二,从头开始,必须重新开启共产主义。

"失败更好,从头开始"这个说法来自列宁。列宁曾指出,再尝试,再失败,失败更好。列宁当年面临的问题是,在布尔什维克取得社会主义革命的胜利之后,为什么需要引入新经济政策,为什么需要给商品经济和私有财产提供空间?列宁的答案是从头开始,后退就如同登山者登山,为了登上新的高峰必须从原先的山峰退下来,这并不是一种机会主义的错误。

首先,齐泽克赞同巴迪欧的说法,如果没有共产主义假设,那么在集体行动领域就没有任何有意义或有价值的事情。没有共产主义视野,没有共产主义理念,历史和政治的变迁就没有什么让哲学家们感兴趣的东西了。但齐泽克认为,不能用康德的方式来解读巴迪欧。用康德的方式就是将共产主义假设理解为调节性的理念,通过复活伦理社会主义(作为德性的勇气)的幽灵,将平等视为先天的规范和公理。为什么不能将之视为一个永恒的理念呢?齐泽克的观点是,如果"把共产主义当作永恒的理念暗示着产生它的社会环境也是永恒的,共产主义所反对的社会对抗总是始终存在着。从这里到对共产主义的解构的阅读仅一步之遥,即把共产主义视为在场、消除一切异化表征的梦想;一个以其自身的不可能性而行之天下的梦想”[①]。这里有两点:其一,伦理的共产主义的前提是假定了批判的对象的永恒性,先行假定对象是不可改变的,能够改变的是我们的心灵,这是既陷入了宿命论,又陷入了唯意志论。其二,这样的解读实际上解构了共产主义,将之变成包治百病的灵丹妙药。共产主义就不再是一个理想,而是一个幻想了。

其次,共产主义的生命力在于反对现实矛盾的行动,所以,应该从资本主义社会现实中的对抗角度理解共产主义运动。在这个意义上,齐泽克认为,像巴迪欧那样仅仅对共产主义的假设保持忠诚是不够的,必须在历史现实中分析对象,从而揭示实践的迫切性。真正的道路:“越过康德往前,一个人应该在这里接着说,存在着这样的社会群体,由于它在社会等级的‘私有’秩序中缺乏确定的定位,从而直接地代表着普遍性”[②]。在私有制的秩序中缺乏位置,就是朗西埃的“非部分的部分”。所有的解放性政治都产生于理性的公共使用的普遍性和非部分的部分者的普遍性之间的冲突。也就是两种普遍性的斗争。前者是康德说的理性的普遍性,后者是一种空洞的普遍性。齐泽克认为青年马克思的梦想就是哲学的普遍性与无产阶级的普遍性结合起来。这个过程就是民主:被排斥者进入社会政治空间。

最后,面对被排斥者,自由主义的民主观通常的立场是包容,对少数派的包容,考虑所有人的立场和利益,保护每个人的人权,尊重所有人的生活方式、文化和习惯,等等。方式是谈判和妥协。齐泽克认为,这种方法没有注意到被排斥者所体现的普遍主义立场。齐泽克的立场是不同角色的爆炸性组合,这个爆炸性组合让我们想起了阿尔都塞的观点,阿尔都塞关于辩证法的第三个阶段(从矛盾的转移到矛盾的压缩到矛盾的爆炸),就是爆炸性组合。

其三,哈特、奈格里共产主义理论的关键词是“共者”。在哈特、奈格

---

① [斯洛文尼亚]齐泽克:《如何从头开始?》,汪行福译,载《当代国外马克思主义评论》(8),人民出版社 2010 年版,人民出版社 2010 年版,第 55 页。

② [斯洛文尼亚]齐泽克:《如何从头开始?》,汪行福译,载《当代国外马克思主义评论》(8),人民出版社 2010 年版,人民出版社 2010 年版,第 57 页。

里看来，共产主义的政治想象首先就要超出私有与公有的逻辑。2008 年的经济危机带来了新的政治想象，带来了对新自由主义的批判。但在哈特、奈格里看来，我们的政治想象依然局限于：要么资本主义，要么社会主义；要么运用私有财产的规则，要么使用公有财产的规则。当国家调控出现弊端时，人们想到的就是私有化；当私有资本肆意扩张带来危机时，人们想到的就是公有化，即国家调控。哈特认为，共产主义必须走出"要么社会主义，要么资本主义"的想象。如果说财产"私有"对应的是资本主义，"公有"对应的是传统社会主义，那么"共有"对应的就是共产主义。当下的政治想象应该是以共者为基础的共产主义，这才是"另外的可能"，"既不是资本主义的私有财产，也不是社会主义的公有财产，而是共产主义之共者。"①

哈特、奈格里认为，当代资本主义正在发生一个新的转变，这就是共有财产的生产占据了主导地位。资本逻辑的内在矛盾就在于，一方面私有财产要求将共有财产私有化，但另一方面，共有财产一旦私有化，其生产效率就降低。在新自由主义影响下，共者越是被圈栏起来当作私有财产，生产效率就越低。扬弃资本的内在动力在于共者的扩张。"正如马克思认为运动必胜于不动，同样在今天，非物质的胜于物质的、可复制的胜于不可复制的、共享的胜于专享的。"②

其四，朗西埃的共产主义理论的关键词是"非现实性"。马克思曾言，"共产主义对我们来说不是应当确立的状况，不是现实应当与之相适应的理想。我们所称为共产主义的是那种消灭现存状况的现实的运动。这个运动的条件是由现有的前提产生的。"③在这里，马克思指出了共产主义的基本特征：第一，共产主义不是一个纯粹的应当或一个抽象的理念，不是一种抽象理念的外在化或具体化；第二，共产主义是在现有前提

① ［美］哈特：《共产主义之共者》，陆兴宇译，载《当代国外马克思主义评论》(8)，人民出版社 2010 年版，第 72 页。

② ［美］哈特：《共产主义之共者》，陆兴宇译，载《当代国外马克思主义评论》(8)，人民出版社 2010 年版，第 76—77 页。

③ 《马克思恩格斯文集》第 1 卷，人民出版社 2009 年版，第 539 页。

基础上改变不合理现状的现实运动。朗西埃理解的共产主义的现实性包含了这两个基本方面。

朗西埃一方面赞同哈特、奈格里结合当代资本主义的新变化提出了共产主义的现实性；另一方面，认为这种对共产主义的理解并不恰当，因为这种观点将共产主义与技术—存在论关联在一起。这个判断包含两个基本内涵：其一，将共产主义理解为某种存在论的彻底实现，忽视了共产主义运动的复杂过程；其二，将共产主义的实现归结为技术问题。电报、电视、电脑、手机、网络等被依次视为非物质技术的代表，共产主义的过程就变成了技术的发展过程。在朗西埃看来，共产主义的现实性必须从"本体—技术论的骗局"①(onto-technological trick)中解放出来。

首先，非物质力量并不能发挥联合的作用。在朗西埃看来，全球计算机智能的网络是一回事，但资本主义的全球理智是另外一回事，理智能力的社会化更是另一回事。现实生活状态是：我们仍然需要消费食物、购买衣服、使用电脑，也就是资本主义集体理智的形式，而不是非物质沟通形式。其次，非物质化也不意味着非商品化。朗西埃借用了艺术实践的例子加以说明。朗西埃认为20世纪70年代，概念艺术家就打破了商品艺术的形式，就不再创造可供私人占有的固定对象，而是一些理念的具体形式。但精神和艺术的私人财产形式并没有消失。艺术家更多地是出卖自己的理念，这就意味着理智自身取代商品的位置，意味着一种私有财产理念的彻底化。概念和图像的非物质化变成了私人占有最佳的场所，出卖自己的理念是最典型的体现。再次，共产主义是一种悖论式能力的呈现。在朗西埃看来，如果存在一种理智的共产主义力量的话，这不是各种理智力量的联合，而是一种私人占有的悖论式能力的呈现。"这种能力是任何人能力的集体体现，是一种没有资格能力的人的能力，无论这种资格是出身、财富、科学或者其他。"②没有资格能力的能力是一种平等的能力，

---

① Jacques Ranciere, "Communism: From Actuality to Inactuality", in *Dissensus: On Politics and Asethetics*, London: Continuum, 2010, p.78.

② Jacques Ranciere, "Communism: From Actuality to Inactuality", in *Dissensus: On Politics and Asethetics*, London: Continuum, 2010, p.79.

是对由国家、军事、经济、宗教、学术权威等所建构起来的感性世界的增补,也即是一种歧见。共产主义就是以一种歧见打破政治治安化所带来的感性的分配和限制。

在这个意义上,共产主义具有美学的维度,也就是以共通感打破感性的限制。共产主义的共同性就是一种交感的共同体,是各种感性分配界限的消失。所以,共产主义也是一种美学革命的现实化。这种现实化具有非现实性。所谓的非现实性是指共产主义的过程不受时间和地点的限制,既属于一个时刻又不属于这个时刻,既属于一个地点又不属于这个地点。共产主义的乌托邦意味着任何人作为思想者和行为者无条件地平等。在朗西埃看来,资本主义可能产生越来越多的非物质,但这种非物质永远只是资本主义自身的非物质性。“资本主义永远产生资本主义。所以,如果共产主义意味着某种东西,那就必须彻底不同于资本主义的逻辑和资本主义世界的物质性。同时,共产主义的异质性又不得不在资本主义世界中建构自己的框架,它又不可能外在于它。”①共产主义的持久性和乌托邦性意味着既内在于资本主义,又外在于资本主义,意味着在我们的思想、行动和斗争中建构一个特定的物质的和非物质的共产主义。

从激进哲学的问题意识来看,无论是重新理解马克思主义方面,还是当代资本主义新批判方面,抑或是共产主义观念的新探讨方面,都存在着诸多值得商榷的问题,但这些问题本身的确值得我们进一步思考。从他们的问题意识出发,我们也能更好地理解他们在国外马克思主义思想图谱中的特征。

第四节　激进哲学的基本特征

激进哲学继承了早期西方马克思主义的激进革命主题。以卢卡奇、柯尔施和葛兰西为代表的早期西方马克思主义的核心问题就是西欧无产

---

① Jacques Ranciere, “Communism: From Actuality to Inactuality”, in *Dissensus: On Politics and Asethetics*, London: Continuum, pp.82-83.

阶级革命为什么会失败？革命如何可能？卢卡奇抓住了阶级意识，柯尔施认为关键在于哲学与革命的联盟，葛兰西认为应当注意到西欧革命与俄国革命的区别，把市民社会的阵地战与国家领域的运动战结合起来。激进革命是早期西方马克思主义的核心主题。齐泽克在谈及卢卡奇的思想遗产时指出，早期西方马克思主义革命主题很快就消失了。“伴随着‘1917 革命序列’（巴迪欧语）的停滞，像卢卡奇在《历史与阶级意识》中那样的直接的理论—政治的介入已不再可能。”①激进哲学试图在新的历史背景下复兴早期西方马克思主义的革命主题。当然，激进哲学与早期西方马克思主义也有差别。早期西方马克思主义为了反对对马克思的实证主义解释，主张回到马克思的“正统”，而激进哲学虽然直面马克思，但大多提出要对马克思的理论进行修正、补充和发展，甚至宣布马克思的部分理论已经失效。比如，奈格里和哈特就认为在非物质劳动占据主导的时代，由于劳动时间变得不可测量，所以马克思的劳动价值论和剩余价值论都值得商榷。朗西埃认为马克思的解放理论中仍存在着先知者与后知者的分离，因此是一种不平等的逻辑。

激进哲学主张对资本主义自由民主进行釜底抽薪式的彻底批判。这是激进哲学与法兰克福学派之间的最大区别。法兰克福学派通常被认为是早期西方马克思主义的理论传人，但在激进哲学看来，实际上法兰克福学派的资本主义批判仍从属于资本主义自由民主理论传统，而激进哲学则试图跳出资本主义自由民主的框架，追求激进民主的可能性。在《启蒙辩证法》中，霍克海默和阿多诺认为资本主义社会已经彻底变成了“被管制的社会”，但即使是这样，他们仍认为自由是可能的。哈贝马斯认为早期批判理论对资本主义的诊断过于偏激，资本主义的诞生和发展不仅仅是一个工具理性形成发展的过程，还是一个沟通理性主导的生活世界合理化的过程。理想的沟通、商谈可以保证自由民主的实现。霍耐特认为，个体自由是现代世界最重要的理念，实现个体自由的关键是伦理生活

① ［斯洛文尼亚］齐泽克：《作为列宁主义哲学界的格奥尔格·卢卡奇》，孙一洲译，载《当代国外马克思主义评论》（14），人民出版社 2017 年版，第 7 页。

(家庭、市民社会和国家)中的相互承认。个体在社会中通过相互承认可以实现社会自由。在法兰克福学派这里,关键已经不在于超越资本主义自由民主,而在于如何将资本主义的自由民主理念彻底转变为现实。激进哲学则试图重新理解自由民主平等。"在今天,我们必须坚持一个立场,即真正的思想自由应包括对当今占主导地位的自由民主的'后意识形态'共识的质疑,否则它就只是一句空话。"①在朗西埃与霍耐特的对话中,朗西埃认为霍耐特的承认理论设定了理想的主体、主体间的关系及其彻底实现,这就忽视了政治主体从来都是有待建构的,忽视了匿名主体以平等之名而作的日常斗争。在朗西埃看来,民主的本意就是没有任何统治资格的统治。抽签是民主的,因为其意味着没有人可以根据特定资格获得统治合法性。朗西埃的激进民主就是不特定的匿名主体以民主之名进行反抗和斗争。激进哲学的激进民主、平等、自由等是以另一种民主、平等、自由反抗资本主义自由民主平等。奈格里也曾指出,当今资本主义正面临民主的危机,因此,赋予社会主义制度以新的意义比在资本主义内部进行修复显得更加重要。②

激进哲学不同于结构主义马克思主义。激进哲学的主要代表人物都受到了法国马克思主义的影响,尤其受到阿尔都塞结构主义马克思主义的影响。③ 但激进哲学与阿尔都塞所代表的结构主义马克思主义最大的差别在于激进主体问题。在一定意义上说,激进哲学的首要问题就是拯救主体。齐泽克曾指出,"西方马克思主义面临的一个显著问题是革命主体的匮乏问题:如果工人阶级不能实现从自在向自为的转变并把自己构成为一个革命的行动者又该怎么办呢?"④如果说,卢卡奇诉诸政党的

---

① [斯洛文尼亚]齐泽克:《〈帝国〉:21世纪的〈共产党宣言〉?》,张兆一摘译,《国外理论动态》2004年第8期。

② [美]哈特、[意]奈格里等:《帝国、全球化与后社会主义政治》,载《读书》2004年第7期。

③ 关于阿尔都塞开启了结构主义马克思主义是学界的一个通常观点,近年来学界根据阿尔都塞的自述,主张阿尔都塞是一个斯宾诺莎主义者,而不是结构主义者。但实际上阿尔都塞在自我批评时指出自己不是结构主义者,但并不意味着他不是结构主义马克思主义者。关于阿尔都塞的定位问题这里不具体展开。

④ [斯洛文尼亚]齐泽克:《如何从头开始?》,汪行福译,载《当代国外马克思主义评论》(8),人民出版社2010年版,第54页。

组织来解决这个问题,阿尔都塞则诉诸多元决定的辩证法来回答这个问题。复杂整体结构中矛盾的转移、压缩和爆裂使社会形态的转变成为可能。但在阿尔都塞的解释中,主体仍是不明确的。阿尔都塞甚至认为历史是一个无主体的过程,主体总是意味着臣服和被控制,主体和臣服是同一过程的两个方面。因此,作为后阿尔都塞的激进哲学首先要回答的问题就是谁是激进主体。齐泽克认为,如果要复兴卢卡奇的革命主体就必须重新激活无产阶级。但无产阶级不是与历史目的论相吻合的主客体同一的实体存在,而是朗西埃意义上的彻底"失位者"。奈格里认为主体是多众,多众形成于非物质劳动中社会关系的凝结。激进哲学以不同的方式回应激进行动的主体问题。

激进哲学不同于东欧新马克思主义的实践哲学。东欧新马克思主义主要产生于南斯拉夫、匈牙利、波兰和捷克等国,主要产生于第二次世界大战后东欧各国的社会主义改革进程中,这些代表人物都是改革的理论家和拥护者。从理论根据上来看,东欧新马克思主义的哲学基础是实践哲学。他们所理解的实践哲学也是一种激进哲学。这种激进哲学首先体现在对哲学的理解上。在他们看来,哲学并不是一种关于普遍规律的学说,而是一种总体的普遍的批判意识。哲学批判的目的是实现一个更加人道的社会,实现人的本质。人的本质是一种实践性存在,是一种通过自由的创造活动,改造世界,实现潜能,满足需要的存在物。在这个意义上,他们理解的实践(praxis)不同于通常所理解的实践(practice)。通常所理解的实践(practice)是主体改变对象的活动,这种活动可能是异化的,但实践(praxis)则是一个规范概念。"它指的是一种人类特有的理想活动,这种活动就是目的本身并有其基本的价值过程,同时又是其他一切活动形式的批判标准。"①实践(praxis)也不同于劳动、物质生产。劳动与物质生产是人的生存的必要条件,包含着各种从属关系和等级关系。只有当劳动成为自由选择,成为个人的自我表现和自我完善时,劳动才是实践。

① [南斯拉夫]马尔科维奇:《实践:南斯拉夫的社会批判理论》,郑一明等译,载《实践——南斯拉夫哲学和社会科学方法论文集》,黑龙江大学出版社2010年版,第19页。

但对人来说，这种本质也是一种可能性存在，个人的实际存在与潜在本质之间的差异，或者说实存与应当之间的差异，就是异化。实践哲学的任务就在于批判异化现象，指明走向自我实现、走向实践的实际环节。实践哲学的方法是辩证法，但辩证法不是静止不变的徒有形式的方法，不是一套现成的、固定的、先验的规则，而是一种人们自觉地、有目的地投入实践并通过实践实现人的自由选择的活动。在这个意义上，辩证法就是消除社会生活各种异化的活动。这是一种彻底而全面的批判，凡是未能实现人的本质的领域都是批判的对象。比如，私有财产使人们变成了自私自利的利己主义者，职业分工限制了人的潜能，官僚体制中缺乏平等，没有真正的参与，等等。这种批判不同于抽象的否定，而是一种具体的批判，也即扬弃。批判就是实践哲学所理解的革命，革命在本质上是消除社会—经济形态的局限性，也就是消除未能实现人的本质的各种机制与体制。革命的方式是多样化的，未必是暴力革命，未必是推翻政府、夺取政权，也未必是推翻经济制度。

当代西方激进哲学在对马克思主义的理解上也反对苏联教科书体系，也主张哲学介入社会现实，也反对将辩证法理解为纯形式的客观规律，也主张革命。激进哲学与东欧新马克思主义实践哲学最大的区别在于，他们并不主张以人的本质作为现代性异化批判的基础，尽管东欧马克思主义也将人的本质的具体实现与特定历史条件结合起来，从而规避一种超验论的立场，但即使是这种立场在当代激进哲学中也很难找到。当代激进哲学普遍反对人的本质这种具有本质主义倾向的学说。这一点还关涉到另一个问题，那就是革命的方向，当代激进哲学普遍反对历史目的论，主张当下的否定和革命。至于革命之后的状态只能基于具体历史条件的生成，而不能先行地设定。

激进哲学不同于拉克劳、墨菲所代表的后马克思主义。激进哲学与拉克劳、墨菲所代表的后马克思主义之间的关系表现得最为微妙。一方面齐泽克、奈格里、朗西埃等激进哲学的代表人物与拉克劳、墨菲在学术资源上有相同之处，他们也共同参加世界马克思主义大会，共同讨论共产主义的现实性和当代资本主义意识形态批判等问题。他们的确具有学术共同体的特征。但另一方面激进哲学对拉克劳、墨菲的后马克思主义又多有批评。齐泽克认为他们属于后现代主义，奈格里认为拉克劳的接合(articulation)理论实际上是将多众的内在性和多元性牺牲了，是将奇异性(singularities)的多众转化为同一性的人民。① 激进哲学与后马克思主义的最大区别在于激进哲学并不主张身份政治或认同政治。朗西埃曾明确指出，其理论建构所批评的对象就是身份政治理论，其激进主体不是某一特定群体或少数群体，而是治安逻辑之外的剩余。奈格里的生命政治主体是非物质劳动的主体，非物质劳动主体同样不是少数特殊群体，而是在全球帝国范围内进行非物质生产的主体。齐泽克和巴迪欧的人民概念同样不是身份政治的主体，不是政治多元主义的主体。

① [美]哈特、[意]奈格里:《大同世界》，王行坤译，中国人民大学出版社 2015 年版，第 132 页。

第十章　激进哲学重解历史哲学的文本依据

激进哲学重解《历史与阶级意识》的历史哲学主题除了有他们自身的“前理解”,有他们自己的理论诉求外,也是有卢卡奇的文本依据的。这个文本依据就是卢卡奇的《尾巴主义与辩证法——捍卫〈历史与阶级意识〉》。卢卡奇生前从未发表此文本,甚至也从未提起这本小册子。所以这本书的出现就成了一个谜,更为人们所惊奇的是这本书的内容。

第一节　《尾巴主义与辩证法》的新发现

一般认为卢卡奇并没有对《历史与阶级意识》所遭受的批评进行反驳。卢卡奇面对批评,似乎选择的总是自我批评,而不是反驳。但《尾巴主义与辩证法》的出版证明了当时卢卡奇也进行了反批评,只不过卢卡奇没有将这个反批评编辑出版。

这本书的正标题是“尾巴主义”与“辩证法”,辩证法是《历史与阶级意识》副标题中的关键词,这一点说明该书依然围绕辩证法这个核心问题展开。“尾巴主义”则来自列宁。列宁曾经批判了两种尾巴主义,一种是革命策略上的尾巴主义,另一种则是组织问题上的尾巴主义。在《社会民主党在民主革命中的两种策略》中,列宁批评了《新火星报》在革命策略上的尾巴主义。“新火星派的策略客观上正是为资产阶级民主派效劳的。鼓吹组织界限模糊,以至于主张实行‘全民投票制’,实行协商的原则,使党的出版物脱离党;贬低武装起义的任务;把革命无产阶级的全民政治口号和君主派资产阶级的全民政治口号混淆起来;曲解‘革命对沙皇制度的彻底胜利'的条件,——所有这些综合起来,就正好构成了革命时期的尾巴主义政策。"①这些尾巴主义的策略主要表现为模糊了无产阶级政党的组织作用,忽视了武装斗争的作用,主张按照资产阶级民主的方式进行政治改良。这种尾巴主义的最大问题在于忽视了无产阶级政党的领导作用,将这种领导作用理解为跟在工人阶级自发运动的后面亦步亦趋,充当自发运动的尾巴。

这就直接关涉到组织问题上的尾巴主义。在《怎么办?》《进一步,退两步》等文章中,一方面,列宁指出,陷入经济主义必然导致尾巴主义,经济主义在组织问题上的表现就是将罢工理解为工人斗争的最高形式,忽视了社会民主主义的全面的自觉的斗争;另一方面,列宁指出,如果认为整个无产阶级都能同时达到社会民主党自觉斗争的水平,同样是一种尾巴主义。"如果以为在资本主义制度下,不论在什么时候,几乎整个阶级或者整个阶级都能把自己的觉悟程度和积极程度提高到自己的先进部队即自己的社会民主党的水平,那就是马尼洛夫精神和'尾巴主义'。"②马尼洛夫精神指的是陷入空想,无所作为。尾巴主义则指的是忽视了无产阶级觉悟程度和积极程度的差异,从而忽视了政党的组织功能。

因此,在列宁在这里,尾巴主义有两个基本层面。其一,从经济斗争与政治斗争的关系来看,尾巴主义指的是跟在自发的经济斗争后面,充当了经济斗争的尾巴,忽视了政治斗争;其二,就工人阶级政治斗争而言,尾巴主义指的是无产阶级政党忽视了工人阶级意识水平的差异,跟在工人阶级的后面,充当了自发斗争的尾巴。"如果我们把这种初步的、按实质来说不过是工联主义的斗争形式同全面的自觉的社会民主主义的斗争等同起来,那么我们就会是尾巴主义者了。"③卢卡奇借用了这个术语,也表达了相似的内涵。辩证法就要打破这种尾巴主义。

《尾巴主义与辩证法》推翻了人们通常关于《历史与阶级意识》的定论。人们通常认为,写作《历史与阶级意识》时的卢卡奇仍是一个极端左

① 《列宁选集》第1卷,人民出版社2012年版,第567页。
② 《列宁选集》第1卷,人民出版社2012年版,第473—474页。
③ 《列宁选集》第1卷,人民出版社2012年版,第475页。

派主义者，仍处于“浪漫的反对资本主义”阶段。早年的卢卡奇既反对匈牙利的封建专制制度，也反对德国或西方的民主制度。卢卡奇不但反对德国、英国等资本主义国家制度，而且反对他们的哲学。卢卡奇主要跟随的是新康德主义者。这些新康德主义者试图从实证科学中拯救人的意识和行为，捍卫精神科学的自主性。反对西方的民主制度及其哲学并不意味着卢卡奇寄希望于德国社会民主党。在他看来，这个劳工政党实际上是一个巨大的官僚机构，是一个“国中的国”。第二国际的理论家考茨基也不过是一个实证主义决定论者。问题是在这种绝对恶的世界中，如何走出来？正是由于这种无路可走，卢卡奇选择了艺术和伦理领域。艺术经验在主观领域可以帮助我们摆脱现代社会的异化，伦理立场改变的是我们的心灵，从而忍受现代生活的异化。这正是卢卡奇所说的“浪漫地反对资本主义”。

但当俄国爆发十月革命时，卢卡奇看到了走出资本主义的希望。这不但使卢卡奇迅速加入了匈牙利共产党，而且使他的哲学发生了变化。在《尾巴主义与辩证法》中，卢卡奇明确指出，“我已经与我的过去彻底地决裂，不仅是社会的，而且是哲学的，我认为我在加入匈牙利共产党之前写的是错误的，在各方面都是错误的（当然，这绝不意味着我认为自己从1918年至今写的都是正确的）。我在1922年编辑出版《历史与阶级意识》时，同样是对我的早期作品的批判。”①在约翰·里斯（John Rees）看来，尽管在1967年序言中，卢卡奇认为自己仍受到浪漫地反对资本主义的影响，但实际上《尾巴主义与辩证法》的出版表明1923年的卢卡奇已经走出了浪漫主义阶段，已经不再是一个极端左派主义者。

从文本的结构来看，卢卡奇在《尾巴主义与辩证法》中主要回应了两大问题，其一是阶级意识问题，其二是自然辩证法问题。在阶级意识问题上，卢卡奇主要讨论了三个问题，一是主观主义问题，二是“被赋予的”问题，三是农民作为阶级的问题；在自然辩证法问题上，卢卡奇主要讨论了

① Georg Lukács, *Tailism and the Dialectic—A Defence of History and Class Consciousness*, London, New York: Verso, 2000, p.93.

四个问题，一是与自然的物质变换，二是辩证法的简单范畴和高级范畴，三是再次讨论与自然的物质变换，四是"为我的"和"自为的"两个范畴。所有这些问题实际上都关乎一个问题，这就是马克思主义辩证法与无产阶级政党之间的内在关联，就是马克思主义政党的功能与作用。

按照约翰·里斯的说法，《尾巴主义与辩证法》的出版带来了对《历史与阶级意识》一系列问题的重新理解。① 这主要表现为三个方面。其一，人们通常认为卢卡奇等开创的西方马克思主义的显著特征就是远离了政治，脱离了实践，将马克思主义变成了"学院哲学"，西方马克思主义者大多是书斋里的哲学家。西方马克思主义者关于异化与商品拜物教等的社会批判与现实政治是分离的，与政治组织是分离的。但卢卡奇在这本著作中明确指出，他对商品拜物教和辩证法的批判性分析的目的在于指出列宁的政党理论是这种批判性分析的逻辑必然结果。换言之，对物化、商品拜物教的阐释是为了揭示组织、政党的积极意义。进一步说，物化批判的主题从属于历史哲学的主题，两个主题的落脚点就是无产阶级政党理论。政党的作用并不仅仅是现实政治活动的要求，而且是辩证法的逻辑必然要求。其二，关于"被赋予的意识"。这个概念是《历史与阶级意识》中最富争议的概念之一。人们通常认为这个概念表明卢卡奇忽视了工人自发形成阶级意识，忽视了通过各种机构、组织形成工人的阶级意识。但在《尾巴主义与辩证法》中，卢卡奇明确指出这个概念实际上同样来源于对工人阶级阶级意识的辩证分析，同样来源于对政党作用的分析。无产阶级当然能够获得关于历史进程的正确意识，但这并不意味着无产阶级的阶级意识与历史进程是同步的，也不意味着工人阶级内部的阶级意识水平是没有差异的。物化结构中的工人在意识水平上实际上更多地表现为一种被动性。正是基于此考虑，卢卡奇认为政党的作用恰恰在于弥合这种非同步性，改变这种被动性。其三，关于自然辩证法。通常认为卢卡奇反对恩格斯的自然辩证法，并由此制造了恩格斯与马克思的

① Georg Lukács, *Tailism and the Dialectic—A Defence of History and Class Consciousness*, London, New York: Verso, 2000, pp.1-38.

对立。但这本著作表明,实际上卢卡奇并不是反对恩格斯的自然辩证法,而是主张不能脱离社会讨论自然,主张不能将社会规律还原为自然规律,自然规律和社会规律是不同的。自然不可能达到自我意识,但工人阶级能够达到自我意识,能够从自在的状态走向自为的状态。约翰·里斯的解读为我们理解《尾巴主义与辩证法》提供了基本线索。

第二节　驳斥主观主义

在1924年共产国际第五次代表大会上,德波林、鲁达士批评卢卡奇陷入了主观主义。在卢卡奇看来,每当机会主义批评革命的辩证法时,他们所打的旗号都是反对主观主义,比如,伯恩施坦反对马克思是这样的,考茨基反对列宁也是如此。在德波林和鲁达士批评卢卡奇的各种主义中,比如"唯心主义""不可知论""折中主义"等,主观主义占据了主导地位。卢卡奇认为,这个问题的要害在于,德波林和鲁达士未能理解主体与客体的关系,未能理解主体的作用。这种错误理解的实质是将孟什维克主义偷运到布尔什维克主义中去,实质上是未能理解无产阶级政党的作用。

在主客体的关系问题上,德波林和鲁达士总是抽象地理解主体和客体,总是将主体理解为人,客体理解为自然,将主体与客体之间的关系抽象地理解为劳动。人作为主体通过劳动改造客体就是主体与客体之间的关系。但在卢卡奇看来,这种理解一方面抽象地理解了主体与客体,另一方面割裂了主体与客体之间的相互作用。所谓"抽象地理解"无非就是非历史地,也就是在普遍的意义上理解主客体。马克思讨论的并不是抽象的主体或客体,马克思讨论的是无产阶级这种特殊的主体。就主客体的关系而言,主体与客体的相互作用统一于历史进程中。在无产阶级的革命实践中,同样离不开无产阶级革命的主体作用,离不开无产阶级及其政党的主观能动性,离不开无产阶级的阶级意识。

卢卡奇认为这是马克思主义尤其是列宁主义的"ABC",但鲁达士却未能认识到这一点,他将匈牙利无产阶级革命的失败完全归结为客观原因。在鲁达士看来,匈牙利革命失败的原因:一是匈牙利地域较小,没有军事撤退的空间,二是领导者的背叛,三是帝国主义的封锁。卢卡奇认为,这三个因素当然是客观事实,在匈牙利无产阶级革命失败中都发挥了一定作用,但关键在于方法论。如果我们仍是一个列宁主义者,如果我们遵循革命的辩证法,就不能在纯粹的事实性上理解这三个因素,就不能脱离共产党来理解这个问题。封锁、饥饿、缺乏商品、生活水平等因素在俄国无产阶级那里也存在,在维也纳等其他地方都差不多。致命的问题在于,由于当时资产阶级宣称导致这些困难的原因是无产阶级专政。只要实行"民主",只要放弃无产阶级专政,就可以结束封锁和提高生活水平。更加致命的是,工人阶级相信了这种宣传,相信了只要退回到资产阶级民主,走向资本主义怀抱,就能解决资本主义的封锁,就能摆脱危机。这里缺乏的是无产阶级政党自己的宣传和引导。在背叛问题上,卢卡奇要提醒的是,实际上仍有无数共产主义战士准备战斗到底,但问题是缺乏共产党采取决定,下达命令,从而将革命带到正确的进程上去。地域狭小的问题反映了鲁达士实际上奉托洛茨基为权威。按照这种观点,由于没有俄国那样的撤退空间(地域辽阔),由于邻国的帝国主义性质,任何欧洲小国都无法建立无产阶级专政。但卢卡奇再次强调,无产阶级专政不是一个纯粹的军事问题,也不是一个纯粹地理空间的问题。匈牙利革命的失败主要是缺乏一个强有力的共产党。

当然,为什么缺乏共产党可能是一个客观的问题,但这个客观问题并不能脱离主观方面。一方面,这个客观原因又是部分地主观地,是工人革命运动的一个环节;另一方面,只有在僵硬地、非辩证地将主客体分开的情况下,主观环节的意义才被抛弃了。卢卡奇认为,无产阶级革命怎么可能脱离了无产阶级政党的领导?

卢卡奇再次强烈地说,"我仍然强调——我没有发现任何最细微的理由来撤回,或者以任何方式削弱我的任何反思——在这种时机里,一切都取决于阶级意识,取决于无产阶级自觉的意志。这是决断的时机存在的地方。历史过程中主体与客体的相互作用,自明地包含着我所再次强调的,主观环节是客观过程的一个产物、一个环节。它在客观过程所需要的特定的历史处境下,对过程发生作用,指明其方向。"①问题是这个主观环节是如何形成的,无产阶级的阶级意识是如何形成的。在《历史与阶级意识》中,卢卡奇使用了"被赋予的意识"这个概念。这个概念被鲁达士和德波林视为卢卡奇犯下的"最大的罪恶"。卢卡奇对此进行了反驳。

第三节　捍卫"被赋予的意识"

尽管从字面上来看,"被赋予的意识"与列宁曾说的从外面的"灌输"非常相似,尽管两者的确具有关联性,但实际上两者并不完全相同。被赋予的意识首先指的是被客观条件赋予的意识。

在原初的意义上,"被赋予的"说法来自法律领域,最初使用这个术语的是亚里士多德。剖析"被赋予的意识"就是从表面的关联和主观心理条件中筛选出客观的、决定性的、因果性的关系。例如,一个人从窗口扔出一个东西,砸死了下面一个路人。从法律的视角来看,必须分析的并不是这个人作案的意图,而是要分析这个人是否能够意识到其行为的后果,也就是其是否具有完全刑事行为能力。因此,剖析被赋予的意识实际上是一种重建,一种从事实中重建形成这个事实的客观条件。后来这个术语被应用到其他人文社会科学领域。卢卡奇借用这个术语同样要表明的是被客观条件所决定的意识。

在卢卡奇看来,马克思在分析各个阶级和阶层的阶级意识时,就借用了这个术语。马克思曾在《路易·波拿巴的雾月十八日》中指出,"在不同的财产形式上,在社会生存条件上,耸立着由各种不同的、表现独特的情感、幻想、思想方式和人生观构成的整个上层建筑。整个阶级在其物质条件和相应的社会关系的基础上创造和构成这一切。"②因此,对阶级意识的分析必须回溯到其社会生存条件上去,回溯到其在经济基础中的地位上去。比如,社会民主派以民主主义的方式改造社会,但这种改造始终

---

① Georg Lukács, *Tailism and the Dialectic—A Defence of History and Class Consciousness*, London, New York: Verso, 2000, p.56.

② 《马克思恩格斯文集》第2卷,人民出版社2009年版,第498页。

都不可能超出小资产阶级的范围。“他们的思想不能超出小资产者的生活所越不出的界限,因此他们在理论上得出的任务和解决办法,也就是小资产者的物质利益和社会地位在实际生活上引导他们得出的任务和解决办法。”①再比如,对于农民而言,实际上他们都算不上严格意义上的阶级,很难形成统一的阶级意识。小农人数较多,但他们大多自给自足,相互之间没有什么社会联系,也没有什么社会沟通。马克思甚至很形象地将农民之间的联系比喻成一袋马铃薯中一个个马铃薯之间的集合。就他们与地主的关系而言,他们能够构成一个阶级,但就他们之间纯粹地域性的联系而言,就他们不可能形成全国性的联系,形成政治组织而言,他们不是一个阶级,不可能形成统一的阶级意识。

被赋予的意识首先是指被客观经济条件决定的意识,但不同阶级的意识水平是有差异的。在《阶级意识》一文中,卢卡奇就已经指出在前资本主义社会,经济因素总是与政治、宗教等其他因素不可分割地结合在一起。只有随着各种等级制度的消除,只有在资本主义社会中,随着商品流通对整个社会发挥了支配性作用,才形成经济的统一体,阶级利益才清晰地表现出来,才可能真正有对阶级利益的意识,也因此,只有资产阶级和无产阶级才具有领导整个社会的阶级意识。“随着资本主义的出现,随着等级制的废除,随着纯粹的经济划分的社会的建立,阶级意识也就进入了一个可能被意识到的时期。从此,社会的斗争就反映在围绕意识,围绕着掩盖或揭露社会的阶级特性而进行的意识形态斗争之中。”②历史进入了资本主义时代,才可能有真正的阶级意识的形成,这才是“历史”与“阶级意识”的内在关联。也正是在这个意义上,被赋予的意识指的是对社会总体的意识。

只有资产阶级和与之伴生的无产阶级才有关于社会总体的意识,但由于资产阶级阶级意识的出发点总是个人利益,他们对总体总是处在一种无意识的状态。生产资料私人占有不可避免地与社会化大生产之间产生矛

① 《马克思恩格斯文集》第2卷,人民出版社2009年版,第501页。

② [匈]卢卡奇:《历史与阶级意识》,杜章智等译,商务印书馆1999年版,第117页。

盾，这种生产的客观限制也成了资产阶级阶级意识的限制。对于资产阶级而言，“资本的社会功能因此只能是不管他们是怎样想的，是违背了他们的意志的，是在他们本身不知觉的情况下实现的。”①资产阶级阶级意识的内在矛盾体现在资本家越是有意识地追逐自己的个人利益，就越是体现出对总体的无意识。这种对于总体的无意识使资产阶级在历史趋势上逐渐丧失了领导权，无产阶级阶级意识的优势正在于从社会总体出发。

特殊历史地位赋予了无产阶级的阶级意识，也就是说在客观可能性上，无产阶级能够达到对总体的认识，但这并不意味着在经验层面所有的工人在任何时候都能达到阶级意识，也不意味着工人阶级的地位越典型就越能获得阶级意识。弥合这个差距就是无产阶级政党的任务。

在《尾巴主义与辩证法》中，卢卡奇指出，虽然鲁达士也承认无产阶级阶级意识的内部差异，也承认无产阶级政党的作用，但他将政党的作用仅仅理解为一种预测，也就是说无产阶级阶级意识是社会存在的产物，无产阶级的社会存在中包含着被剥削和被压迫。这种痛苦的遭遇一定会带来无产阶级的觉醒，政党的功能在于预测这个过程。在卢卡奇看来，这显然是一种尾巴主义。

马克思在讨论英国工人阶级运动时就曾指出，英国包含着社会革命的物质前提，但他们缺乏的是革命的激情，只有共产国际才能加速这一点。卢卡奇认为这里有两点值得注意。第一，马克思并不否认客观条件已经成熟，但无产阶级的阶级意识水平仍然落后于客观经济发展。第二，共产国际、无产阶级政党的任务就在于积极介入无产阶级阶级意识的形成过程。这里的关键并不在于马克思和恩格斯对于英国革命客观条件的判断是否准确，而在于方法论，在于政党的积极介入。

在卢卡奇看来，这实际上也是列宁主义政党的“ABC”。列宁曾指出，工人群众在实际运动过程中至多只能达到工联主义的水平，不可能达到社会主义意识形态。无产阶级政党的任务就在于自觉地将这种社会主义意识形态灌输到无产阶级的阶级斗争中去。但这个灌输并不能从字面

① ［匈］卢卡奇：《历史与阶级意识》，杜章智等译，商务印书馆 1999 年版，第 123 页。

上理解为从外部的输入。政党与工人阶级之间并不是一种内外之间的分离,而是无产阶级阶级意识内部的辩证分离,是同一阶级意识内部的发展水平不同。如果脱离了政党的自觉环节,工人阶级一定会沦为资产阶级意识形态的奴隶,因为资产阶级意识形态具有大量的传播工具,一定会牢牢控制工人阶级。① 所以,无产阶级政党必须自觉地介入无产阶级阶级意识的形成过程,而不是简单地预测或等待无产阶级阶级意识的成熟。

因此,对于卢卡奇而言,"被赋予的意识"表明的是从客观可能性上无产阶级具有改造整个社会的总体意识,但同时无产阶级并不会自发形成这种意识,无产阶级政党的任务就在于弥合这个差距,就在于积极主动地帮助工人阶级提高阶级意识的水平。"通过'被赋予'的阶级意识,我意味着意识在任何时候,都能与无产阶级的客观的经济地位相一致,并且,这个意识能被无产阶级实现。我用'被赋予'这个表述是为了清楚地表明这里的距离。我再次重复——同时这个表述如果导致误解,我将很高兴不用这个术语——从布尔什维克的阶级斗争观点来看,我丝毫不准备改变这个表述,来接受机械的尾巴主义对这个问题的指责。"②

第四节 重解"自然辩证法"

在《历史与阶级意识》中,卢卡奇批评恩格斯忽视了历史进程中主客体之间的辩证法,更没有将这种相互作用视为辩证法的中心,也批评了恩格斯误解了"自在的"和"自为的"关系。这两个批评被人们概括为卢卡奇反对恩格斯的自然辩证法,制造了恩格斯与马克思的对立。但只要稍微翻翻《历史与阶级意识》就会清楚地发现,卢卡奇并不认为恩格斯与马克思是对立的。问题是究竟如何看待卢卡奇对恩格斯的批评。

---

① 阿尔都塞在《意识形态与意识形态国家机器》一文中就分析了资本主义的意识形态国家机器,这些看起来不具备意识形态功能的组织、机构实际上是意识形态国家机器,维持着资产阶级的统治。

② Georg Lukács, *Tailism and the Dialectic—A Defence of History and Class Consciousness*, London, New York: Verso, 2000, p.66.

卢卡奇对恩格斯的批评受到了鲁达士的批评,鲁达士对卢卡奇的批评主要有三点。其一,卢卡奇带来了二元论,卢卡奇认为社会的发展是辩证的,而自然界则是非辩证的;其二,卢卡奇将辩证法理解为主观的产物;其三,辩证法就不再是独立于人的客观规律,而沦为人的主观规律。[①] 卢卡奇对此进行了反驳。

"显然,社会源于自然,显然,自然及其发展规律在社会(也就是在人类)之前就已经存在。同样非常明显,如果辩证法不是已经作为自然的发展原则在社会之前就发挥作用的话,辩证法就不能作为社会发展的客观原则发挥作用。但是,从我们不能从这里推论出:社会发展不能创造新的同样客观的运动形式、辩证的环节,也不能推论出:没有这些新的社会辩证形式的中介,自然运动中的辩证环节就能被认识。"[②]卢卡奇的这段话基本上回应了所有的批评。其一,卢卡奇并不是什么唯心主义者。如果坚持物质世界第一性就是唯物主义的话,卢卡奇的确太唯物主义了,他明确指出自然界的先在性,指出自然规律的客观性、先在性,指出社会是源于自然的。当我们批评卢卡奇在这个问题上陷入唯心主义时,我们难道不应该首先阅读卢卡奇的文本,忠实于他自己的观点吗?其二,卢卡奇也同意辩证法具有自然辩证法和社会辩证法两个层面。自然辩证法在社会诞生之前就发挥作用,自然辩证法与社会辩证法还具有相通之处,两者都具有客观性。这同样是一种科学的常识,难道在人类社会诞生之前,自然界就没有客观规律吗?难道在人类改造客观自然的过程中,自然界的客观规律就不发挥作用吗?卢卡奇怎么可能会犯违背基本科学常识的错误?其三,这并不意味着社会发展不能创造新的同样客观的规律,也就是说,社会规律与自然规律虽然具有相通性,但社会规律同样具有独特性,人类在社会活动中创造出不同于自然界的属人的世界,也形成了人类社会的特殊规律。这才是卢卡奇试图强调的人类社会发展的客观规律有其

① Georg Lukács, *Tailism and the Dialectic—A Defence of History and Class Consciousness*, London, New York: Verso, 2000, p.100.

② Georg Lukács, *Tailism and the Dialectic—A Defence of History and Class Consciousness*, London, New York: Verso, 2000, p.102.

自身独特性。其四,尽管自然运动具有内在规律,但人们对这些规律的认识总是经由社会中介的,人们总是在特定物质基础(经济社会条件)上形成了关于自然的知识,深化了对自然规律的认识。这最后一点更是秉持了唯物史观的基本精神。

卢卡奇强调,我们对于自然及其规律的认知都是受到社会中介的。在卢卡奇看来,马克思在《德意志意识形态》中批评费尔巴哈时就清楚地强调了这一点。费尔巴哈以感性直观的方式理解世界,将人与人之间的关系仅仅理解为爱和友谊。马克思就曾指出,人的感性劳动、创造、生产一旦中断,哪怕只中断一年,不仅自然界将发生重大变化,而且人的感性直观能力,甚至人自身就很快会消失。这已经清楚地表明人与自然的关系总是经由人与人的关系中介的。同样,尽管马克思在《资本论》中讨论劳动概念时,将劳动概念从社会过程中抽象出来,将之理解为人与自然的关系,但马克思非常明确地指出,不能忽视劳动的社会条件。如果无差别地讨论劳动一般,而不具体分析劳动的社会历史条件,那么一定是错误的。为了更好地说明这一点,卢卡奇甚至直接引用了马克思四句话。第一句出自《雇佣劳动与资本》:“为了进行生产,人们相互之间便发生一定的联系和关系;只有在这些社会联系和社会关系的范围内,才会有他们对自然界的影响,才会有生产。”①第二句出自《〈政治经济学批判〉导言》:“一切生产都是个人在一定社会形式中并借这种社会形式而进行的对自然的占有。”第三句出自《剩余价值学说史》第 1 卷:“从一种特定的物质生产形式首先产生了一种特定的社会组织形式,其次,产生了一种特定的人与自然的关系。”第四句出自《剩余价值学说史》第 3 卷:“只要原初的动物状态停止,人与自然的财产中介,就是通过它作为共同体、家庭和部落,通过与他人的关系决定了与自然的关系。”这四段引文清楚地表明了尽管自然界先在于人类社会,但人们对自然界的知识总是经由人们的实践活动中介的。“我们的社会存在决定了我们关于自然的知识。”②

---

① 《马克思恩格斯文集》第 1 卷,人民出版社 2009 年版,第 724 页。

② Georg Lukács, *Tailism and the Dialectic—A Defence of History and Class Consciousness*, London, New York: Verso, 2000, p.100.

在人们实践活动基础上形成的社会规律也并不是主观的。鲁达士认为卢卡奇将社会领域的主客体辩证法理解为主观规律时,卢卡奇进行了反批评。卢卡奇认为,只有将主体与客体严格对立起来才会认为社会领域的辩证法是主观的。实际上在社会历史领域,主体的客体化和客体的主体化是一个交织过程。商品、地租、资本等都是人类活动的产物,但这些都并不是纯粹主观的,其运动发展规律也不是主观的。

卢卡奇在此基础上进一步回应了鲁达士的批评。鲁达士认为卢卡奇赞同高级意义上的社会辩证法,否定低级意义上的自然辩证法。卢卡奇借用在马克思《〈政治经济学批判〉导言》中关于"人体解剖"与"猴体解剖"的关系进行了回应。在马克思看来,人体解剖是猴体解剖的钥匙,资本主义经济是理解前资本主义社会经济的钥匙。只有在资本主义社会结构的总体中,才能理解商品经济的一般规律。同样在卢卡奇看来,正如关于自然的认识是经由社会的知识结构中介的一样,只有经由辩证法的高级范畴(社会辩证法)的中介才能更好地理解低级范畴(自然辩证法)。

这个中介思想直接关系到卢卡奇对恩格斯的另一个批评,这就是卢卡奇认为恩格斯误解了"自在的"和"自为的"的关系。卢卡奇也进行了进一步解释。恩格斯曾指出,实践即实验和工业将自在之物变成了为我之物,这就驳斥了康德的"自在之物"概念。卢卡奇对此进行了回应。第一,卢卡奇并不怀疑实践将自在之物变成为我之物。第二,他怀疑的是这是否驳倒了康德的"自在之物"概念。康德的"自在之物"概念表达的是我们知识的界限,我们能够运用知性范畴认识无限的现象世界,但终归不能认识物本身。如果实验或工业只是以一种对立的、分离的态度去观察对象,那同样仅仅是一种认识世界的态度,而不是改变世界。按照卢卡奇的说法也就是,我们可能仅仅是一个马赫主义者或叔本华主义者,而不是马克思主义者。只有在实践中真正改变对象,才能真正将自在之物变成为我之物。

第十一章　激进哲学重释历史哲学的革命内蕴

卢卡奇在《尾巴主义与辩证法》中捍卫了《历史与阶级意识》，捍卫了历史哲学，这就为激进哲学重新阐释历史哲学问题提供了基础。齐泽克在《尾巴主义与辩证法》的"后论"中指出，《尾巴主义与辩证法》的编辑出版对准确把握卢卡奇的思想发展具有重要意义。"在《尾随主义与辩证法》中，卢卡奇纠正了对于《历史与阶级意识》中基本观点的可能误解，它反对的不仅仅是当时正在产生的假列宁主义的苏联正统，后者后来被以斯大林主义的'马列主义'的名义神化，同时也反对我们在前文中提到的在西方流行的对待《历史与阶级意识》的方式，即只关注'物化'这个时髦的主题。"①也就是说，按照齐泽克的解读，卢卡奇在《历史与阶级意识》中一方面对伪列宁主义正统展开了批判，而这个伪正统后来被苏联马克思主义在马克思主义列宁主义旗帜下合法化，从这个角度说，卢卡奇不是预示了苏联马克思主义，而是预示了对苏联马克思主义的批判；另一方面，在齐泽克看来更为重要的是，《历史与阶级意识》的真正遗产并不是法兰克福学派所继承的物化批判。从这个意义上说，法兰克福学派对卢卡奇物化理论的批判也就显得无足轻重了。这不仅是诠释主题的变化，而且是诠释意义的转换。

---

① ［斯］齐泽克：《作为列宁主义哲学界的格奥尔格·卢卡奇》，孙一洲译，载《当代国外马克思主义评论》（14），人民出版社 2017 年版，第 31 页。学界一般将 tailism 翻译成"尾巴主义"。

第一节　革命道路的终结

齐泽克认为,卢卡奇是十月革命的哲学家。这一指认包含两层内蕴:第一,卢卡奇自身的思想发展存在着一个变化,称其是十月革命的哲学家,主要是指从1915年到1930年阶段,包括《历史与阶级意识》《列宁》《策略与伦理》《尾巴主义与辩证法》等,其中最重要的是《历史与阶级意识》,而在这个阶段之后,卢卡奇已经有意地与这个阶段保持距离。第二,作为十月革命哲学家的卢卡奇与后来的西方马克思主义,特别是法兰克福学派存在着原则性区别。

就第一点而言,卢卡奇对自身早期思想的发展有着明确的指认。卢卡奇对资本主义文明的普遍绝望典型地体现在《小说理论》中。第一次世界大战的爆发,尽管使其老师(韦伯、西美儿等)充满希望,但卢卡奇却没有从中看到任何拯救资本主义现代性的希望。① "只有俄国革命才真正打开了通向未来的窗口;沙皇的倒台,尤其是资本主义的崩毁,使我们见到曙光。"②十月革命对于卢卡奇来说,是人类摆脱战争和资本主义的道路。卢卡奇在《尾巴主义与辩证法》中一再强调,《历史与阶级意识》《列宁》和《尾巴主义与辩证法》具有根本意义上的统一性。在《历史与阶级意识》中,研究辩证法和商品拜物教的目的是为了证明列宁的政党理论是这些研究的逻辑必然结果。因此,齐泽克提醒道:"今天我们要特别反对的就是忽视卢卡奇思想的这个方面,把卢卡奇贬低为一个中产阶级和去政治化的文化批评者,认为他只是在提醒人们注意'物化'和'工具理性',而这些主题早已被吸收进了保守主义批判者们对'消费社会'的批判。"③显然,齐泽克认为,物化批判的重要缺失在于其是去政治化的,

---

① ［匈］卢卡奇:《小说理论》,燕宏远等译,商务印书馆2012年版,第2页。

② ［匈］卢卡奇:《历史与阶级意识》,杜章智等译,商务印书馆1999年版,新版序言(1967),第4页。

③ ［斯洛文尼亚］齐泽克:《作为列宁主义哲学界的格奥尔格·卢卡奇》,孙一洲译,载《当代国外马克思主义评论》(14),人民出版社2017年版,第6—7页。

是与政治行动无涉的，以至于物化批判、工具理性批判甚至为保守主义所吸纳。这就错失了作为列宁主义哲学家的真谛。

就此而言，直接关涉到第二点。《历史与阶级意识》是关于十月革命的哲学，而这条革命的道路却在后来的发展，特别是法兰克福学派批判理论中闭合了。首先，社会民主党的议会政治从来就不是一条革命的道路，而是改良的道路。其次，斯大林主义是一条背叛革命的道路，斯大林主义变成了一种维持其统治的意识形态，而不再是关于革命的哲学。最后，作为西方马克思主义最有影响力的代表，法兰克福学派同样是一条放弃革命的道路。

齐泽克认为，法兰克福学派的批判理论同样放弃了《历史与阶级意识》中所呈现的公开介入政治，对无产阶级作为历史的主体—客体的观点保持距离。虽然法兰克福学派对斯大林主义和社会民主党的改良主义都不赞成，但其所继承的物化批判同样是保守的，背离革命的。物化批判无论在霍克海默、阿多诺那里表现为理性权力批判，还是在哈贝马斯那里表现为生活世界殖民化，抑或是在霍耐特那里表现为“承认的遗忘”，都是纯粹思想的道路，都是和政治行动毫无关系的道路。究其原因，齐泽克认为，主要源于他们体制内的学者处境，源于他们从根本上认同西方资本主义的自由民主。守护卢卡奇思想的一半（物化批判）、放弃另一半（历史哲学），一方面可以保持他们批判者的身份，守护住左翼的光环，从而不陷入另一种简单的自由主义；另一方面则是为了与资本主义体系不相矛盾，守护住他们不愿公开承认的基本信念。在这里，齐泽克实际上有一个自我剖析。正如卢卡奇一样，齐泽克转向马克思主义之前也是一位文化批评者，这条道路守护的是社会批判立场，但基本意味着背离革命的立场。

在《如何从头开始?》中，齐泽克通过对革命主体的分析批判了法兰克福学派的保守性质。在齐泽克看来，批判理论一直致力于追寻革命的主体，这种追寻首先表现在分析工人阶级为什么不能实现从自在到自为的转变，从而将自己变成革命的行动者。对此分析的进路主要采取了精神分析的方法，分析嵌入在社会环境中的无意识利比多机制如何阻碍了工人阶级意识的觉醒。当工人阶级不再可能成为革命的主体时，批判理论转向了工人阶级的替身：第三世界的农民、学生和知识分子等。在这里，齐泽克批评道，“或许，对革命行动者的拼命寻找正是其反面状况的表现：害怕发现它，害怕在对它已经蠢蠢欲动的地方看到它。等待别人来为我们做事正是美化我们自己不作为的方式。”[①]也即是说，对工人阶级有意地回避实际上是害怕工人阶级的出现，实际上是对当下的美化。法兰克福学派是理论上的“巨人”，实际行动中的“侏儒”，这显然是虚假的左翼立场。齐泽克认为，当代英美马克思主义的文化批评学派同样属于这个路向。这种左翼有意回避革命，实际上是虚假的左派。从一定意义上讲，物化批判越是激进，不过是为了更好地被资本主义体制所辨认、识别和接纳。

因此，《历史与阶级意识》并不能仅仅理解为悲观的产物，也并不与列宁主义相对立，其主题也不能仅仅理解为物化批判，更确切地说是关于革命的哲学，但这条道路在西方马克思主义后来的发展中一直处于被遮蔽的状态。西方马克思主义并不像有些学者所说的那样，直到阿多诺的非同一性逻辑瓦解了卢卡奇的同一性逻辑才终结，而是更加黑格尔主义的“规定就是否定”，开始就意味着结束。

第二节　卸掉革命的包袱

恢复卢卡奇作为列宁主义的哲学家，也即关于革命的哲学，就必须回答一个现实的问题。十月革命的道路似乎并没有开出美丽的花朵，列宁主义似乎走上了斯大林主义。无论在海德格尔、阿伦特看来，还是在霍克海默、阿多诺等看来，斯大林主义和法西斯主义的极权主义并没有实质性区别。因此，这里的问题包含两个环节：其一是列宁与斯大林主义有没有原则性区别？如果列宁被理解为斯大林主义者，卢卡奇是列宁主义者，那

① ［斯洛文尼亚］齐泽克：《如何从头开始?》，汪行福译，载《当代国外马克思主义评论》(8)，人民出版社 2010 年版，第 54 页。

么卢卡奇似乎还是像批判理论所指认的那样为斯大林主义奠基了，只不过批判理论从物化批判角度的论证似乎更加哲学化而已。其二，革命是否意味着更大的恐惧？革命所带来的问题是否比被摧毁的旧社会更加恐怖？如果回答是肯定的，那么革命的意义必然值得怀疑，革命的道路必然难以维系；如果答案是否定的，那么重新释放革命的解放潜能就是可能的。

问题的关键在于重解列宁主义与斯大林主义的关系之谜。齐泽克认为，从列宁主义到斯大林主义的过渡，未被认真加以反思，“这是列宁主义的悲剧所在。”①虽然海德格尔、阿伦特从形而上学角度，霍克海默和阿多诺从哲学—人类学角度对此展开了分析，但他们并没有深入到这一转变的具体的政治发展逻辑中去，因而实际上是一种主观的外部反思，借用黑格尔的话来说就是这些观点固然不错，但只是随便表达他们的想法而已。究其原因，主要由于他们对革命立场的放弃、对自由民主的信仰，因此，他们对斯大林主义的出现，更多选择的是沉默，与之形成鲜明对照的则是他们对法西斯主义的浓厚兴趣。

齐泽克认为，正如列宁所说，不懂黑格尔的《逻辑学》就不能理解马克思的《资本论》，同样，不懂黑格尔的《逻辑学》也不可能理解斯大林主义的出现。从马克思主义经过列宁主义到斯大林主义的发展实际上是三个中介范畴三段论式的连续发展。三个中介范畴（普遍性、特殊性、个别性）分别是历史（全球的历史运动）、无产阶级（作为达到普遍性的特殊阶级）和无产阶级政党（作为个别的主体）。

在第一个阶段，也即马克思主义阶段，中介是政党，政党实践的目的在于使无产阶级意识到历史发展赋予的普遍使命，将他们的经验意识提升到革命的意识。政党的作用只不过是一种“催生术”，使无产阶级从自在阶级上升到自为阶级。这种转换预设了一个前提：无产阶级与历史的一致。历史的发展赋予了无产阶级这个特殊阶级以普遍性，无产阶级代表了人类的普遍利益。无产阶级的自发革命运动在这里是主导的，政党

① ［斯洛文尼亚］齐泽克：《为列宁主义的不宽容辩护》，《马克思主义与现实》2010年第2期。

的作用只不过是将这种潜在性实现出来。

但在实际的历史发展中,这个前提是没有保证的。如果无产阶级的自发性只能达到工联主义水平,革命主体的形成只能由政党的知识分子先行达到对历史发展内在逻辑的科学认识,然后灌输给无产阶级,那么这就发展到了第二个阶段,也就是通常所理解的列宁主义(齐泽克认为,实际上这不是真正的列宁主义,也不是真正的卢卡奇的观点)。无产阶级成为了中介。政党在认识到历史发展的内在逻辑之后,将之灌输给无产阶级,无产阶级成为实现历史发展的工具。在这个阶段,隐含的前提变成了:作为个别的政党与普遍的历史之间达到了规律性知识意义上的统一。换言之,历史的发展存在着客观的逻辑,政党的知识分子作为主体拥有认识历史发展规律的特权,掌握着历史发展的客观规律。这个前提在最好的情况下,被理解为主观与客观相符合:历史是被必然性的规律所决定的客观过程,政党的理论家们作为大写的主体拥有历史知识的特权,两者达到了一致,主观与客观达到了一致。但很显然,这个前提也是没有保障的,这就带来了第三个阶段:斯大林主义。

在第三个阶段,历史成为中介,普遍历史中介着无产阶级与政党。简单地说,政党拥有对历史发展逻辑的正确认识,为自己对工人阶级的剥削和压迫提供了合法性依据,也就是说为机会主义的政党提供了存在论依据。

齐泽克指出,如果说在这个分别以政党、无产阶级和历史为中介的三段论中,每一个中介都是上一个中介的真理,也即是说,无产阶级作为中介是政党作为中介的真理,历史作为中介是无产阶级作为中介的真理,那么按照这种逻辑,只要我们认定无产阶级由于其特殊的历史地位,潜在地是普遍阶级,集中营的恐怖就不可避免。如果真是这样的话,那么《历史与阶级意识》就完全可能是斯大林主义的奠基文本。阿尔都塞认为卢卡奇的黑格尔主义马克思主义是斯大林主义哲学的秘密地,拉克劳、墨菲等后现代主义[1]认定其是标准的黑格尔的本质主义,就不是没有根据的。

① 拉克劳、墨菲认为自己是后马克思主义,但齐泽克认为其属于后现代主义,这里我们采纳了齐泽克的说法。

而斯大林主义对卢卡奇的批判,可以视为再次证明了吕西安·戈德曼的定律:统治阶级的意识形态必然否认其真正的根本的前提。而如果这一切都可以得到确证的话,那么根据结构主义的基本原则,卢卡奇就是很容易被驳倒的:主体只有在实体的断裂处才可能出现,卢卡奇的普遍的主体根本不可能实现。

但齐泽克认为,这种对《历史与阶级意识》的解释并不正确,卢卡奇也不能理解为赞同无产阶级作为历史的主体与客体,从而被理解为伪黑格尔主义的支持者。原因在于,这里的列宁主义并不是列宁的思想,是假的列宁主义,就其实质而言,是考茨基主义的观点,《历史与阶级意识》所理解的列宁主义也不是这种列宁主义。而要真正辨明真假列宁主义,就必须回到十月革命具体的历史处境中去。

在十月革命前夕,面对复杂的国际和国内矛盾,孟什维克的立场是遵循历史发展的客观逻辑,先实行民主革命,再等待机会成熟,实现无产阶级革命,任何时机不成熟的革命将会导致更大的恐惧。而列宁的立场则是要抓住时机,采取行动,介入历史。

这里,齐泽克提醒道,列宁的观点并不是要跨越民主革命阶段,或是将两个阶段合在一起,毕其功于一役。列宁的观点更加彻底,他认为,革命是把握时机的艺术。这里所提示出来的有:第一,并不存在纯粹客观的必然的历史发展阶段的逻辑,在具体的客观条件和主观条件干预下,历史的发展并不会按照严格的线性逻辑发展。而上述的跨越论和合并论都还预设了这个前提,虽然两者在这个前提的实现途径上有所差别。这里要注意的是,列宁所反对的是纯粹客观的线性历史,也即"无人身"的历史,而不是辩证法意义上的历史必然性。第二,既然不存在纯粹客观的必然的线性逻辑,也就不存在无产阶级与普遍历史发展逻辑的直接统一,同样也不存在政党的知识分子对历史发展客观逻辑先行的科学认识,然后灌输给无产阶级,而上述假的列宁主义(考茨基主义)、斯大林主义正是以此为前提的。这就清楚地表明了真正的列宁主义和假的列宁主义(考茨基主义)、斯大林主义之间的原则性区别。第三,时机的艺术是行动的艺术。历史条件与革命爆发没有直接的因果关系,任何革命行动都不可能回溯至成熟的给定的历史条件。因为,任何给定的社会条件都是被理解到的、或者说被设定的社会条件。时机的艺术是当社会出现各种反对力量的时候,应积极地介入历史,加速冲突。尽管从理论上讲,时机可能显得并不成熟,但主观积极的介入可能彻底改变客观的力量关系,此时,先前判定时机不成熟的各种条件将发生变化,原先的不成熟可能变成了行动的时机。而如果等待所谓的时机成熟,将可能错失时机,因为资本主义体制的自我修复能力可能将危机消化掉。

因此,列宁主义不等于斯大林主义。真正和斯大林主义内在关联的是考茨基主义,而不是列宁主义,和列宁主义内在关联的是卢卡奇。易言之,在齐泽克看来,列宁主义不是列宁—考茨基—斯大林主义,而是列宁—卢卡奇主义。卢卡奇没有为斯大林主义奠基,十月革命和极权主义并没有内在关联,革命的道路并不必然意味着更大的恐惧。

第三节　重解无产阶级的普遍性

卸掉了革命的包袱,回到作为列宁主义哲学家的卢卡奇,意味着试图以之作为思想资源,重新开启革命行动的可能性。在这里,齐泽克主要以行动为着力点,重解了卢卡奇所理解的无产阶级普遍性概念。

齐泽克认为,作为列宁主义的卢卡奇一方面不赞同工人阶级由于客观的历史地位会自发形成革命的阶级意识,另一方面也不赞同伪列宁主义(工联主义,实际上是考茨基的观点),但这不意味着卢卡奇像他的很多批评者所认为的那样,赞同这两者的"辩证统一":无产阶级阶级意识形成于工人阶级自发的阶级意识和政党的教育之间的辩证互动。原因在于,这里仍然假定了政党与历史发展客观逻辑的直接同一。结果是:第一,我们越是坚定认为工人阶级具有内在的革命本性,我们越是对工人阶级施加压力,让他们实现内在的潜能,斯大林主义越是不可避免。第二,这里没有给无产阶级革命行动留下任何可能性空间。如果无产阶级阶级意识是历史发展所赋予的内在潜能的自我实现,那么只需要将自在的向自为的作纯形式的转换,将已经潜在的阶级意识实现出来,这里无需任何革命行动;如果阶级意识是通过政党先行掌握再灌输给工人阶级,那么,政党只不过是利用无产阶级作为工具来实现历史发展所赋予的必然性,这就再一次没有给行动留下任何空间。

这个行动概念还牵涉到对卢卡奇陷入黑格尔本质主义的另一个批判,也就是卢卡奇陷入了黑格尔主义马克思主义的决定论。这个批判主要源于卢卡奇在经验的、事实的阶级意识和被赋予的阶级意识之间做出的明确的区分。"阶级意识就是理性的适当的反应,而这种反应则要归因于生产过程中特殊的典型的地位。阶级意识既不是组成阶级的单个个人所思想、所感觉的东西的总和,也不是它们的平均值。作为总体的阶级在历史上的首要行动归根结底就是由这一意识,而不是由个别人的思想所决定的,而且只有把握这种意识才能加以辨认。"①两者的区分不是错误与正确的区分,而是说与其他阶级相比,无产阶级存在着达到自我意识的客观可能性,这种自我意识能够使无产阶级达到对历史总体性逻辑的正确认识。而且这种认识是通过政党的中介实现的,政党调动一切主观潜能帮助工人阶级从事实意识上升到被赋予的阶级意识。而其他阶级,虽然也可能超出自己的事实意识,但不可能达到对总体性的认识。政党的作用就在于其是被赋予的意识和经验意识之间的中介,政党知道潜在的理想的意识,并致力于灌输给工人阶级使之达到这个水平。

齐泽克认为,在这里对卢卡奇的批判也接踵而至。卢卡奇自己难道不是隐蔽地退回到了他所批判的理想的形式可能性与经验事实状态之间康德主义式的区分?经验事实状态总是落后于理想的状态,难道不是隐蔽地为政党对工人阶级的控制提供了合法性依据?齐泽克认为,如果真的这样来理解卢卡奇的中介、行动和"决断"等理论的话,那实际上就根本没有任何行动,行动的空间无非就是达到这个所谓的客观的可能性水平。当然,齐泽克认为卢卡奇的理论并非如此。

齐泽克认为,卢卡奇所理解的事实意识和被赋予的阶级意识之间的鸿沟,并不是像那些批判者所理解的是理想类型和事实状态之间标准的

① [匈]卢卡奇:《历史与阶级意识》,杜章智等译,商务印书馆1999年版,第107页。

对立，而是作为历史主体的“内在的自我分裂”。当我们说无产阶级是普遍阶级时，这种辩证意义上的普遍性只有在其对立面中才能实现自身，变成现实。也就是说，只有当一个“行动者”在现存的世界秩序中没有任何特定地位，因此，其与普遍性的关系是否定的，这个行动者才是普遍的。在这里齐泽克引用了拉克劳的一段话来证明自己的观点。“普遍性从特殊性中产生，但它不是作为规定和解释特殊性的原则而产生，而是作为一种未完成的视域而产生，它缝合着一个失位了的特殊身份。”①也就是说，普遍性是未实现的象征。只有当我们特殊的身份受到阻碍、没有实现我们的特定身份的时候，我们才与普遍性相关联。“主张无产阶级是一个普遍的阶级，这在根本上等于主张在现存的全球秩序中，就其在社会有机体中的位置而言，无产阶级是一个彻底失位了的阶级：当其他阶级仍能坚守‘社会存在着’的幻象、仍能坚持认为他们在全球的社会有机体中有特定的位置时，无产阶级的存在本身就否定了‘社会存在着’的断言。”②

正如卢卡奇所言，在资本主义社会中，资产阶级与无产阶级都是物化的，但资产阶级由于其特殊的社会地位还能保持虚幻的主体存在，而无产阶级自身的历史地位决定了这种幻觉是不可能的。“在日常生活的一切方面，当单个工人以为自己是自己生活的主体时，他的存在的直接性立刻就把这一幻想撕得粉碎。”③工人是纯粹的量，“纯粹抽象的否定性”，这种纯粹的量的存在，意味着对工人感性生活的剥夺。因此，无产阶级的普遍性不是某种理论先行赋予的，而是现实生活所赋予的“彻底的失位”状态，这不是一种理论意识，而是一种具体的生活处境。

按照齐泽克的理解，无产阶级身上的普遍性和特殊性的重合并不意味着直接的同一，这种直接同一就是通常所理解的无产阶级的特殊利益同时是人的普遍利益，无产阶级的解放等同于整个人类的解放。齐泽克

---

① ［斯洛文尼亚］齐泽克：《作为列宁主义哲学界的格奥尔格·卢卡奇》，孙一洲译，载《当代国外马克思主义评论》（14），人民出版社2017年版，第24页。

② ［斯洛文尼亚］齐泽克：《作为列宁主义哲学界的格奥尔格·卢卡奇》，孙一洲译，载《当代国外马克思主义评论》（14），人民出版社2017年版，第24页。

③ ［匈］卢卡奇：《历史与阶级意识》，杜章智等译，商务印书馆1999年版，第253页。

认为,无产阶级的普遍性意味着,无产阶级普遍的革命潜能铭刻于这种“彻底的内在分裂”中,这种分裂不是无产阶级特定利益/地位与其普遍使命之间的直接分裂,因为这里还意味着有一种普遍的使命,这种无产阶级是这种普遍使命的化身。确切地说,无产阶级的普遍使命源于无产阶级的特定生存受到了阻碍,源于无产阶级不能实现其特定的社会身份。“只有当我们以这种方式来理解这个断裂,我们才能为恰当行动留下空间,而不再只是为我们所熟悉的另一种行动留下空间,后者遵循提前给出的普遍‘原则’或‘规律’,这些普遍‘原则’或‘规律’因此也为我们的行动提供‘本体论的掩护’。”①

第四节 激进哲学的不彻底

齐泽克的解读为我们阐发卢卡奇与列宁主义的关系提供了新的启示,为《历史与阶级意识》的经典诠释提供了新思路,但这种解读无疑打上了浓重的当代激进哲学色彩,存在诸多值得商榷的地方。

首先,重提革命的问题式,但错失了物化与革命的内在关联。卢卡奇的物化批判是否真的可以像齐泽克这样一笔带过?物化与革命之间的关系究竟是怎样的?法兰克福学派继承了物化批判,放弃了革命立场,是否仅仅是政治立场的转移?抛弃物化批判的革命,究竟会将革命引向何处?

在卢卡奇那里,物化批判尽管从属于革命的问题式,但这并不意味着物化批判可以被忽视。就两者的关联而言:第一,物化是革命的基础;第二,当物化形成危机的时刻,必须采取积极的介入立场,而不是等待革命的自动爆发。从前者来看,革命发生于物化结构的危机时刻。只有当危机爆发时,才有革命的契机。从后者来看,当危机出现时,如果不采取积极的革命立场,就可能错过时机。由此可见,在卢卡奇这里,物化与革命内在关联,两者之间不可分离。

① [斯洛文尼亚]齐泽克:《作为列宁主义哲学界的格奥尔格·卢卡奇》,孙一洲译,载《当代国外马克思主义评论》(14),人民出版社 2017 年版,第 25 页。

法兰克福学派放弃了革命学说，直接与物化的批判分析相关。在法兰克福学派发展过程中，物化批判首要的问题是什么是物化，物化批判的原则与依据是什么。如果现实生活中并不存在物化，或者物化没有导致危机，那么重提革命的口号可能会陷入空谈。

在齐泽克这里，我们看到完全抛弃物化批判、走向革命的学说。这种革命理论是否陷入了纯粹激进主义的幻想？齐泽克在《活在末世》的序言中说道："要参加这场斗争，意味着赞同巴迪欧的公式（灾难总比不存在更好）：冒险投入对真理—事件的忠诚，即使以灾难而告终，也好过苟活在尼采所谓'末人'无事件的功利主义—幸福主义的幸存状态中。"①在齐泽克看来，末世的生存，并不像福山所说的那样是自由民主意识形态的实现，而是彻底的失去自我。"我们通常为幸存状态所付出的代价是我们的生命。"②用霍克海默和阿多诺的话来说就是，自我保存却没有了自我可以保存。但这种号称哪怕以灾难收场的革命真的能够实现吗？恐怕连齐泽克自己也担心。当美国发生占领华尔街运动时，齐泽克认为这种占领行动揭示了问题出自资本主义本身③，折射出时代对左翼的召唤，所以齐泽克冲向街头，发表演说，介入历史。但正如他所担心的那样，当革命成为一种记忆里的乌托邦时，这就迫使我们反思我们对末世生存的诊断是否恰当？我们评判物化生存的标准是什么？错失了物化批判，空谈革命可能导致的结果是陷入乌托邦的幻想。

其次，曲解了卢卡奇与斯大林主义的本质区别。齐泽克对斯大林主义极权主义的分析无疑是睿智的。卢卡奇后来批判了斯大林主义实际上代表了托洛斯基的路线，而不是列宁的路线。④ 但卢卡奇并不反对这种规律性的历史理论，而是反对将这种理论僵化，从而失去了群众基础，失去了"地气"，理论由此变成控制群众的工具。齐泽克在激进革命的影响

① Slavoj Zizek, *Living in the End Times*, London: Verso, 2010, p.xv.

② Slavoj Zizek, *Living in the End Times*, London: Verso, 2010, p.xv.

③ 哈西卜·艾哈迈德：《占领运动、左翼复兴和今日马克思主义：对话齐泽克》，《国外理论动态》2013 年第 1 期。

④ 参见［匈］卢卡奇：《民主化的进程》，寇鸿顺译，广东人民出版社 2013 年版，第 141 页。

下,在拉康和巴迪欧思想的启发下,主张这种作为历史发展客观规律的知识是不存在的。这种理论显然打上了激进革命夸大偶然性的色彩,但这并不是卢卡奇的观点。

卢卡奇明确反对这种历史偶然性观点,“那种试图将所有的历史现象视为绝对唯一的,从而排除历史理论中的历史规律的做法,已经受到批判。历史特殊性与普遍性的明显对立,必然导致理论上走向非理性主义,实践上导致完全缺乏想象力的和空洞的‘现实政治’”①,空洞的现实政治无疑是机会主义的,具有密谋的色彩。历史的特殊性、偶然性和历史的必然性绝不是对立的,而是不可分割的统一体。一旦抛弃了这个历史的普遍性和必然性,则会导致策略优先性,这正是斯大林主义的关键问题。

在卢卡奇看来,列宁区分了策略与战略。“只有理解了人类历史的普遍发展过程,才有可能达到与人类‘实践’有关联的策略决策。策略只有与总体的历史战略相一致,才可能有效。列宁把普遍的历史趋势作为战略,以具体的时刻作为策略。只有在一个历史的、科学理论的和战略的框架内,人们才有可能达到真正的策略形式。例如,具体分析导致某一具体实践的某一个具体情况。最重要的是,列宁的继承者放弃了历史性的战略考虑的优先权。”②只有在斯大林这里,普遍的历史进程规律才被放弃了。“策略的优先权被上升到了真正的马克思主义理论高度。与马克思和列宁不同,理论不再是策略决策的思想基础,而是它之后滞后的、理性设计的、经常诡辩式的‘辩护’。”③理论被转变为对策略进行补充论证。因此,斯大林主义与列宁主义的关键区别在于列宁主义坚持了必然性与偶然性的统一、战略与策略的统一,而斯大林主义僵化了理论,导致了两者的分离,理论从属于现实政治策略的需要。

---

① Georg Lukács, *The Process of Democratization*, State University of New York Press, 1991, p.67。中文参见[匈]卢卡奇:《民主化的进程》,寇鸿顺译,广东人民出版社 2013 年版,第 99 页,译文略有改动。

② [匈]卢卡奇:《民主化的进程》,寇鸿顺译,广东人民出版社 2013 年版,第 146 页。

③ Georg Lukács, *The Process of Democratization*, State University of New York Press, 1991, p.109。中文参见[匈]卢卡奇:《民主化的进程》,寇鸿顺译,广东人民出版社 2013 年版,第 147 页,译文略有改动。

由此可见,卢卡奇并不反对政党具有这种客观知识的可能性,而是反对政党独自先行地掌握了这种知识,反对政党一劳永逸地掌握了历史真理。政党与无产阶级既是历史发展的结果,也是推动历史进一步发展的动力。在这个过程中,无产阶级及其先锋队组织政党无疑可以达到对历史发展的规律性认识。关键在于,一方面,这个知识来自客观实践,其随着历史发展也是一个不断发展的过程,理论作为历史发展的主观方面无疑也是不断发展的,否则不可能作为历史发展的主观方面推动历史的发展;另一方面,无论在理论上,还是在实践中,政党与无产阶级之间也是一个相互作用的过程,是一个形成集体意志的过程。虽然这个相互作用的机制还有待不断完善,虽然在具体实施过程中,可能会出现这样或那样的偏差,但不能因此否认相互作用和集体意志的本质重要性。政党与无产阶级和群众的关系直接关涉到齐泽克解读的第三个要点。

最后,将无产阶级等同于被资本逻辑彻底排除的"剩民"。齐泽克认为,无产阶级的普遍性是否定的普遍性,是在社会秩序体系中社会身份的彻底受阻。因此,普遍性是彻底否定的、有待实现的。

然而,如果说无产阶级的普遍性仅仅是否定的普遍性,那么是否也就意味着在经济秩序中,凡是那些没有任何社会地位的人都是无产阶级呢?无产阶级是否等同于乌合之众?在《木偶与侏儒》中,齐泽克表达了他的"剩民的政治"构想。"由解放性的阶级斗争所引入和坚守的区分不是在整体中的两个特殊阶级之间的区分,而是在'存在于部分中的整体'和它的剩余之间的区分,后者在个殊中代表着普遍,代表着与它所有的组织部分相对立的整体本身。"①也即是说,阶级斗争并不是两个具有特殊利益的阶级之间的斗争,而是在社会整体中,没有任何特殊地位的剩民,才是解放性阶级斗争的主体。如果放到马克思主义语境中,这个主体就是被资本逻辑彻底排除的剩民。剩民不是资产阶级,也不是无产阶级,因为两者在资本逻辑中相互对立,相互依存,但又可能同时是资产阶级、无产阶

---

① Slavoj Zizek, *The Puppet and the Dwarf*: *The Perverse Core of Christianity*, Cambridge: MIT Press, 2003, p.87.

级或其他任何社会阶级和阶层，只要其被彻底排除在资本逻辑之外，是绝对的剩余。“他们是雅克·朗西埃所说的社会机体中的‘非部分的部分’（part of no part）。所有真正的解放性政治学都产生于理性的公共使用的普遍性与‘非部分的部分’者的普遍性之间的短路（short circuit）。”①朗西埃的非部分的部分源于马克思在《〈黑格尔法哲学批判〉导言》中说的非市民社会阶级的市民社会阶级。齐泽克借助于朗西埃所表达的是一种彻底否定意义上的普遍性，一种无实体性内容的主体性。

如果考虑到齐泽克所寄托的占领华尔街运动，如果考虑到齐泽克并没有对无产阶级政党作相应的分析，那么似乎在齐泽克看来，无产阶级就是彻底失去社会身份的人。激进哲学主张的重新开启革命的行动就是这些身份受阻的人之间的“爆炸性结合”。这就将主体解放论引向了夸张的浪漫主义。

因此，我们可以说，齐泽克在激进哲学视域中用历史哲学中的革命理论反对物化批判，用历史偶然性反对历史必然性，用作为剩民的无产阶级反对无产阶级政党，带来了革命与物化的对立，历史偶然性与必然性的对立，无产阶级与政党的对立，由此激活的卢卡奇显然不是对卢卡奇的继承，由此复兴的激进左翼道路必然沦为一种乡愁式的口号。激进哲学的英文是 radical philosophy，radical 既有“激进的”意思，也有“彻底的”意思，激进哲学虽然主张对资本主义展开激进批判，但这种批判显然并不彻底。

---

① ［斯］齐泽克：《如何从头开始？》，汪行福译，载《当代国外马克思主义评论》（8），人民出版社 2010 年版，第 57 页。

第十二章　激进哲学主体解放论的浪漫主义

激进哲学的不彻底集中体现在他们的主体解放论，这种主体解放论不是对主客体辩证法的继承，而是将主客体辩证法引向了夸张的政治浪漫主义。在对卢卡奇物化理论的诸多批判中，认为其陷入了浪漫主义是代表性观点之一。特别是当我们的研究仍局限在卢卡奇《历史与阶级意识》1967年新版序言中自我批评时，这种观点就更加显得是理所当然的了。尽管卢卡奇当时的自我批评用的是“主观主义”和“乌托邦主义”①，尽管这两个表述和浪漫主义并非完全等同，但人们还是倾向于将卢卡奇与浪漫主义等同起来。但同样很奇怪的是，学界诸多观点指责卢卡奇陷入了浪漫主义，却鲜有具体分析什么是浪漫主义？浪漫主义的精神结构是什么？物化批判是怎么陷入浪漫主义的？

在本章中，笔者将依托施米特对浪漫主义的经典分析，对浪漫主义及其精神结构展开具体分析，从而指出激进哲学主体解放论的实质是浪漫主义。尽管当今激进哲学并不强调“有机体”“总体性”“大全”等术语，但其推崇历史偶然性、时机、行动等显然具有浪漫主义的色彩，而《历史与阶级意识》中的历史哲学与浪漫主义之间存在着原则性差别。

---

① 卢卡奇在《尾巴主义与辩证法》中，对鲁达士和德波林批判他陷入主观主义展开批判。其捍卫的思路是，无产阶级改变世界的革命实践必然需要主观参与。没有主观介入历史，只能陷入尾巴主义。同时，主观介入的时机也从属于过程，主观介入不是盲动冒进。

第一节　浪漫主义的缘起与内涵

浪漫主义是现代的产物。个人主义是浪漫主义的起点。只有在市民阶级的世界里,个人才会变得在精神领域孤立无助,使个人成为自己的参照点,让自己承担全部重负。中世纪的游侠骑士可以是个浪漫形象,但不是浪漫派。对浪漫主义精神结构的说明,就像对现代思想史的说明一样,必须从笛卡尔开始。笛卡尔在哲学上的变革与哥白尼在天文学上的变革是同等意义的。哥白尼让地球不再成为宇宙的中心,笛卡尔的哲学则动摇了传统的存在论哲学。笛卡尔的"我思故我在",将人引向了主观和内在的过程。哲学变成了自我中心论,从自身寻找出发点。现代哲学由此形成了思维与存在、观念与实在、精神与自然、主体与客体的二元对立。

为了解决这个问题,现代哲学形成了四种反对路向。第一是笛卡尔之后的理性主义哲学,一直衍生到德国古典哲学。康德哲学认为,思想的客观性存在于这样的认识中,思维是以客观有效的形式运动,物自体不可知。康德以后的哲学试图解决真实实在的不可揭示性和非理性。费希特用绝对自我消灭这种分裂。绝对自我是能动的,它在世界中流溢,规定他自身的反题。谢林则沿着追寻外在实在的道路前进,它是向哲学意义上的自然的回归。费希特没有将绝对性放在自然上,因为他也是以先验的批判哲学为起点的。绝对性既不是主观的,也不是客观的,而是两者之间的那个中立的点。费希特的绝对理性有两极:自然和精神。哲学的实在既不是思维的精神,也不是外在世界,而是一个中立的、绝对的第三种实体。但当我们把实在转变为理性,已经表明了主观性倾向。第二是反哲学的神秘主义,也就是神秘主义—宗教的反对运动。这种神秘主义与哲学流溢说达成了同盟。"19 世纪初,在黑格尔、谢林和瓦格纳为把'有机体'概念运用于古老的日耳曼帝国的现状提供了范例之后,流溢说哲学特别适合于保守的结论。这是因为'国家',即存在于历史之中的具体国家,不再被并入抽象的国家概念,即被说成永恒的实在、个体只能由它而产生的国家。”①同时，这种神秘主义、它的末世论因素，可以为强大的、革命性的千年福禧说提供支持，假如它以虚无的态度看待人类的理解力，则它很容易变成政治和社会的虚无主义。比如，他们的革命性宣言：笛卡尔的科学是富人为了对付穷人而发明的，换言之，其类似于阶级意识形态的东西。这里不仅有政治革命，还有社会革命。第三是维科所代表的历史传统，针对的是笛卡尔理性主义的反传统倾向。第四是情感—审美抒情的反动。这正是浪漫主义的缘起。它没有创立哲学体系，而是将对立转为一种具有审美平衡性的和谐；没有对理性主义提出否定，而是重返情感领域，比如将内在观念变为内在情感；没有站在神秘的立场上放弃或超越尘世。浪漫主义总是停留在这个世界上，渴望着“他者”和“更高级的”，总是寻找通向和睦之路。浪漫主义发展出一种对生命和自然的独特情感，这属于审美的领域，与神秘主义的宗教意识不同。浪漫主义将抒情和感性结合起来。因此，我们可以将浪漫主义理解成反对18世纪理性主义的运动。

当然这四种路向并非完全区分开来，在具体的发展过程中，四种路向常常纠缠在一起。比如，浪漫主义往往将理性主义的各种概念——自然、逻各斯、自我——等夹杂在一起，但其只不过是一个“有头脑的情感主义”。

就浪漫主义的具体含义而言，从浪漫派的词源可以看出其基本含义，实在是点状的，万物皆是“一部无结局的小说(Romans)的起点”。浪漫主义的实质是主体的机缘论。“浪漫派的态度可由一个概念即occasio得到最清楚的说明。这个概念能够译成‘机缘’、‘机会’，大概也能译成‘机遇’。然而，其真正的含义是通过一种对立而获得的：它否定causa(原因；理由)的概念，换言之，否定可计算的因果性力量，所以也否定一切固有的规范。它是一个消融化的概念，因为，凡给生活和新事物带来一致性和秩序的东西——不论它是初始原因的机械的可计算性，还是目的性或

① ［德］卡尔·施米特：《政治的浪漫派》，冯克利等译，上海人民出版社2004年版，第58—59页。

规范性的关系，都与纯粹机缘的观念不相容。”①浪漫主义与世界的关系是，世界是主体特定的机缘，机缘和偶然性成为主体与世界关系的原则。机缘论实际上是一个否定性概念，这种否定性主要有两个表现：一是否定可计算的因果性，这正是现代理性主义的内核；二是否定目的性和规范性关系。从“作用”或“原因”这个意义上说，“causa”也有着目的论的或规范性约束的含义，一种确认理性或道德力量的含义。因此，浪漫派也反对道德的规范。同样，法律观念也是非浪漫主义的。因此，不存在浪漫派的法学，也不存在浪漫派的伦理学。浪漫派的无根性，使它没有能力在自由选择的基础上坚持重要的政治理念。“这个不断翻新的世界，来自于不断出现的新机会。然而，它永远是一个只有机缘的世界，一个没有实质和功能性约束、没有固定方向、没有持续性和规定性、没有决断、没有终审法庭的世界，它不停地遁入无限，只受机遇这只魔手摆布。”②从这个概念还不足以揭示浪漫主义的复杂性，还必须对浪漫主义的内涵进行具体分析。

第二节　浪漫主义的精神结构

现代启蒙摧毁了超验的上帝，两种新的世俗的实在取代上帝成为现代政治的根基。全人类作为革命派的造物主，历史作为保守派的造物主。浪漫主义作为现代政治的伴生品，则将这种新的本体浪漫化。

浪漫主义的主体是将人民或历史浪漫化。人类社会以不同的形式走上前台，如人民、共同体、人类，但总是携带着同样的革命任务。卢梭的社会契约论已经宣布了人类的全知全能。它能对一切事情提出要求，因为社会契约本身就包含着每一个合作者以及他的所有权利，都让渡给整个共同体，每一个人都放弃了自我。在实践中，契约论中的个人主义被革命所抛弃，政治组织变成共和国、法律和国家的教士。雅各宾党人所说的

---

① ［德］卡尔·施米特：《政治的浪漫派》，冯克利等译，上海人民出版社 2004 年版，第 15 页。

② ［德］卡尔·施米特：《政治的浪漫派》，冯克利等译，上海人民出版社 2004 年版，第 17 页。

“我即祖国”,用自己的人格取代了国家。他就是那个唯一的、权威的和超越个人的存在的代理人。“作为真正的权力即人民或社会的代理人履行职务时,他就是一切。”①

但在革命的敌人看来,人类社会已经包含着某种历史的规定性,人民总是特定历史的产物,总是特定关系的产物。没有民族、不受限制的共同体本质上就是一个革命的上帝,它消除一切社会和政治藩篱,宣布天下一家。这种无套裤汉政治取消了一切民族界限。

这就形成了第二个造物主——历史。历史把普遍的人类共同体确定为历史中具体的人民。在这里,人民不像卢梭所言,是自身的主人,而是历史发展的结果。也就是说,凡是存在的就是好的,因为它是在历史中创造自身的世界精神的产物。凡是历史的作为,都是美好的作为。现在人民变成了客观的实在;而塑造民族精神的历史发展,变成了人类之上的造物主。这两种实体在黑格尔这里得到了统一。“黑格尔是把这两种实在加以综合的第一人……人民——在黑格尔那儿被理性化为国家——和历史,同辩证地自我发展的世界精神取得了统一。”②因此,在黑格尔的形而上学体系中,民族精神只是作为世界精神之逻辑过程的工具而发挥作用,但从经验和心理学的角度看,维持民族精神的程度是相当显著的,所以,从政治上,黑格尔主义除了有保守的倾向外,还有革命的倾向。即使在黑格尔体系中,人类社会仍保持着革命的酵素。“在这个体系的革命性发展中,即在马克思主义中,人民以无产阶级的形式,再次成为真正的革命行动的执行者,它把自身等同于人类,把自身理解为历史的主宰。不然马克思主义便变得跟其他历史哲学一样,没有革命性的力量和形成一个政党的能力。”③

很清楚,现代政治的合法性根据或者是人民,或者是历史,或者是两

---

① ［德］卡尔·施米特:《政治的浪漫派》,冯克利等译,上海人民出版社 2004 年版,第 63 页。

② ［德］卡尔·施米特:《政治的浪漫派》,冯克利等译,上海人民出版社 2004 年版,第 68 页。

③ ［德］卡尔·施米特:《政治的浪漫派》,冯克利等译,上海人民出版社 2004 年版,第 68 页。

者的统一。但根据施米特的分析,在费希特的个人主义影响下,浪漫派觉得有足够强大的力量亲自承担起世界创造者的角色,他们要用自己创造出实在。同时,他们立刻利用两种新的本体,即人民(共同体)和历史的力量,充当其使者,而这两者无非是用来强化自我至上权力的手段而已。也就是说,浪漫派假借自己是共同体和历史的使者,认为自己是替天行道,但实际上只不过是"挟天子以令诸侯"。"然而更为严格的考察表明,把万物当作机缘的,并不是这两个造物主——人类和历史,而是浪漫主体本身。在这里,浪漫派的创造力与费希特的'自我'所规定的能动性的对立,是阐述浪漫派性格的一个恰当的起点。因为这个费希特的'自我'已经变成了浪漫的主体。"①

浪漫主义将人民与历史的浪漫化,集中体现在将可能性视为最高范畴。浪漫派是青年反对老年的运动,其求助于自己的青春能量和活力,求助于自己的可能性。"但是他们用以对抗实在的大量可能性,从未变成实在。浪漫派解决这种困境的办法,是把可能性说成更高的范畴。"②浪漫派更喜欢从未落实为具体现实的永恒变化与可能性的状态。因为,一旦一种可能性变成了实在,其他无限多的可能性就被排除了。因此,浪漫主义限制着具有边界的思想,一切定义都是无生命的、机械的东西。空洞无物的不是可能性,而是现实性;不是抽象的形式,而是可靠的内容。

这种可能性安放到人民或历史上,就将人民和历史浪漫化,其成为可能性的主体。在卢梭那里,人民已经成为强烈情绪化的对象,被说成是一个感情的共同体。这是思想与生命合一的超人整体。这个善良高贵、宽宏大量、坚信自己本能的人民,成了一个无限的无意识的非理性因素的储备库,同时成为精神的储备库。它在实践中的责任是与启蒙运动保持距离,因为读书、写字和教育的欺骗,会毁灭无意识的广大领域。儿童也是浪漫派所支配的非理性资源的承载者。这里的儿童不是变质的、娇纵

① [德]卡尔·施米特:《政治的浪漫派》,冯克利等译,上海人民出版社 2004 年版,第 83 页。

② [德]卡尔·施米特:《政治的浪漫派》,冯克利等译,上海人民出版社 2004 年版,第 70—71 页。

的和性格软弱的儿童，而是未定型、未受限制的儿童。儿童身上仍有着成年人已经失去的无数可能性。

历史也被浪漫主义所借用。现在变成了寄生于过去的东西，“我们仍要靠更美好的时代养活”（诺瓦利斯），“我们在消耗着父辈的资本”（缪勒）。这些浪漫的因素，仅仅在于用过去否定现在。浪漫派用过去否定现在，把过去当作逃避具体的当下现实的手段。这不是以佛教的方式去体验，浪漫派并没有遁入空门。相反，他追求一种具体的实在，然而它是一种没有受到歪曲、没有否定他的实在。浪漫派的世界也不是乌托邦。它被设想可以变成实在，而乌托邦缺少最重要的现实性。

浪漫派与世界打交道的方式是反讽和密谋。浪漫派以反讽的方式、以密谋的精神逃避现实。反讽与密谋不创造新的实在，而是用一种实在来戏弄另一种实在，以便对实际存在的有限实在加以麻痹。它以反讽的方式避免客观性的约束，尽力不让自己变得有所信持。反讽保留一切无限的可能性。因此它保留自己内在的、惬意的自由，即不放弃任何可能性。浪漫派认为严肃地对待存在是一种亵渎，因为它不想让现实存在扰乱无限自由。然而，反讽并不是为了毁灭实在。相反，它要保留真实存在的性质，以使实在可以被主体作为手段加以利用，使它有可能避开任何明确的立场。浪漫主义的反讽，从本质上说，是与客观性保持距离的主体在思想上采取的权宜之计。

当然浪漫派也可以能动地影响世界，但这种能动性只是一种情感。“浪漫派只用自己的感受作出反应。他的能动性是对一种肯定不属于他本人的能动性的感受性回应。”①经过这种颠倒，主体变成了世界的创造者。它只把世界作为其体验的机缘。因此，浪漫派并不想真正改造世界，而是认为只要没有干扰自己沉溺于幻想的，便是美好的。反讽和密谋为他提供了足够的武器维护自己主观主义的自主，并在机缘论的境界贯彻之。

① ［德］卡尔·施米特：《政治的浪漫派》，冯克利等译，上海人民出版社 2004 年版，第 95 页。

这种主观主义的结果是，浪漫派从它自身中，从共同体、世界史的发展中，或传统形而上学的上帝中，找不到现实。然而对某种实在的渴望要求一定的结局。它借助于反讽能够让自己避开唯一的实在。但反讽只能是主体用来保护自己的武器。现实本身是不能用主观主义方式获得的。于是便有了某种替代品：总体与大全。

主体能够把自身彻底变成整个宇宙的主人，变成科学的总体和艺术的总体。总体概念来自于自然哲学。在瓦格纳那里，总体表现为与经验实在毫无关系的建构。“每个时刻都被转化成了结构中的一点。正像浪漫派的感情摇摆于退入自我和畅游宇宙之间一样，每个点同时也是一个圆，每个圆同时也是一个点。共同体是扩大了的个体，个体是浓缩的共同体。每个历史时刻，都是我们用来处理各个民族和世界的历史哲学的宏大幻想中的一个具有可塑性的点。”①这是确保浪漫派驾驭现实的办法，我们生活中的一切实践，都是我们能够用来进行随意创造的素材，一切都是无穷序列中的第一环，是一部无结局的小说的起点。

总体与点的关系正是机缘。机缘论并未消除二元论，而是保留了二元论。机缘论的兴趣仅仅是从二元论的结果逃到一种更普遍、“更高”和“更真实”的统一中去。机缘论的上帝，本质上具有这种充当真实实在的功能，灵与肉的对立由此消失在不真实的领域之中。

在这个过程中，“一切真实的东西仅仅是机缘。客体没有本质、本性和功能。它是浪漫派幻想游戏的具体的起点。作为一个起点，这个具体的点总是存在的，但它与浪漫派的衍生物没有任何可以测知的关系，所以说，把浪漫派的对象跟其他对象——女王、国家、可爱之物、贵妇人——区分开是不可能的，因为根本不再有客体，只有机缘。”②既然浪漫派是机缘论者，所以它也只能算是一种精神即审美革命。它是游戏和想象中改造，即“诗化”，换言之，它把具体的既有事物，甚至每一种感觉，作为一篇“神

---

① ［德］卡尔·施米特：《政治的浪漫派》，冯克利等译，上海人民出版社2004年版，第78页。

② ［德］卡尔·施米特：《政治的浪漫派》，冯克利等译，上海人民出版社2004年版，第86页。

话寓言"、一首诗、一种审美感受对象或一个浪漫故事。

概言之，浪漫主义是主体的机缘论，其精神结构的具体内涵包括：其一，浪漫派是市民阶级孤独个体的意识形态，浪漫主义主体是浪漫派本身。在自由主义的市民阶级世界里，分离的、孤独的和获得解放的个人成了中心、终审法庭和绝对存在。但其往往假借人民和历史之名，以人民与历史的代言人与世界发生关系。其二，浪漫派反对必然性、现实性，将可能性推崇至最高范畴，任何转变为现实的都不是浪漫派所希望的对象。其三，浪漫派将这种可能性想象为总体，并以反讽与密谋的方式追求总体。其四，当下与总体的关系是机缘，任何点都是总体，任何总体又都是点。其五，浪漫派并不试图改变世界，其总体、大全只不过是当下不可改变的情感的主观反映而已。

坦率地说，如果考虑到卢卡奇在转向《历史与阶级意识》之前的确有过一个浪漫主义阶段，如果考虑到卢卡奇也的确使用过时机、总体、有机体等浪漫主义使用过的词汇，如果考虑到他在组织问题上像批判理论等指责的那样陷入官僚主义、极权主义，那么卢卡奇的物化批判似乎真的可能陷入了浪漫主义。但如果考虑到卢卡奇的自我批判，如果客观地分析卢卡奇的文本，《历史与阶级意识》的历史哲学与浪漫主义毫不相干。

在上篇中，我们已经分析了卢卡奇对反应式的物化意识的批判，在这里我们不再重复对这种情感反应式审美意识的批判。我们在这里将集中从两个方面分析卢卡奇的历史哲学与浪漫主义的原则性区别：其一，辩证的时机论不同于主体的机缘论。其二，卢卡奇的总体性具有社会、历史和人的总体性三个层次，是关于社会历史属性的表达，而不是承认分裂的社会现实不可改变基础上想象的总体，不是主观的产物。马克思主义政党和社会主义民主不同于浪漫主义主体，不同于假借历史或人民之名的宗派主义。

第三节　辩证时机论不同于主体机缘论

卢卡奇在《历史与阶级意识》中就提出了时机的理论，但这与浪漫主义的机缘论完全不同。时机论主要包括两个环节:其一,物化中的危机带来了时机,没有客观危机的存在,就不可能有时机的存在,主观的介入可能变成盲动主义;其二,只有无产阶级主观介入才能将时机转变为现实,没有这个主观介入,时机就不可能转变为扬弃物化的契机,危机可能在物化现实中循环下去(合理化——危机——进一步合理化——危机……),甚至走向野蛮状态。时机对卢卡奇来说,意味着是无产阶级主观介入历史的时刻。因此,可以将卢卡奇的时机理论概括为辩证的时机论。但这一思想却被误读成了主观主义、唯心主义。卢卡奇在《尾巴主义与辩证法》中捍卫了这一思想。

"什么是时机?其是一个处境,可能长,也可能短,区别于为这个时机作准备的过程,但在时机中,推动着过程的本质趋势。并且,这个处境需要采取决定,来决定过程的未来方向。也即是说,发展趋势达到了一个顶点。在时机之后,过程的不同方向,取决于如何处理这个处境。发展并不作为一个在有利于无产阶级方向上不断加强的过程,后天的状况一定更加优越于明天,等等。发展毋宁意味着在一个特定的时刻,必须采取决定;如果后天采取这个决定,就会为时太晚。"①由此可见:其一,时机源于历史过程,时机并不在历史过程之外,在历史过程之外的时机只能是设定这种时机的主观臆想。历史过程本身为时机的出现做好了准备。其二,时机也区别于历史过程,时机并不完全淹没在历史过程中,历史过程并不是机械的线性发展过程,而是充满了时机与变化的过程。时机的出现的确具有偶然性。其三,时机对历史过程的作用体现在,当时机出现时,主观的介入可以改变历史发展的进程,决定历史发展的方向和本质趋势。放到物化批判中去就是说,当危机出现时,是采取无产阶级立场,使得历史朝着社会主义、共产主义发展,还是朝着资本主义发展,取决于在这个时机中的决定。在这个决定之后,时机再次消失在历史发展的过程中。

概言之,历史的发展是过程与时机的辩证发展过程,是一个主观与客

---

① Georg Lukács, *Tailism and the Dialectic—A Defence of History and Class Consciousness*, London: Verso, 2000, p.55.

观相互作用的过程。时机是历史发展过程的一个本质特征,抛弃了时机也就陷入了尾巴主义,坚持辩证的时机论才是辩证法的内在超越之路。

“不可能将‘时机’和‘过程’区别开来,主体并不僵硬地、与自己毫无关联地面对客体。辩证的方法并不坚持两者的无区分的统一,或者绝对的分离。相反,这是一个时机不断从过程中独立的过程,又是一个不断扬弃这种独立性的过程。”①时机与过程并不是无区分的统一,无论是将之完全统一为过程,还是将之完全统一为时机。如果将两者完全统一于过程,那么也就没有任何时机。如果将历史的发展看成一个线性的进化过程,历史也就不成其为人的历史。如果将两者完全统一于时机,漠视过程的因素,那么可能陷入左派的幼稚病中。时机与过程的关系也不是绝对的对立,无论是用过程反对时机,还是用时机反对过程。如果用过程反对时机,显然,这个过程同样是机械的过程,时机也同样可能沦落到冒险行动;如果用时机反对过程,将时机机械地普遍化,将积极的自觉的主观环节对整个过程普遍化,认为在任何时候,在任何条件下其都可以发挥作用,而不是一个具体的时刻,这就陷入了无原则的主观主义,也就是走向了盲动主义。“机械地将决定性角色普遍化,这就将积极的有意识的主观环节运用到整个过程,将这种影响想象成了在任何时刻、在任何条件下都发挥作用,而不是将之理解为在特定的具体的时刻。”②这就将具体的、特殊的历史时机的具体真理,转化为对过程永恒的决定性影响的抽象错误。

时机与过程的辩证统一体现了历史发展是主观与客观的相互作用。卢卡奇指出,主观与客观的相互作用,只有发生在实践中。“在抽象的层面,也就是在与实践割裂的思想层面,主体和客体相互隔离面对对方。每一种思想将实践的这种特性简单地归结为理论,都终结于概念的神话,都必然成为唯心主义(费希特)。但正因此,如果所有误解了无产阶级实践

① Georg Lukács, *Tailism and the Dialectic—A Defence of History and Class Consciousness*, London: Verso, 2000, p.56.

② Georg Lukács, *Tailism and the Dialectic—A Defence of History and Class Consciousness*, London: Verso, 2000, pp.58-59.

这种特殊性质(实践是革命的)的思想,将主体与客体的严格对立从‘纯’理论带到实践中去,就都将终结于宿命论,因此,其也就摒弃了实践,变成了一种尾巴主义理论。”[①]也即是说,在与实践割裂的理论中,主观与客观是相互对立的,但在具体的实践中,一定是主客观的相互作用。如果将实践的特性归结为理论,也就是认为在理论中也存在着这种相互作用,以至于无需在实践中就能够实现主客观的相互作用,这势必陷入费希特那样的唯心主义。从这里可见,卢卡奇已经预先回应了马丁·杰伊对他陷入费希特主义的批判。同样,如果将理论中的主客观对立带到实践中,这就忽视了主观能动的作用,导致了宿命论和尾巴主义。

这种对过程的作用,只能在当下的实践中进行,而之所以使用“时机”这个概念,是为了强调这种实践的当下特性。而在历史进程中,一旦实践行为完成,主观过程就变成了客观环节的结果。卢卡奇再次强调,“我仍然强调——我没有发现任何最细微的理由来撤回,或者以任何方式削弱我的任何反思——在这种时机里,一切都取决于阶级意识,取决于无产阶级自觉的意志。这是决断的时机存在的地方。历史过程中主体与客体的相互作用,自明地包含着我所再次强调的,主观环节是客观过程的一个产物、一个环节。它在客观过程所需要的特定的历史处境下,对过程发生作用,指明其方向。”[②]

正是在此基础上,卢卡奇重解了列宁的两个命题。

第一个命题:革命是把握时机的艺术。这个命题很容易被解释成浪漫主义机缘论。卢卡奇认为,在列宁主义那里,这个概念是常识,为革命的准备和组织怎么可能没有一个积极的、有意识的主观环节?如果革命是艺术,革命的关键性时刻,怎么可能没有一个主观环节?这里,列宁强调的是,一方面,革命的客观过程必然通过战争、饥荒、农民运动、上层阶级的动摇、无产阶级的革命发展等客观因素逼迫人们起来革命,为了革命

---

① Georg Lukács, *Tailism and the Dialectic—A Defence of History and Class Consciousness*, London: Verso, 2000, p.56.

② Georg Lukács, *Tailism and the Dialectic—A Defence of History and Class Consciousness*, London: Verso, 2000, p.56.

的成功，革命的发展已经改变了工人阶级的态度。另一方面，革命的过程需要自觉的主体的作用。“一旦这些客观的条件已经成熟至革命，一旦革命的时机已经存在，那么革命的有意识的主观的环节就上升到一个独立的活动。”①

这里值得注意的是，时机上升为一个独立的活动，这常常被诟病为与群众的分离，意味着可能走向官僚化和极权化。但卢卡奇认为，这种独立性所体现的方法论意义在于，历史发展在任何一个环节上都是主观与客观的统一。一方面时机是有意识决定的，是通过主观方面形成的；另一方面，这又与纯粹主观环节不同，与道德要求不同。“造反作为一门艺术，是革命过程的一个时机，在此刻，主观环节具有决定性的主导地位。”②这种有利的客观革命条件、共产党的出现是社会和经济发展的产物，但所有这些都不是独立于主体的，没有一个仅仅是社会基础发展的纯粹产物。只是因为在之前的历史环节就是意识参与的结果，因此在特定时机，主观环节才具有重要作用。也即是说，历史发展作为一个过程，在任何特定关节点上，都是主观与客观的统一，都是上一环节主观与客观相互作用的结果。因此，在新的关节点上，新的主观环节的作用，对历史发展下一步具有重要意义。“但在这些‘时机’内，这些与无产阶级革命的命运（因此与人的命运）相关的决断，取决于主观要素。如果不理解革命是一门艺术的这种重要意义，就不能正确地理解列宁的革命过程概念。列宁说，在当下（这与所有的革命条件相关），任何忠实于马克思主义的，任何忠实于革命的，都不能放弃革命是一门艺术。”③

卢卡奇认为，所有对列宁的批判，包括来自卢森堡的批判，都认为革命是一种经济的自发性，或者说从经济基础，从下面自在地自发地导致革命，都忽视了一个自觉的主体因素。

---

① Georg Lukács, *Tailism and the Dialectic—A Defence of History and Class Consciousness*, London: Verso, 2000, p.57.

② Georg Lukács, *Tailism and the Dialectic—A Defence of History and Class Consciousness*, London: Verso, 2000, p.58.

③ Georg Lukács, *Tailism and the Dialectic—A Defence of History and Class Consciousness*, London: Verso, 2000, p.58.

在论述了时机之于主观环节的关键意义之后，卢卡奇马上指出，这不是要走向主观主义。卢卡奇指出，他自己在1920年的议会问题上就曾经犯了左派幼稚病的错误，就受到过列宁的批判。这种批判在卢卡奇看来，无疑是正确的。同时，卢卡奇认为，列宁对他的批判绝不是在原则上反对主观环节，而是反对其错误的应用。这种错误的运用具有两种表现形式：其一是对客观形势的错误估计，也即是说，认为客观形势已经成熟，但实际上并没有出现；其二是将这种决定性时刻机械地普遍化，这就陷入了无原则的主观主义，也就是走向了盲动主义。这种理论忽视了时机的辩证改造的性质，忽视了时机的具体的革命的本质。“造反是一门艺术变成了造反是一个赌博。有很好保证的主体活动任务变成了主观主义的空洞说辞。”①

列宁批判左派幼稚病的问题就是高估了这种环节的意义、力量和连续性，而不是将之视为一个原则。但列宁同样批判了这些忽视主观因素的人，这些以一种失败者形象屈从于经济基础的趋势的人。卢卡奇为了更加明确地阐述立场，特地列举了一个例子。这个例子就是列宁关于国家资本主义的理论。列宁认为，国家资本主义未来发展的趋势完全依赖于政党对之的控制。这种政党的控制，当然不是在任何一种情况下都可以，也不是在任何地方都以同样的方式进行。“问题不在于政党任意改变国家的经济基础，而在于，在各种始终来自经济基础和社会趋势的斗争中，政党（正如工人大众运用国家一样）自觉地和有意识地影响各种社会经济和社会发展的趋势。”②显然，无产阶级政党的任务就在于引导这个趋势，而不是任意改变经济结构。

卢卡奇重解列宁的第二个命题：没有一个时机是没有出路的，反过来说，在任何一个时机中，都是有出路的。这里卢卡奇认为，列宁所强调的有两点：第一，革命的出路并不是一种经济决定论或经济还原论。卢卡奇

---

① Georg Lukács, *Tailism and the Dialectic—A Defence of History and Class Consciousness*, London: Verso, 2000, p.59.

② Georg Lukács, *Tailism and the Dialectic—A Defence of History and Class Consciousness*, London: Verso, 2000, p.59.

指出，认为列宁主张只有生产力的前提成熟了，才有革命的可能性，是对列宁的误解，是将孟什维克主义和尾巴主义偷运进列宁主义。正如认为只有无产阶级阶级意识是革命的推动力一样，同样是对他本人的误解一样。卢卡奇再次强调，“在特定时刻（这就是我为什么使用时机这个术语），其毫无疑问是关键要素。”①这种时机的要素不能是事后反思性质的。因为即使是鲁达士也承认在革命过程中好时机的重要意义。“但从‘事后’说，无产阶级还在动摇、还不够成熟地革命，或者生产力的发展还不允许开始革命，都不是布尔什维克主义，都不是马克思主义。”②这实际上是经济决定论、经济还原论，认为革命的发展客观地建立在生产力发展达到革命的阶段。当然，在资本主义发展的早期，无产阶级革命的客观条件的确还不成熟，这也是事实。“但如果经济发展已经动摇国家的经济基础，那么对资产阶级来说，危机是致命的，还是可以克服的，就一定完全取决于无产阶级阶级意识。”③列宁所强调的是，群众行动是踌躇不前，还是坚定不移，在很大程度上，取决于作为无产阶级阶级意识形式（共产党）的行为是敏锐的、决定性的，还是懦弱的、宿命论的。第二，没有时机是没有出路的，主要源于这个过程本身不是有机的、而是矛盾的。“前面的论证已经清楚地说明了，这些时机并不自由地漂浮在空气中，也并不是任意地凭借意志就能够带来，而是客观过程所筑就的，也就是说其不能从生产过程中孤立出来。根据我的理解，时机不能脱离整个过程而孤立存在，表明时机出现在过程中，时机属于过程的一个本质特征。”④因此，过程不是一个进化的或者有机的过程，而是一个矛盾的过程。正是根据过程的这种性质，任何一个时机，都有可能积极地介入。

---

① Georg Lukács, *Tailism and the Dialectic—A Defence of History and Class Consciousness*, London: Verso, 2000, p.60.

② Georg Lukács, *Tailism and the Dialectic—A Defence of History and Class Consciousness*, London: Verso, 2000, p.60.

③ Georg Lukács, *Tailism and the Dialectic—A Defence of History and Class Consciousness*, London: Verso, 2000, p.60.

④ Georg Lukács, *Tailism and the Dialectic—A Defence of History and Class Consciousness*, London: Verso, 2000, p.61.

综上所述,在卢卡奇这里,时机理论与浪漫主义的机缘论并不相同,与齐泽克等所解读的没有历史必然性的偶然性也不相同。与齐泽克的区别主要在于,时机与历史的规律性知识并不冲突,而恰恰是建立在这种知识基础上的,其并不主张盲目的暴力革命,而是主张当历史过程出现时机的时候,积极地主观介入,这无疑需要对历史规律性(合理化及其危机、过程与时机的理论等)的认识。“革命的乌托邦主义是想让人们拉着自己的鞋子上的搭扣来拔高自己,一蹦而登上一个全新的世界,而不是藉助于辩证法来认识从旧事物到新事物的辩证发展的一种尝试。”①与浪漫主义的主要区别在于,这个时机是源于历史过程的,是历史过程的本质特征,而不是一种主观主义,卢卡奇也并不简单地反对因果关系,而是反对机械的因果关系,反对将主观完全归结为客观从而丧失主观性,主张任何客观决定主观,但同时任何一个客观都是主观参与建构的,新的客观事物的形成需要新的主观因素的介入。当然,要区分卢卡奇与浪漫主义还需要从总体范畴进一步阐述。

第四节　具体的总体不同于总体的大全

在浪漫主义那里,面对着主体与客体、思维与存在、自由与必然、个体与社会的分裂时,主张用总体来化解这种对立。浪漫主义并不是要消除对立,而是要将这种对立放到更高的统一体中去,这种更高的统一体就是总体。根据施米特的观点,这种总体观念实际上是浪漫主义在现实中找不到解决问题之路,从而在思想中反讽现实的一种主观态度。从这个角度看,这个总体与卢卡奇的总体观有着明显的不同。

卢卡奇的总体性范畴是后来被批判最多的范畴之一,也是卢卡奇在《历史与阶级意识》1967 年新版序言中积极捍卫的观点。“毫无疑义,《历史与阶级意识》的重大成就之一,在于那曾被社会民主党机会主义的‘科学性’打入冷宫的总体范畴,重新恢复了它在马克思主义著作中一向

---

① ［匈］卢卡奇:《列宁》,张翼星译,远流出版事业股份有限公司 1991 年版,第 92 页。

占有的方法论的核心地位。"[①]当然卢卡奇在辩护中也批判了其将总体性与经济优先性对立起来，为论证这个自我批评，卢卡奇引用了《作为马克思主义者的罗莎·卢森堡》的第一句话。"不是经济动机在历史解释中的优先地位，而是总体的观点，使马克思主义同资产阶级科学有决定性的区别。"[②]学界一般以这个自我批评为依据，认为这个总体性陷入了一种黑格尔主义的歪曲，抛弃了马克思的经济基础决定上层建筑的观点。但笔者认为，如果细读这个表述，我们将发现，卢卡奇所批判的经济的优先性，实际上是经济动机的优先性，而不是经济结构或者经济基础。

经济动机的优先性并不是马克思的观点，也不是黑格尔的观点，而是功利主义的观点。如果从经济动机的优先性来解释历史，那么必将陷入功利主义，诸多学者正是这样歪曲马克思的，甚至将马克思主义歪曲成"吃喝"的唯物主义。显然马克思并不赞同从经济动机的角度理解历史。"因此，它（旧唯物主义——引者注）的历史观——如果它有某种历史观的话——本质上也是实用主义的，它按照行动的动机来判断一切，把历史人物分为君子和小人，并且照例认为君子是受骗者，而小人是得胜者。旧唯物主义由此得出的结论是，在历史的研究中不能得到很多有教益的东西；而我们由此得出的结论是，旧唯物主义在历史领域内自己背叛了自己，因为它认为在历史领域中起作用的精神的动力是最终原因，而不去研究隐藏在这些动力后面的是什么，这些动力的动力是什么。"[③]可见，旧唯物主义和旧唯心主义都陷入了动机论。"只有唯物主义辩证法才能认识到动力之后的动力才能找到冲突、问题、错误和正确性出现的物质渊源，因为他将这种必然性溯源至社会经济结构的转型，溯源至思想者所处的

① ［匈］卢卡奇：《历史与阶级意识》，杜章智等译，商务印书馆 1999 年版，新版序言（1967），第 15 页。

② ［匈］卢卡奇：《历史与阶级意识》，杜章智等译，商务印书馆 1999 年版，第 77 页。Georg Lukács, *History and Class Consciousness*, London: The MIT Press, 1971, p. XX。在原文中，"Vorherrschaft"被翻译成了"首要地位"，在 1967 年新版序言中被译成"统治地位"。

③ 《马克思恩格斯文集》第 4 卷，人民出版社 2009 年版，第 303 页。

阶级地位和其所陷入到的直接性。”①动机的背后隐藏着物质根源，隐藏着特定的阶级地位和阶级关系。这才是唯物史观的基本主张。

马克思主张的是，“人们在自己生活的社会生产中发生一定的、必然的、不以他们的意志为转移的关系，即同他们的物质生产力的一定发展阶段相适合的生产关系。这些生产关系的总和构成社会的经济结构，即有法律的和政治的上层建筑竖立其上并有一定的社会意识形式与之相适应的现实基础。”②马克思主张的是，生产关系的总和构成了社会经济结构，社会经济结构具有基础性作用。经济结构本身具有总体性，在这个意义上，经济动机无疑在历史解释中不占有优先地位，卢卡奇的这个论述无疑是正确的。因此，在总体性问题上，有人批判卢卡奇将总体性与经济基础对立起来是将经济动机等同于经济结构，这种指责无疑是错误的。问题是，在《历史与阶级意识》1967 年新版序言中，卢卡奇也批判自己导致了一种黑格尔主义歪曲，所以真正需要阐释的问题是卢卡奇的总体性在什么意义上导致了黑格尔主义的歪曲，或者说究竟该如何理解其与黑格尔总体性的关系。

卢卡奇的总体性概念主要包含三个层面的含义。

首先是社会的总体性，其次是历史的总体性，最后是阶级意识的总体性。

就社会的总体性而言，卢卡奇与马克思所说的生产关系构成总体的经济结构思想是一脉相承的。卢卡奇认为，每一个社会中的生产关系都形成一个统一的整体。这个统一的整体是历史地了解社会关系的方法论。这种关系的总体决定认识客体的对象性形式，也就是说，对象以什么样的形式向人呈现是由这种生产关系的总体决定的。因此，卢卡奇引用了马克思的著名论断，“黑人就是黑人。只有在一定的关系下，他才成为奴隶。纺纱机是纺棉花的机器。只有在一定的关系下，它才成为资本。脱离了这种关系，它也就不是资本了，就像黄金本身并不是货币，砂糖并

① Georg Lukács, *Tailism and the Dialectic—A Defence of History and Class Consciousness*, London, New York: Verso, 2000, p.96.

② 《马克思恩格斯文集》第 2 卷，人民出版社 2009 年版，第 591 页。

不是砂糖的价格一样。"[①]由此卢卡奇指出，只有在资本主义社会中，才有了总体性生产关系的形成。"现代资本主义的发展不仅根据自己的需要改变生产关系，而且也改变那些在前资本主义社会中孤立地、同生产相分离地存在着的原始资本主义形式，使它们适应现代资本主义的整个系统，把它们变成使整个社会从现在起彻底资本主义化的统一过程的一些环节。"[②]正是在这种具有总体性的生产关系结构中，卢卡奇指出了普遍的物化结构。这种普遍的物化结构在国家、法律等各个生活领域中，都有相应的表现。在这个结构中，对象和主体都被分割成各个部分，各个部分之间的关系都以物的形式被中介。这种现实构成了人的物化生存方式。适者生存，劣者淘汰。卢卡奇在此基础上分析了与之相应的普遍的意识结构，物化意识实际上就是一种自我保存的直观态度，甚至是一种主动的意识，当然，在这种意识中没有自主性，只有他律性。

"只有在这种总体观能揭破资本主义生产方式所必然产生的拜物教形式，使我们看到它们不过是一些假象，这些假象虽然看来是必然的，但终究是假的。"[③]物化的扬弃也就意味着将这种自主性还给人，但由于在总体性的生产关系中，各个环节还是具有差异的，因此，物化扬弃的过程取决于物与物的关系和人与人之间关系的距离程度。"社会经济结构的个别形式在方法论上的优先性、它们在体系（不管是原初的还是派生的），决定于它们与可能'变回'这一因素距离有多远。因此，工业资本就优先于商业资本、金融资本。"[④]正是在这个意义上，工人阶级直接在劳资矛盾中最直接地体会到了物化，也最有可能打开窥透物化形式的道路。而在金融资本中，利息很容易变成是货币本身的属性，就像梨树的属性是结梨一样，因此在货币拜物教中就更难冲破物化的限制。

从社会总体性这个角度看，卢卡奇的总体性源于马克思的生产关系总体性，其进一步推进是强调了这种生产关系渗透到国家、法律等各个领

① 《马克思恩格斯文集》第 1 卷，人民出版社 2009 年版，第 723 页。
② ［匈］卢卡奇：《历史与阶级意识》，杜章智等译，商务印书馆 1999 年版，第 158 页。
③ ［匈］卢卡奇：《历史与阶级意识》，杜章智等译，商务印书馆 1999 年版，第 63 页。
④ ［匈］卢卡奇：《历史与阶级意识》，杜章智等译，商务印书馆 1999 年版，第 276 页。

域，同时形成一个与之相应的具有总体性的物化意识结构。这一点与浪漫主义情感的、艺术的总体性完全不同。

其次，社会总体性动态性发展形成了历史总体性。就两者的关系而言，一方面社会总体性是历史总体性的横断面，另一方面历史的发展就是社会总体结构的发展。“在辩证唯物主义中，结构问题历史地解决了（也即，通过指明相关结构的具体的历史起源），历史问题从理论上解决了（也即，通过指出已经创造出的具体物质所遵循的规律）。”①结构与历史并不是对立的，而是从不同角度对同一历史进程的考察。卢卡奇认为，其所阐述的历史总体性同样来源于马克思。

正如海德格尔所说，马克思对异化的思考深入到历史的本质性维度中去了，同样卢卡奇也认为只有马克思才真正阐述了辩证的总体历史观。“真正的历史的辩证知识只有在马克思那里才出现，其仅仅形成于将当下视为总体过程的一个环节的辩证知识中。”②在卢卡奇看来，摆在马克思面前的是两种解读历史的方向：一条是自然主义的路向，也就是将现存的社会形式看作是永恒的自然规律，这条路向大体上属于实证主义历史学的路向；一条是历史主义的路向，这条路向将一切有意义的、有目标的东西都从历史中消除了，历史就像兰克所说的那样在每个时期都同样接近上帝。在前一种情况下，历史被形式化地理解了，这种理解将历史理解成自然因果律的历史，因此人的历史也就不存在了。在第二种情况下，由于每个历史阶段都同样接近上帝，历史也就没有了任何发展的维度，没有任何进步的意义。历史就被盲目的非理性力量支配着，这种力量或者表现为民族精神，或者表现为伟人。历史“只能作为一种艺术品被从美学上来加以构造，或者就像在康德派的历史哲学中那样，必须被看作是借以实现永恒的、超历史的伦理原则的自身无感觉的材料”③。如果按照克罗

① Georg Lukács, *Tailism and the Dialectic—A Defence of History and Class Consciousness*, London: Verso, 2000, p.108.

② Georg Lukács, *Tailism and the Dialectic—A Defence of History and Class Consciousness*, London: Verso, 2000, p.117.

③ ［匈］卢卡奇：《历史与阶级意识》，杜章智等译，商务印书馆1999年版，第104页。

齐的说法，前者是自然主义的内在性历史，后者是历史哲学的超验性历史。两者看似相互对立，但实际上又内在关联。

在卢卡奇看来，马克思提出了一种新的批判主义，这种批判主义的实质是历史的批判。这种历史批判方法将"社会经济生活的全部物化了对象溶化为人的关系"①。这就将自然主义所揭示的物的历史还原为人的历史，同时，也批判了非理性的历史解释原则。社会结构不是由某种非理性力量决定的，而是人们在特定历史时期自我对象化的结果。这种批判不是简单地废除自我对象化，而是要从人与人之间关系的角度揭示其历史起源和有效性。"这一扬弃决不是取消它的独立于人的意志，特别是个别人的意志和思想的规律性和客观性，这种客观性只是人类社会在其发展的特定阶段的自我对象化；这种规律性只有在造成这一规律性并重又受这一规律性制约的那个历史环境内才有效。"②这里再次表明卢卡奇的历史哲学并不是唯心主义的，他清楚地看到了历史规律对于历史个体的客观性，他主张特定历史规律的历史条件性、制约性、非永恒性。

因此，"历史恰恰是这些形式的历史，是它们作为人们组成社会的形式所经受的变化的历史，这些形式发端于实际的经济关系，控制着人与人之间的全部关系（并因而也控制着人同自身，同自然等等的关系）。"③因此，历史的总体性就是社会关系的总体性。这种社会关系发端于经济关系，作为一种"特殊的以太"、"普照的光"影响着人的关系的各个方面。

这里值得注意的是：第一，正如卢卡奇强调在资本主义社会才形成了社会关系的总体性，同样只有在资本主义社会中才有这种历史的总体性，而在前资本主义社会中，经济因素与政治和宗教因素不可分离地结合在一起，经济因素还没有取得支配性地位，社会也没有形成有关联的统一。第二，卢卡奇所强调的历史总体性与新康德主义所理解的总体性并不相同。在李凯尔特所代表的新康德主义这里，总体性表现为历史的价值或意义。这种价值或意义虽不像浪漫主义那样纯粹是主观的情感，但作为

① ［匈］卢卡奇：《历史与阶级意识》，杜章智等译，商务印书馆 1999 年版，第 104 页。
② ［匈］卢卡奇：《历史与阶级意识》，杜章智等译，商务印书馆 1999 年版，第 105 页。
③ ［匈］卢卡奇：《历史与阶级意识》，杜章智等译，商务印书馆 1999 年版，第 102 页。

一种客观精神的体现也只有对其特定的集体（阶级）才有效，相对也就变成了绝对，并且相互之间互相对立。卢卡奇认为，其所理解的历史总体性不是简单地反对相对或者绝对，而是将其都变成历史发展的环节，变成具体的历史现象，变成具体的历史形态。相对主义以及由之带来的绝对都变成了历史发展流动的环节，其发展的趋势就是不断上升到人的自我认识的更高阶段。在这一方面，卢卡奇认为，黑格尔与马克思是一致的，他们都将较高环节视为较低环节的真理，而这些较低环节的真理并没有被简单地否定掉，而是被纳入更具体和更全面的总体之中。正是在历史总体性问题上，卢卡奇恢复了马克思的黑格尔主义来源，但这种恢复却被批判理论等解读成马克思退回到了黑格尔主义那里。因此，必须阐明卢卡奇所理解的历史总体性与黑格尔的差异。

在对“资产阶级二律背反”中，卢卡奇已经分析了黑格尔历史总体性理论上的缺陷。如果简单地概括黑格尔和马克思的区别，问题在于，“黑格尔的认识只不过是对一种与自己根本不同的材料的认识，而不是这种材料即人类社会的自我认识。”①在黑格尔这里，还保持着自柏拉图以来形而上学的基本建制，历史还不是人的认识，还只是黑格尔所理解的绝对精神的演化史，现实民族的历史发展表现为这种世界精神的狡计，也即是说，还不是这种民族自我的历史发展。而马克思认识到了，意识在任何时候都只能是被意识到了的存在，而人们的存在就是人们的现实生活过程。因此，思维与存在植根于、统一于这个现实生活的生产与再生产之中。在马克思这里，这个现实的生活过程也具有世界历史维度，其最终发展指向共产主义的最高目标。但历史向世界历史的转变、最高目标的实现都是一个发端于不断改变现状的现实运动。正是在这个意义上，马克思强调了共产主义不是应当确立的状况，不是现实应当与之相适应的理想，而是在现实的前提下，不断地改变现状。对于共产主义者来说，解放是一个现实的过程，全部问题在于使世界革命化，实际地反对现存事物。卢卡奇强调，共产主义不是一个“先验目标”，最终目标不是一个义务、观点。“应

① ［匈］卢卡奇：《历史与阶级意识》，杜章智等译，商务印书馆 1999 年版，第 66 页。

该说最终目标是与总体(即被视为过程的社会整体)的关系,由于这种关系斗争的各个环节才获得它的革命意义。"①不理解这一点,就很难将卢卡奇与黑格尔区分开来,自然也就很难读懂下面这句话,"与总体的关系不必表现为总体的全部丰富内容全都被有意识地包括在行动的动机和目的之内。"②在黑格尔的绝对精神"事后"外化模式中,总体性的全部丰富内容无疑已经是已知的了。在这里,我们可以清楚地看到卢卡奇当然明白马克思历史观对黑格尔的超越。

卢卡奇一再强调,"只有当一方面人类存在籍以形成的全部范畴表现为这种存在本身的规定(而不仅是它的可把握性的规定),另一方面这全部范畴的顺序、关系和联系表现为历史过程本身的因素,表现为现在的结构的构成时,起源和历史才可能一致,或更确切地说,才可能纯粹是同一过程的因素。"③全部范畴不仅是存在的可把握性规定,意味着全部范畴不是以一种理性主义的方式认识、算计和控制存在。这一点无论是卢卡奇本人,还是霍克海默和阿多诺都阐释了可能意味着对对象的控制,意味着极权主义控制。因此,阿多诺认为应该提倡一种普遍的否定的历史,也就是没有绝对的普遍的历史。但卢卡奇并不赞同这种观点,卢卡奇认为范畴是存在本身的规定,如此才有思维与存在表现为同一过程的两个方面。因此,卢卡奇总体性的存在论视域并不像有些学者所论述的那样还是唯心主义的、浪漫主义的,其与马克思的总体性思路是一致的。"历史唯物主义使以前所有的方法都黯然失色。一方面,其将现实理解为与历史过程相一致的总体,另一方面,现实在任何时候都是理解知识的出发点。知识自身被理解为客观历史过程的一个产物。其不被迫或者将知识自身绝对化,也不被迫将决定着知识形式与内容的当下历史现实绝对化

① [匈]卢卡奇:《历史与阶级意识》,杜章智等译,商务印书馆 1999 年版,第 74 页。

② [匈]卢卡奇:《历史与阶级意识》,杜章智等译,商务印书馆 1999 年版,第 296 页。

③ [匈]卢卡奇:《历史与阶级意识》,杜章智等译,商务印书馆 1999 年版,第 245 页。Georg Lukács, *History and Class Consciousness*, London: The MIT Press, 1971, p.159。中译文略有改动。

（像黑格尔仍不得不做的那样）。”①

最后，卢卡奇的总体性包含阶级的总体性维度。要真正厘清卢卡奇的总体性思想与浪漫主义、黑格尔总体性之间的区别，必须分析阶级的总体性。如前所述，只有在资本主义社会中，才有了社会的总体性，因此只有资产阶级与无产阶级才有总体性，只有资产阶级和无产阶级才可以根据自身的利益来领导、组织整个社会。而资产阶级基于个人的利己主义，必然将总体性作为合理计算的对象，作为追求剩余价值的对象，而这导致的结果是资本主义遭遇到了生产资料私有制（生产关系）与社会化大生产（生产力）之间的矛盾，这种矛盾构成了资本主义的内在限制。这种内在限制在历史上表现为，当其还没有摧毁封建主义的时候，就已经形成了自己的敌人——无产阶级；在政治上表现为，以自由、民主、平等、博爱等名义反对封建等级取得胜利的时候，变成了新的压迫；在社会学上表现为，尽管阶级斗争在资本主义社会中才清晰地表现出来，但所有的资产阶级在理论和实践上，总是千方百计将阶级斗争从社会意识中抹去；在意识形态上表现为，资产阶级一方面高度呼吁个性，另一方面通过个人主义经济条件，以物化的形式取消了个性。因此，无产阶级及其意识形态是内在于资本主义社会之中的，是资本主义社会内在矛盾的必然产物。

与资产阶级相比较，“无产阶级的优势仅仅在于，它有能力从核心出发来观察社会，并把它看作是相互联系着的整体，并因而从核心上，从改变现实上来采取行动；就在于对它的阶级意识来说，理论与实践是相互吻合的；就在于它因此能自觉地把它自己的行动作为决定性因素投放到历史发展上的天平上去。”②无产阶级的阶级意识不是简单地对客观经济条件的反映，不是说生活在典型资本主义国家中的典型工人就一定具有这种阶级意识。阶级意识虽然要归结为阶级利益问题，但这不是对直接利益的一种反映，而是要超越这种直接性，上升到总体性。

但显然，对一般工人来说，从其地位和利益出发，非常容易停留于这

① Georg Lukács, *Tailism and the Dialectic—A Defence of History and Class Consciousness*, London: Verso, 2000, p.105.

② ［匈］卢卡奇：《历史与阶级意识》，杜章智等译，商务印书馆 1999 年版，第 130 页。

种直接性，很难上升为总体性。反之，如果认为在资本主义社会中，任何时候整个阶级，或者差不多整个阶级，将同时能够上升到先锋队的意识和活动层面，上升到无产阶级的层面，必然导致尾巴主义。因此，在这个过程中，历史唯物主义就起了决定性作用。历史唯物主义是无产阶级意识形态的体现。历史唯物主义最重要的任务就是对资本主义社会制度作出准确的判断，揭露这种社会制度的本质。放弃历史唯物主义就是放弃无产阶级的立场。

但同样很显然的是，并不是所有的工人阶级都能够把握历史唯物主义，只有工人阶级的先锋队才能够将之视为行动的指南。“列宁通过发现了阶级地位与有意识的具体实践的现实中介，阐明了无产阶级实践的具体可能性。这是他不朽的理论贡献。（举一个反例，卢森堡执着于非中介的神话般的观察方式。）”①这样，一方面无产阶级中的一部分能够上升到与客观地位相符合的正确意识；另一方面，在斗争中，工人群众和其他被剥削的人能够被正确地领导。但这里马上就出现了一个棘手的问题。这种先锋队所把握的总体性如何不成为控制工人阶级的工具？这种先锋队如何不脱离工人阶级并僵化为工人的统治者？如果出现这种情况的话，就很容易被理解成先锋队作为浪漫派的主体，以人民和历史的代言人，统治着工人阶级。由此，卢卡奇、列宁和马克思都很容易被指责为同属于浪漫主义。

只有超越工人阶级心理感觉的直接性，上升到总体性，才能形成实践的批判的阶级意识，弥合这个差距的中介是无产阶级政党。“无产阶级的组织形式，一流的政党，是组织的现实形式，通过该组织形式，无产阶级与其社会地位相一致的意识不断发展和形成。无产阶级的组织形式部分是自发地从基础，从阶级斗争中形成的，部分是在意识中（正确地或错误地）创造出来的。”②作为中介的政党就是要在自发性与自觉性中形成积

① Georg Lukács, *Tailism and the Dialectic—A Defence of History and Class Consciousness*, London: Verso, 2000, p.81.

② Georg Lukács, *Tailism and the Dialectic—A Defence of History and Class Consciousness*, London: Verso, 2000, pp.78-79.

极互动。一旦认为组织形成的自发模式是唯一可能的或者是唯一正确的,那么组织形式的中介功能可能消失了。这导致的结果是组织的作用被低估了,解放只有通过工人的自发运动实现。这虽然也可以创造组织,但组织的功能变成保守的,受约束的。而另一方面如果认为组织的形成完全来自先锋队的自觉活动,组织就变成一种保守的、僵硬的形式,与鲜活的、持续变化的无产阶历史存在之间就没有了联系。

正是在这种辩证互动中,卢卡奇一方面强调了马克思列宁主义是资本主义和工人阶级斗争的产物。虽然马克思和恩格斯源于资产阶级,但他们的学说,是工人阶级发展的产物。不仅马克思主义本身,而且其理论来源,也即德国古典哲学、古典政治经济学和空想社会主义等,也部分地或多或少地来自无产阶级的产生,来源于对人的自我实现的关切。“如果我们考虑到共产主义理论开始在德国出现时,其所形成的方法论地位,我们至少应该简要指出,整个异化,人从自身外化,作为人最终实现自身的必要的历史的和哲学的阶段,是精神现象学关键性章节的主要关切。”①在马克思和恩格斯的先驱那里,理论与实践在相互独立地发展着,直到马克思这里,理论变成历史运动的一个有意识的产物,并且变成革命的;另一方面,工人阶级的直接经济意识很难形成总体性,也源于工人阶级阶级意识的内部差异。从前者来看,“因为无产阶级的社会存在使他仅仅处于与资产阶级直接斗争的关系,而只有当其吸纳了资本主义社会的总体性知识时,无产阶级阶级意识才能成为特有的阶级意识。”②也就是说,在直接的斗争中,斗争往往停留于工联主义水平、迫使政府制定必要的劳动法等;从后者来看,工人阶级和群众的自发性要素也存在着不同的层次,这在上篇中对卢森堡的自发性理论的批判已经有所涉及。

但在现实的发展中如何保证这种相互作用?如何保证无产阶级政党不陷入极权主义?事实上,卢卡奇对极权主义政党展开了激烈批判。“苏维埃运动自发地在各地发展,一步一步上升到更高的意识水平。斯

---

① Georg Lukács, *Political Writings, 1919–1929*, London: NLB, 1973, pp.210–211.

② Georg Lukács, *Tailism and the Dialectic—A Defence of History and Class Consciousness*, London: Verso, 2000, p.83.

大林时代把列宁同卢森堡之间的争论改头换面，实行了操控性、煽动性的歪曲，以便于所谓的意识行为与自发性互相排斥，以此削弱自发性的社会意义。斯大林为了把列宁塑造成为民众自发性的反对者而夸大列宁和卢森堡之间的差异。斯大林这样做的目的是为了加强党对民众的支配性控制。”①在这种控制下，卢卡奇认为，斯大林主义的社会主义比资本主义更加机械化和官僚化，“自由王国为人类独特的自我创造奠定了充分的基础。吊诡的是，斯大林主义制度不仅为人类的自我创造奠定了基础，而且还给人类生成过程的实现带来了客观的难以克服的障碍。”②

但卢卡奇对斯大林主义政党的批判既没有否定其在经济领域的巨大贡献（以及对世界和平的贡献），也没有因此抛弃无产阶级政党，转向资产阶级民主，而是坚定指出克服这种官僚制的道路是发展社会主义民主。为了表明社会主义民主不是一种固定的条件，而是一种历史的形成过程，其植根于经济基础，但作为一种具体的能动的力量塑造着社会主义经济，卢卡奇更倾向于用“民主化”来替代“民主”。

在卢卡奇看来，资本主义和社会主义都是人类社会的发展阶段，但资本主义社会缺乏自主意识和目的意识，完全由必然的经济规律支配着。伴随着一种内在的强大物化结构的自治主义，纯粹的经济规律主导着资本主义。“但是，与资本主义的进程相对照：在经济基础建立之后，社会主义特有的性质应该自觉地穿插进来，以便保证整个社会结构呈现出社会主体特质。这些社会主义具体特性就不仅仅是经济方面的了。资本主义是由一个自我调节的生产过程组织的，而社会主义就意味着有一些新生的、复杂的社会任务和可能性作有意识的指导。”③这个自觉的指导过程就是社会主义民主，“社会主义民主——由于在日常的实践中被迫变得主动，社会主义民主把人当作主动的创造物，而这时人的类存在的真实属性，——将人类劳动产生的客观化的或者客观的结果转化为人有意识创造的并且满足人类目的的客体。社会主义民主作为一种政治框架，在

---

① ［匈］卢卡奇：《民主化的进程》，寇鸿顺译，广东人民出版社 2013 年版，第 165 页。
② ［匈］卢卡奇：《民主化的进程》，寇鸿顺译，广东人民出版社 2013 年版，第 200—201 页。
③ ［匈］卢卡奇：《民主化的进程》，寇鸿顺译，广东人民出版社 2013 年版，第 181 页。

不违反客观规律的前提下，允许客观性成为自觉行动的人有目的设计的工具。这是意识和自我决定对盲目客观性的征服。作为自我决定的胜利，社会主义民主改变了人们的邻居和同胞，使其不再是人们实践的阻碍，而是必不可少的积极的合作者和帮手。”①社会主义民主是人主动创造实现人的目的的过程，是克服盲目性的过程，是以物的对象化力量复归于人的过程，是自我决定的胜利，是人与人合作而非控制关系的实现。

社会主义民主不同于资产阶级的形式民主，也不同于社会民主党合法的多数人民主。后者实际上陷入了资产阶级意识形态，对无产阶级掩盖了民主的资产阶级性质。“这种欺骗的要害之处就在于非辩证的‘多数’的概念。因为代表绝大多数人口的利益是工人阶级统治的本质，许多工人便产生错觉，以为每个公民的声音在其中都同等有效的纯粹形式的民主是表达和体现整个社会利益最合适的工具。但这种观点却没有考虑这一简单的——简单的！——细节，即人并不只是国家整体内抽象的个体、抽象的公民或孤立的原子而已，他还总是具体的人，在社会生产中占有特定的地位，人们的社会存在（以及通过其媒介的思想）是由这种地位决定的。资产阶级社会的纯粹民主排除了这种媒介。它把无掩饰的、抽象的个体直接与在这种环境中同样显然抽象的国家的整体性联系起来。”②这里提示几点：第一，资产阶级民主是形式的，这种形式的特性不仅表现在国家的抽象形式性，也表现为公民的抽象形式性，这种形式性忽视了人总是具体生产条件中的人，国家也总是具有一定阶级属性的国家。第二，在这些具体的人中，由于不同的生产地位，也就决定了其政治意识和参与能力是不同的。这种形式民主和国家不过是资产阶级社会控制的工具。第三，资产阶级之所以不断掩盖这种具体性，不断强化这种形式特征，目的是为了从意识形态上瓦解无产阶级。“就现代资产阶级的少数人统治来说，必须始终牢记，绝大多数人都不属于在阶级斗争中起决定作用的两个阶级中的任何一个，既不属于无产阶级，也不属于资产阶级；另

---

① [匈]卢卡奇：《民主化的进程》，寇鸿顺译，广东人民出版社 2013 年版，第 164 页。Georg Lukács, *The Process of Democratization*, State University of New York Press, 1991, p.125.

② [匈]卢卡奇：《列宁》，张翼星译，远流出版事业股份有限公司 1991 年版，第 82 页。

外，纯粹的民主，从社会和阶级的角度来看，都是设计来保证资产阶级统治者对这些中间阶层的统治的。”①民主的抽象人性论色彩越浓厚，民主意识的物化也就越深重。

“社会主义的历史目标是要终止日常生活中的人和作为政治代理人的人的分离。公民，作为一个政治人，既是民主的实践者又是实际政治生活的实践者，不应该再把人的理想本质从现实的人（民主制度下的人）中切断。”②社会主义不是像资本主义中的人被分成了市民和公民，前者是利己主义者，后者是政治理想主义者，前者与经济关系联系在一起，后者切断了与物质关系的关联。在社会主义，一个新的社会理想产生了，人以日常生活社会性的物质的具体的实现为目标，以使当下的紧迫问题以及国家大事都在阶级同志的集体合作中得到解决。“与萌生于资产阶级革命高潮时期的资产阶级民主下的公民理想主义相比，社会主义的主题是人类的日常物质生活。资本主义社会机械地将个体区分为人和公民，而社会主义所强调的日常，并不是推崇二元论之一的物质人。社会主义民主把在自由王国里超越这种二元论作为自己的任务。”③也就是说，社会主义要在人的日常物质生活领域中充分实现人的民主化。那么如何实现这一目标呢？

在卢卡奇看来，尽管苏联在极权主义的控制下，但社会主义充满活力而且自由的公共舆论依然参与，只是采取了地下和隐蔽的方式。在东欧社会内，这种私人密谈涉及社会生活的各个方面，这种公众舆论其实就是一种“私人密谈”，即时地和自发地发生在两个人之间进行的讨论。“这种无声的地下公众舆论是现存的社会主义民主化进程的开口楔子。它是一种社会力量，它转移到系统的公众实践中，在我看来这就是社会主义民主化进程的第一步。”④卢卡奇赋予此种涉及生活中各个领域的私人密谈

---

① ［匈］卢卡奇：《列宁》，张翼星译，远流出版事业股份有限公司 1991 年版，第 82 页。

② ［匈］卢卡奇：《民主化的进程》，寇鸿顺译，广东人民出版社 2013 年版，第 173 页。

③ ［匈］卢卡奇：《民主化的进程》，寇鸿顺译，广东人民出版社 2013 年版，第 188 页。Georg Lukács, *The Process of Democratization*, State University of New York Press, 1991, p.144. 译文有改动。

④ ［匈］卢卡奇：《民主化的进程》，寇鸿顺译，广东人民出版社 2013 年版，第 196 页。

以重大意义。“实际上,我们知道,如果不能有效地号召那些受到镇压而销声匿迹的地下力量,要推翻当前机械的、集中和超官僚化的计划体制实践是不可能的。”①没有广大群众的积极参与,摧毁官僚政治是不可能的。通过这些地下运动有意识的动员,广大群众再一次获得了一种权力意识,也就是改善自己生活的意识。

但即使在这里,卢卡奇也没有片面强调这种自发性及其组织力量,卢卡奇坚信这种要对整个经济领域进行改革的私人密谈必须得到政治主体的支持。这个政治主体就是以马克思主义为指导的无产阶级政党。社会主义民主的特殊性是把人性化观点的外部理论带入到经济领域,这是由社会主义的政治任务所决定的。“对于一个马克思主义者来说,应该对这些极少的却是基本的事实非常清楚,建立这种目标取向的天生领袖和推动力必须是共产党。这里涉及的问题是动员和组织私人的、主体间的、地下的运动,并且在实际生活中使它们成为以解放为目标导向的行为。”②共产党一方面对社会动态的总体性具有敏锐的洞察力,共产党是争取无产阶级利益的伟大事业的代表,另一方面,今天共产党必须接触并且善于接纳群众的各种欲望和要求,社会主义民主新的重大任务是把日常生活中各种政治参与调动起来。“党的责任绝不是把任何一种抽象的、挖空心思设计出来的策略强加给群众身上。相反地,党必须不断地向群众的斗争和群众斗争的方法学习。但在他学习的时候必须保持主动,为下一次的革命行动作好准备。党必须把群众从其正确的阶级本能产生出来的自发的发现,跟革命斗争的总体统一起来,并让他们意识到。”③

与之同时,卢卡奇再次强调了必须积极建设党内民主,这就再次提到了纪律问题。“有一种纪律不允许批判和改进,那是盲目服从;还有一种纪律是集参与、投入、自我修正和扬弃于一体,这是任何政治运动都必不

① [匈]卢卡奇:《民主化的进程》,寇鸿顺译,广东人民出版社 2013 年版,第 197 页。

② [匈]卢卡奇:《民主化的进程》,寇鸿顺译,广东人民出版社 2013 年版,第 211 页。Georg Lukács, *The Process of Democratization*, State University of New York Press, 1991, p.144.译文略有改动。

③ [匈]卢卡奇:《列宁》,张翼星译,远流出版事业股份有限公司 1991 年版,第 51—52 页。

可少的。”[①]尽管在具体实践中，可能还会遇到诸多困难，但卢卡奇坚定地认为，“资产阶级民主，像那个世界中许多人所认为的，真的是社会主义世界的真正选择吗？当社会主义系统危机出现时这个问题就被提出来了。我们的答案是明确的、果断的：不，永远不是。”[②]面对政治多元化的炒作，卢卡奇同样坚定地认为，多元化是一个骗局。多元化可以与新实证主义思想控制达成共谋，因此，必须保持马克思主义方法对多元化的优先权。“今天，罗陀斯依旧存在于遥远的未来。然而，一切迹象都表明，只有马克思指出的这条道路才能把我们领向未来。至于未来能够达到什么程度，则取决于共产主义运动的洞察力和勇气。”[③]

综上分析，我们可以看到《历史与阶级意识》时期的卢卡奇已经告别了浪漫主义，时机源于革命过程中矛盾的爆发，总体性不同于浪漫主义的大全，而是具有社会结构、历史阶级的基础，马克思主义政党也不是浪漫主义的主体，而是突出了政党与无产阶级群众的相互作用，强调了民主和集中的统一。当代西方激进哲学的解读忽视了时机与过程的辩证法，忽视了总体性与历史发展的内在关联，忽视了无产阶级政党与无产阶级之间的辩证关联，这种解读无疑具有浪漫主义色彩。

---

① ［匈］卢卡奇：《民主化的进程》，寇鸿顺译，广东人民出版社2013年版，第199页。
② ［匈］卢卡奇：《民主化的进程》，寇鸿顺译，广东人民出版社2013年版，第123页。
③ ［匈］卢卡奇：《民主化的进程》，寇鸿顺译，广东人民出版社2013年版，第220页。

结　　语

面对《历史与阶级意识》这个经典文本，摆在我们面前的是法兰克福学派和当代激进哲学两条诠释路向。两条路向讨论了物化批判和历史哲学这两个问题。他们的诠释路向分别基于他们自身的前理解，基于文本所带给他们的问题，基于他们对问题的重新提问和重新问答，他们的诠释无疑属于经典诠释。在这种诠释中，《历史与阶级意识》的意义才得以延续。当然，正如任何解蔽意味着遮蔽一样，他们的诠释无疑具有历史局限性。对于西方马克思主义的诠释路向，我们不能仅仅充当旁观者，也应该参与这场对话，并根据我们的研究视域给出我们自己的回答。

毛泽东曾指出，十月革命一声炮响，给我们送来了马克思列宁主义，从此中国人的精神就从被动转向了主动。同样，十月革命也给西欧无产阶级革命送去了马克思列宁主义，《历史与阶级意识》产生于对俄国革命取得胜利而匈牙利革命陷入失败的理论反思。这种反思接续了马克思列宁主义的思想传统。卢卡奇、葛兰西、科尔施等早期西方马克思主义并不与列宁主义相对立。与中国马克思主义一样，它们同样是马克思列宁主义思想的继承者。这种思想传统仍构成我们的前理解，仍塑造着我们。我们不可能抛开这个思想传统来理解《历史与阶级意识》。

从这个思想传统来看，我们依然处在从资本主义向社会主义过渡的历史趋势中。俄国的十月革命在这个历史趋势中打开了一条现实的社会主义道路。卢卡奇所追寻的是在西欧资本主义社会如何接续这条道路。尽管西欧无产阶级革命失败了，尽管在20世纪八九十年代整个世界社会主义运动遭遇到了曲折，但我们不能说世界历史发展的趋势被中断了。苏东剧变并不意味着社会主义的失败。随着中国特色社会主义进入新时代，社会主义重新焕发出生机与活力。社会主义没有辜负中国，中国也没有辜负社会主义。资本主义由于自身的内在危机所带来的向社会主义过渡的趋势没有改变，当代资本主义批判更不会过时。《历史与阶级意识》所开启的资本主义批判依然具有时代价值，我们依然需要与之对话，依然需要思考其所提出的扬弃资本主义的现实道路问题。

尽管我们与法兰克福学派、西方激进哲学都处于世界历史的进程中，但我们对此的理解并不相同。受到第二次世界大战的影响，《启蒙辩证法》代表了对资本主义文明极其悲观的看法，因此将卢卡奇的物化批判转化为工具理性批判。20 世界六七十年代后，随着资本主义逐渐恢复元气，以哈贝马斯为代表的法兰克福学派第二代学者认为资本主义仍具有解放的潜能，资本主义的现代性仍是未完成的事业。因此，理论的任务不是告别现代性，走向后现代，而是重释现代性，拯救现代性。哈贝马斯思考的问题变成了重新阐释从传统社会向现代社会的过渡，变成了通过商谈民主、法律民主走向民主法治国家的建设，从而缓解现代性的危机。尽管哈贝马斯依然保持着资本主义批判的色彩，但这种批判更多的是对资本主义修复式批判。正如哈贝马斯的传记作者多姆指出的那样，“他一直坚持这样一种资本主义主张，即单纯依靠有福利制度支撑和法制保障的民主就可驯化的资本主义。”①20 世纪 90 年代之后，以霍耐特为代表的法兰克福学派第三代学者虽然同样保持着对资本主义的批判维度，但以承认重构批判的规范基础，实际上已经将资本主义批判变成了一种政治伦理批判。这种规范批判的解放意图无非是彻底实现资本主义内在的规范性诉求，也就是普遍承认。这种承认政治的彻底实现指向的是资本主义现代性的彻底实现，是一条完善资本主义现代性的道路。我们可以看到法兰克福学派对世界历史进程的理解，对资本主义历史命运的理解，由此带来对《历史与阶级意识》思想主题的理解。

齐泽克对法兰克福学派保守主义的批评无疑具有积极意义。齐泽克

---

① ［德］多姆：《于尔根·哈贝马斯：知识分子与公共生活》，刘风译，社会科学文献出版社 2019 年版，第 112 页。

等西方激进哲学所坚守的是对资本主义的彻底批判，而不是修复式批判，是告别资本主义，而不是拯救资本主义，是接续马克思列宁主义所打开的世界历史视域。这也是他们为什么要提出作为列宁主义哲学家的卢卡奇，提出重解历史辩证法问题的原因。这种理论视野无疑宽宏远大，这种理论勇气无疑值得赞赏。但问题是，他们寄希望于资本主义的“剩余”（彻底被排斥者）以普遍性的名义反对资本主义。这种空洞普遍性的实践效应非常有限。马克思曾经提出“两个必然”和“两个决不会”理论。这就提示我们，超越资本主义的真正普遍性是社会生产意义上的普遍性，是社会生产成果共享基础上的普遍性。只有在这种具有物质内容的普遍性基础上，才有资本主义的内在超越。同样，如果资本主义依然具有释放生产力的潜能，依然具有转移矛盾的空间（既包含地理的，也包含社会的），依然具有这种自我调解能力，那么资本主义也一定依然具有它的生命力。

因此，我们既反对历史终结于资本主义的修复论，也反对空洞地推翻资本主义的革命论。从世界历史发展的进程来看，经济的全球化使人类处于命运共同体中，我们与资本主义也处于共生共存的命运共同体之中。我们需要充分吸收包括资本主义在内的一切优秀文明成果，坚定不移地走中国特色社会主义道路。从这个基本的前理解出发，我们可以对《历史与阶级意识》所提出的两个问题给出自己的回答。

从世界历史发展的进程来看，我们可以说，卢卡奇所说的物化与马克思所说的人的发展第二个阶段思想内在相通。物化就是物的依赖性基础上人的独立性，或者反过来说是人的独立性中包含着物的依赖性。尽管卢卡奇当时并没有看到马克思的《1857—1858 年经济学手稿》，但对于两次精研《资本论》的卢卡奇而言，两者的思想相通并不为奇。

在这样一个特定阶段上，依赖性与独立性并生并存。我们不可能简单地用一种概念的“清洗器”，只保留独立性层面，清除依赖性层面。扬弃这个阶段是现实的历史运动，是在社会生产基础上不断地朝着人的自由全面发展的迈进。卢卡奇更多强调的是依赖性，而不是独立性，更多看到的是物的依赖性所带来的独立性的取消，但并不意味着他没有看到这种独立性，否则他就不会将物化理解为人的命运。这里人的命运已经表明物化的前提是自由的劳动力形成，已经表明超越了人的依赖阶段，已经打破封建等级关系的束缚，已经具有了基本的人身自由。这个基本前提，用早期马克思的话来说就是已经实现了政治革命，已经有了人的独立存在的"外观"。这个基本前提对卢卡奇来说无疑是自明的。同样清楚的是，当卢卡奇强调物化批判走的是现实的人道主义道路时，这就意味着物化既表明人的存在，又表明人的非存在，两者不可分割。所以，当我们提出区分卢卡奇的物化和马克思的物化，认为卢卡奇将物化理解为人变成了物，只看到了物化的消极意义，而马克思作出了这个区分，区分了作为对象化意义上的物化和作为异化意义上的物化。[①] 这种观点无疑是对卢卡奇的曲解，尽管卢卡奇在《历史与阶级意识》1967 年的序言中也曾提出这种自我批评。面对第一次世界大战带来的资本主义文明的危机，面对理性走向非理性，卢卡奇突出强调物化的异化层面是完全可以理解的。我们要追问的是所谓区分对象化意义上的物化和异化意义上的物化究竟有什么意义，究竟能够带来什么理论效应。

所谓的区分论大体上有三个理由。其一，区分表明不是任何对象化都是物化，物化总是在特定历史条件下形成的，总是历史的，而不是非历史的。就此而言，卢卡奇当然是清楚的。在上篇中，我们已经指出，卢卡奇明确指出前资本主义时代和资本主义时代商品关系的区别，物化的形成是资本主义特定生产关系的产物，并不意味着所有生产关系下的对象化都是物化。其二，区分意味着一分为二地看待资本主义物化，要看到物化的积极层面。如果理由是这样的，那么我们可以说，资本主义的文明面对卢卡奇而言是不言而喻的事实，更重要的是资本主义的文明走向了它的反面，走向了相互之间的战争。这是特定的时代经验。其三，区分意味着物化具有积极意义，对于一些后发展国家，当还没有吸收物化的积极层面，就批评物化的话，就可能犯历史错误。这是近年来学界关于物化讨论

---

① 刘森林：《重思"物化"——从 Verdinglichung 与 Versachlichung 的区分入手》，《哲学动态》2012 年第 10 期。

的基本旨趣。如果这个理由成立的话,那么就意味着,对于后发展国家而言,只能跟在资本主义发展模式后面亦步亦趋。后发展国家不可能走出一条超越资本主义文明的新道路。显然,世界各国社会主义运动的发展过程已经证明事实并非如此。将人的自由全面发展作为一种发展理念纳入到社会发展的过程中,无疑能够走出超越资本主义物化的新道路。

如果这些回答还不够深入的话,我们就继续看看区分论究竟能带来什么理论效应。实际上,哈贝马斯关于劳动与沟通的区分、霍耐特关于劳动与承认的区分就是典型代表。当哈贝马斯将卢卡奇的劳动概念等同于工具理性行为,并将工具理性行为的内核理解为人(主体)与自然(客体)的关系行为时,他实际上就指出了劳动是对象化,对象化不是物化。但实际上在卢卡奇那里,劳动不是一个目的理性行为,不是一个人面对自然的关系范畴。因为一旦如此理解,就可能模糊了资本主义社会的阶级属性。在这里,我们并不是要捍卫原本意义上的卢卡奇,而是要思考哈贝马斯批评卢卡奇未能区分对象化与物化,这种批评以及解决之道错失了什么。

显然,这种区分最大的缺陷在于,导致了物化批判中经济与政治的分离。当阿伦特将人的活动分成了劳动、生产与行动的时候,政治与经济的分离就开始出现了。哈贝马斯在此基础上将劳动与沟通分开,就直接导致其认为物化并不在经济系统之中,而在于经济系统的调节机制(货币)侵蚀到生活世界,破坏了沟通机制。反过来说,经济领域的行为只是对象化,而不是物化。物化就不再是经济领域的现象,或者说经济领域的物化就淡出了视线。霍耐特虽然恢复了劳动的规范意义,注意到了劳动中可能出现的蔑视与反抗,但经济领域的物化同样弱化了。这种政治与经济的分离使法兰克福学派的保守性质越来越浓烈。

卢卡奇在物化批判中激烈地反对这种政治与经济的分离。这集中体现在对拉萨尔的批判上。拉萨尔很典型地将经济与国家领域分离开来,认为经济领域具有铁的规律性,因此对工人来说不存在摆脱社会地位的道路。工人唯一的出路只有在人的领域,在国家领域中。在卢卡奇看来,机械地将经济与政治区分开来,忽视了国家的真正本质,就在方法论上堵死了改变现实的目标。“机械地使政治与经济相分离已经使任何一种真正有效的，以整个社会为目标的行动成为不可能，而这整个社会是以这两种因素的不断的、相互制约的作用为基础的。为此，经济宿命论就将禁止在经济领域采取任何深刻的行动，而国家空想主义却使人期待出现奇迹和实行一种离奇而虚幻的政策。”①这就是说，一旦我们认为经济系统是自律的甚至是铁律的，只能追求政治领域中人的实现。这就标志着我们已经陷入资产阶级物化的直接性中，资本主义也就获得了永恒性的外观。

卢卡奇物化批判的思路并不是用对象化反对物化，用作为中性意义上的物化反对作为异化意义上的物化，简单地说不是区分论路向或者规范论路向，而是一种历史批判，也就是指出物化作为人类社会的特定阶段是历史的，而不是永恒的。我们不能停留在非历史的态度，从而不质疑、不批判、不改变这种状态。这也是为什么卢卡奇特别强调物化意识批判。物化意识就是一种非历史的意识，就是将这种物的依赖性视为永恒的，视为不可改变的，从而丧失了超越的维度。更明确地说，放弃了追求人的自由全面发展，放弃了共产主义、社会主义理想，停留在物的依赖阶段。从这个角度讲，我们有理由坚持卢卡奇物化批判的现实意义，这个现实意义集中表现为两点：其一，将社会生活理解为一个整体，尤其反对经济与政治的分离，坚持经济与政治的统一；其二，批判物化意识，强调对物的依赖性阶段的反思与超越。这就直接关涉到对历史哲学问题的理解。

卢卡奇历史哲学思考的问题是如何超越物化，如何超越物的依赖基础上的人的独立性阶段，从而走向人的自由全面发展。这里的关键是无产阶级阶级意识的觉醒，落脚点是无产阶级政党的组织领导。这一点显然被法兰克福学派和当代西方激进哲学有意无意地回避了。

在霍克海默和阿多诺那里，尤其是阿多诺在本雅明灾难史观的影响下，就已经放弃了普遍的历史叙事，强调个体的命运，强调同一性中的非同一性。哈贝马斯同样在后形而上学意义上反对历史的总体性，将历史哲学变成了社会进化理论。哈贝马斯虽然也讨论了卢卡奇的组织理论，

① ［匈］卢卡奇：《历史与阶级意识》，杜章智等译，商务印书馆 1999 年版，第 292 页。

但如前所述，他将组织理解为一个拜物教，并对之展开了激烈批判。霍耐特虽然强调社会进化理论中的斗争维度，虽然也讨论了社会主义理论，但他理解的社会主义实际上就是实现社会自由。社会自由是对资本主义自由、平等、博爱理念的彻底实现。资本主义虽然提出了这些理念，但由于自由和博爱的矛盾使资本主义未能实现这个理念。社会主义意味着这个理念的彻底实现。如此这般理解的社会主义其实就是彻底实现资本主义的规范诉求。因此，我们可以说，法兰克福学派基本上已经放弃了超越物化的历史哲学向度。当代西方激进哲学虽然重新提出历史哲学的超越维度，但同样没有指出这条现实道路，同样没有分析无产阶级政党的组织问题。

这种组织问题的“空场”恰恰是我们必须要重新讨论的核心问题。在这个问题上，我们一方面可以看到卢卡奇政党理论的积极成果，另一方面也可以看到卢卡奇理论分析的不足。

在前面的分析中，我们可以看到，卢卡奇认为组织问题既是人与历史的中介，也是理论与实践的中介。换言之，实现从资本主义向社会主义的过渡，开启新的历史不得不组织起来，不得不将无数个体的力量整合起来，形成合力。这无疑需要无产阶级政党的领导。在这里，我们需要回应一个基本问题，那就是卢卡奇是否仅仅寄希望于阶级意识的觉醒，是否由此陷入了唯心主义。在笔者看来，问题并非如此。

这里包括两个基本问题。其一，实现历史辩证法，超越物化阶段需不需要阶级意识的觉醒。其二，阶级意识的觉醒是否意味着唯心主义。对第一个问题的回答无疑是肯定的。卢卡奇基于物化意识双重非平行性的分析已经清楚地指明了这一点。世界社会主义运动的发展经验更加证明了这一点。无产阶级的革命当然需要无产阶级阶级意识的觉醒。无产阶级的觉醒当然也是一个过程，是一个非同步的过程。因此，无疑需要无产阶级政党先锋队在思想、政治和组织上的领导。对第二个问题的回答无疑是否定的。阶级意识的觉醒并不意味着唯心主义。唯物主义和唯心主义只是在世界观层面的区分。在具体的历史进程中，面对具体的历史情境，物质和精神之间一定是相互作用的。物质的力量离不开精神的力量，精神的力量离不开物质的力量，这并不是唯心主义，而是唯物辩证法的基本要求。我们不能因此就认定卢卡奇陷入了唯心主义。

在笔者看来，从理论上说，卢卡奇关于历史哲学的分析无疑是正确的，关于坚定无产阶级政党的领导也是正确的。这是我们必须继承的思想遗产。问题的关键在于我们不能停留在理论分析层面。我们需要做的是在实践层面将马克思主义辩证法具体化。就此而言，我们不能不看到卢卡奇在实践层面的不足。

如果简要对比卢卡奇所代表的西方马克思主义者和毛泽东所代表的中国马克思主义者，我们就能够更加清楚地看到这一点。应该说，两者基本面对共同的历史境遇，也共同受到十月革命精神的鼓舞，但为什么中国马克思主义者能够取得无产阶级革命的胜利，而西方马克思主义者却陷入失败呢？这里的关键显然并不仅仅在于“什么是马克思主义的正统”，并不仅仅在于“关于组织问题的方法论”，而在于如何运用马克思主义的立场、观点和方法分析具体国情，使马克思主义在每一个方面体现本国的特点，在于无产阶级政党如何根据具体的国情，采取具体的政策，组织群众，建立真正的统一战线。

以毛泽东为代表的早期中国共产党人在学习马克思主义经典时，特别强调将马克思主义与中国实际结合起来，用马克思主义的“矢”来射中国的“的”，做到有的放矢。“共产党员是国际主义的马克思主义者，但是马克思主义必须和我国的具体特点相结合并通过一定的民族形式才能实现。”①读经典是学习，回到马克思主义正统固然重要，但应用也是学习，而且是更重要的学习，不能仅仅在书本上讨生活，不能“言必称希腊”，而对中国的实际问题“漆黑一团”，不能犯教条主义和主观主义的错误。如果说这种将马克思主义中国化的理论要求，与卢卡奇的思想无疑是一致的。但更重要的是在实际的革命过程中贯彻这个要求。显然，受到特定历史条件的影响，卢卡奇并没有在实践中贯彻这个要求，并没有由此展开对匈牙利具体实际的研究。而从《中国社会各阶级的分析》《湖南农民运

---

① 《毛泽东选集》第2卷，人民出版社1991年版，第534页。

动调查》开始，毛泽东就一直致力于研究中国社会经济结构、阶级阶层结构，研究中国无产阶级革命和世界无产阶级革命的关系，研究中国社会的性质、特点，中国革命的任务、目标、动力、途径、领导阶级等具体问题，一直致力于在具体的实际中运用马克思主义，从而走出了具有中国特色的新民主主义革命道路。

在革命的过程中，中国共产党发挥着组织功能。但问题的关键是如何组织领导，如何发动群众。我们可以看到中国共产党基于对中国具体国情的分析，始终将满足人民群众的根本利益放到首位，而不是简单地停留在阶级意识层面，停留在阶级意识的差别上。在《关心群众生活，注意工作方法》中，毛泽东指出，“真正的铜墙铁壁是什么？是群众，是千百万真心实意地拥护革命的群众。这是真正的铜墙铁壁，什么力量也打不破的，完全打不破的。”①这就要求我们，必须在各种具体实践中，充分保障人民群众的经济、政治、文化等权益。只有这样，才能真正发动群众，调动人民群众的积极性，才能根据具体历史任务建立起最广泛的统一战线。在满足人民群众利益方面，经济利益是最为根本的。我们可以看到无论是土地革命时期，还是抗日战争时期，抑或是解放战争时期，中国共产党的土地政策都发挥了至关重要的作用。不同时期的土地政策可能存在这样那样的差别，但不变的是如何最大限度地保证革命阶级的利益，如何最大限度地建立革命阶级的统一战线。因此，问题的关键在于，无产阶级政党在具体的实践中通过经济、政治、文化、社会生活的各项措施，真正满足最广大人民群众物质文化需要，唯有此才能发动群众、组织群众、领导群众。卢卡奇在实践层面的不足显然受到当时具体实践条件的限制，因此，我们的对比分析并不是为了责备或批评卢卡奇，而是为了进一步领会实践对于理论的优先性，领会经典诠释的应用性。

经典诠释的应用性要求我们必须领会世界历史的总体进程，领会世界历史的总体趋势。在这个总体进程中，扬弃物的依赖性基础上的人的独立性阶段，走向人的自由全面发展。实现这一历史任务必须坚持无产

① 《毛泽东选集》第1卷，人民出版社1991年版，第139页。

阶级政党的领导,必须深入到当代中国社会的现实中,分析各个阶级、阶层的生存状况,充分保障人民群众对美好生活的需要,实现社会团结,凝心聚力,共同为这一伟大历史任务而奋斗。这正是在当代中国视域中重新诠释《历史与阶级意识》的理论旨归。

参 考 文 献

外文部分

Georg Lukács, *History and Class Consciousness*, Cambridge: The MIT Press, 1971.

Georg Lukács, *Tailism and the Dialectic—A Defence of History and Class Consciousness*, London: Verso, 2000.

Georg Lukács, *Political Writings, 1919–1929*, London: NLB, 1973.

Georg Lukács, *The Process of Democratization*, Albany: State University of New York Press, 1991.

Max Horkheimer & Theodor W. Adorno, *Dialectic of Enlightenment*, California: Stanford University Press, 2002.

Max Horkheimer, *Eclipse of Reason*, London: Continuum Publishing Company, 2004.

Max Horkheimer, *Between Philosophy and Social Science*, Massachusetts: The MIT Press, 1993.

Theodor Adorno, *History and Freedom*, Cambridge: Polity, 2006.

Theodor Adorno, *Minima Moralia: Reflections from Damaged Life*, London: Verso, 2005.

Theodor Adorno, *Kant's Critique of Pure Reason*, California: Stanford University Press, 2001.

Theodor Adorno, *Negative Dialectics*, London: Routledge, 1973.

Jürgen Habermas, *The Theory of Communicative Action*, *Reason and the Rationalization of Society*, Boston: Beacon Press, 1984.

Jürgen Habermas, *The Theory of Communicative*, *Lifeworld and System*, Boston: Beacon Press, 1987.

Jürgen Habermas, *Postmetaphysical Thinking*, Cambridge: The MIT Press, 1992.

Jürgen Habermas, *The Philosophy Discourse of Modernity*, Cambridge: Polity Press, 1990.

Jürgen Habermas, *Communication and the Evolution of Society*, Boston: Beacon Press, 1976.

Jürgen Habermas, *Theory and Practice*, Boston: Beacon Press, 1973.

Jürgen Habermas, *Knowledge and Human Interests*, Boston: Beacon Press, 1971.

Axel Honneth, *The Pathologies of Individual Freedom*, Princeton and Oxford: Princeton University Press, 2010.

Axel Honneth, *Pathologies of Reason*, New York: Columbia University Press, 2009.

Axel Honneth, *Reification: A New Look at an Old Idea*, New York: Oxford University Press, 2008.

Axel Honneth, *Disrespect: The Normative Foundation of Critical Theory*, Polity Press, 2007.

Axel Honneth, *The Struggle for Recognition*, Massachusetts: The MIT Press, 1995.

Axel Honneth, *The Fragmented World of the Social*, New York: State University of New York Press, 1995.

Axel Honneth, *The Critique of Power*, Massachusetts: The MIT Press, 1991.

Nancy Fraser & Axel Honneth, *Redistribution or Recognition?: A Political-Philosophical Exchange*, London, New York: Verso, 2003.

Slavoj Zizek, *Living in the End Times*, London, New York: Verso, 2010.

Slavoj Zizek, *The Puppet and the Dwarf: The Perverse Core of Christianity*, Massachusetts: The MIT Press, 2003.

Ranciere, *Disagreement: Politics and Philosophy*, Minneapolis: University of Minnesota Press, 1999.

The Essential Frankfurt School Reader, New York: Urizen Books, 1978.

Timothy Bewes & Timothy Hall, *Georg Lukács: The Fundamental Dissonance of Existence*, London: Continuum, 2011.

Michael J. Thompson, *Georg Lukács Reconsidered*, London: Continuum, 2011.

Paul Connerton, *The Tragedy of Enlightenment: An Essay of the Frankfurt School*, Cambridge: Cambridge University Press, 2010.

Christopher Craig Brittain, *Adorno and Theology*, London: T&T Clark International, 2010.

Kevin Floyd, *The Reification of Desire*, Minneapolis, London: University of Minnesota Press,2009.

Fred Rush (ed.), *The Cambridge Companion to Critical Theory*, Cambridge: Cambridge University Press,2004.

Tom Huhn (ed.), *The Cambridge Companion to Adorno*, Cambridge University Press,2004.

Timothy Bewes,*Reification,or the Anxiety of Late Capitalism*,London,New York: Verso,2002.

Bob Cannon,*Rethinking the Normative Content of Critical Theory*, New York: Palgrave,2001.

Michael R.Ott,*Max Horkheimer's Critical Theory of Religion*,Lanham:University Press of America,2001.

John Rees,*The Algebra of Revolution*,London,New York:Routledge,1998.

Joan Alway,*Critical Theory and Political Possibilities*,London:Greenword Press, 1995.

Moishe Postone,*Time,Labor,and Social Domination:A Reinterpretation of Marx's Critical Theory*,Cambridge:Cambridge University Press,1993.

Tom Rockmore, *Irrationalism: Lukács and the Marxist View of Reason*, Philadelphia:Temple University Press,1992.

Seyia Benhabib, *Critique, Norm, and Utopia: A Study of the Foundations of Critical Theory*,New York:Columbia University,1986.

Helmut Dubiel,*Theory and Politics:Studies in the Development of Critical Theory*, London:The MIT Press,1985.

Martin Jay,*Marxism and Totality*,Berkeley:University of California Press,1984.

Andrew Feenerg,*Lukács,Marx and the Sources of Critical Theory*,Oxford,1981.

Andrew Arato & Pual Breines, *The Young Lukács and the Origins of Western Marxism*,The Seabury Press,1979.

Michael Lowy, *Georg Lukács: From Romanticism to Bolshevism*, London: NLB, 1979.

Leszek Kolakowski, *Main Currents of Marxism, Its Origin, Growth, and Dissolution*,Volume Ⅲ,Oxford University Press,1978.

Lucien Goldmann,*Lukács and Heidegger*,London,New York:Routledge,1977.

Karl Lowith,*Marx Weber and Karl Marx*,London,New York:Routledge,1993.

中文部分

《马克思恩格斯文集》第1—10卷,人民出版社2009年版。

《马克思恩格斯选集》第1—4卷,人民出版社2012年版。

《马克思恩格斯全集》第3卷,人民出版社2002年版。

《马克思恩格斯全集》第30卷,人民出版社1998年版。

《马克思恩格斯全集》第31卷,人民出版社1998年版。

马克思:《资本论》(第1—3卷),人民出版社2004年版。

《列宁选集》第1卷,人民出版社2012年版。

《毛泽东选集》(第1—4卷),人民出版社1991年版。

[匈]卢卡奇:《历史与阶级意识》,杜章智等译,商务印书馆1999年版。

[匈]卢卡奇:《小说理论》,燕宏远等译,商务印书馆2012年版。

[匈]卢卡奇:《民主化的进程》,寇鸿顺译,广东人民出版社2013年版。

[匈]卢卡奇:《列宁》,远流出版事业股份有限公司1991年版。

[匈]阿格尼丝·赫勒主编:《卢卡奇再评价》,衣俊卿等译,黑龙江大学出版社2011年版。

[德]霍耐特:《分裂的社会世界》,王晓升译,社会科学文献出版社2011年版。

[德]霍耐特:《自由的权利》,王旭译,社会科学文献出版社2013年版。

[德]黑格尔:《精神现象学》上卷,贺麟等译,商务印书馆1979年版。

[德]黑格尔:《法哲学原理》,范扬、张企泰译,商务印书馆1961年版。

[德]黑格尔:《哲学史讲演录》第四卷,贺麟、王太庆等译,商务印书馆1978年版。

[德]西美儿:《货币哲学》,陈戎女等译,华夏出版社2002年版。

[德]马克斯·韦伯:《新教伦理与资本主义精神》,于晓、陈维纲等译,生活·读书·新知三联书店1987年版。

[德]马克斯·韦伯:《经济与历史:支配的类型》,康乐等译,广西师范大学出版社2010年版。

[德]马克斯·韦伯:《马克斯·韦伯社会学文集》,阎克文译,上海人民出版社2010年版。

[德]罗莎·卢森堡:《卢森堡文选》,李宗禹编,人民出版社2012年版。

[德]汉娜·阿伦特:《人的境况》,王寅丽译,上海世纪出版集团2009年版。

[德]多姆:《于尔根·哈贝马斯》,刘风译,社会科学文献出版社2019年版。

[德]罗尔夫·魏格豪斯:《法兰克福学派:历史、理论及政治影响》,孟登迎等译,上海人民出版社 2010 年版。

[德]康德:《历史理性批判文集》,何兆武译,商务印书馆 1990 年版。

[德]格·施威蓬豪依塞尔等:《多元视角与社会批判:今日批判理论》下卷,人民出版社 2010 年版。

[德]格·施威蓬豪依塞尔:《阿多诺》,中国人民大学出版社 2008 年版。

[德]卡尔·施米特:《政治的浪漫派》,冯克利等译,上海人民出版社 2004 年版。

[德]伽达默尔:《真理与方法:诠释学Ⅰ》,洪汉鼎译,商务印书馆 2007 年版。

[美]哈特、[意]奈格里:《大同世界》,王行坤译,中国人民大学出版社 2015 年版。

[美]汤姆·洛克莫尔:《非理性主义:卢卡奇与马克思主义理性观》,孟丹译,中国人民大学出版社 2014 年版。

[美]莱文:《不同的路径:马克思主义与恩格斯主义中的黑格尔》,臧峰宇译,北京师范大学出版社 2009 年版。

[美]马丁·杰伊:《法兰克福学派史》,单世联译,广东人民出版社 1996 年版。

[南]马尔科维奇编:《实践——南斯拉夫哲学和社会科学方法论文集》,郑一明等译,黑龙江大学出版社 2010 年版。

[法]涂尔干:《社会分工论》,渠东译,生活·读书·新知三联书店 2013 年版。

[法]梅洛—庞蒂:《辩证法的历险》,杨大春等译,上海译文出版社 2009 年版。

[日]广松涉:《物象化论的构图》,彭曦、庄倩译,南京大学出版社 2002 年版。

[英]恩斯特·拉克劳、[英]查特尔·墨菲:《领导权与社会主义的策略——走向激进民主政治》,尹树广、鉴传今译,黑龙江大学出版社 2003 年版。

[英]佩里·安德森:《西方马克思主义探讨》,高铦、文贯中、魏章玲译,人民出版社 1981 年版。

[瑞]瓦尔特—布什:《法兰克福学派史》,郭力译,社会科学文献出版社 2014 年版。

洪汉鼎主编:《理解与解释——诠释学经典文选》,东方出版社 2001 年版。

徐崇温:《西方马克思主义》,天津人民出版社 1982 年版。

杜章智编:《卢卡奇自传》,社会科学文献出版社 1986 年版。

宫敬才:《卢卡奇的哲学思想》,台湾唐山出版社 1993 年版。

张西平:《历史哲学的重建——卢卡奇与当代西方社会思潮》,生活·读书·新知三联书店 1997 年版。

孙伯鍨:《卢卡奇与马克思》,南京大学出版社 1999 年版。

刘秀兰:《卢卡契新论》,西北大学出版社 2000 年版。

张翼星:《为卢卡奇申辩——卢卡奇哲学思想若干问题辨析》,云南人民出版社 2001 年版。

张一兵:《文本的深度耕犁——西方马克思主义经典文本解读》,中国人民大学出版社 2004 年版。

张一兵:《当代国外马克思主义哲学思潮》下卷,江苏人民出版社 2012 年版。

刘卓红:《历史唯物主义新形态的探索——卢卡奇社会存在本体论研究》,人民出版社 2006 年版。

周立斌:《卢卡奇的物化理论及其演变》,中国社会科学出版社 2012 年版。

衣俊卿编:《新马克思主义评论》,中央编译出版社 2012 年版。

刘森林:《物与无:物化逻辑与虚无主义》,江苏人民出版社 2013 年版。

复旦大学当代国外马克思主义研究中心编:《当代国外马克思主义评论》(8),人民出版社 2010 年版。

复旦大学当代国外马克思主义研究中心编:《当代国外马克思主义评论》(14),人民出版社 2017 年版。

宋朝普:《卢卡奇对现代性的批判》,中国社会科学出版社 2014 年版。

邹之坤:《历史辩证法——青年卢卡奇历史唯物主义思想研究》,中国社会科学出版社 2015 年版。

罗纲:《浪漫主义哲学的力度与限度——卢卡奇与德国早期浪漫派的比较研究》,华南理工大学出版社 2018 年版。

陆凯华:《悲剧的终结与新生:青年卢卡奇悲剧理论研究》,复旦大学出版社 2018 年版。

燕宏远:《沉思与批判——卢卡奇走向马克思的道路》,社会科学文献出版社 2020 年版。

后　　记

博士论文虽与老师们的期待、与我自己的预期还有很大差距，但即使这样一个速成的“粗糙品”，凝结了无数老师、亲友、同学的关心与帮助，在此一并表示感谢。

首先要感谢的是我的导师陈学明教授。如果没有导师不嫌我的愚钝，我是不可能进入复旦大学学习的。如果我不来复旦大学学习，也就没有了这篇论文和复旦大学学习生活中的一切。所以，我一直认为自己的点滴进步都应视为对恩师知遇之恩的回报。三年来，陈老师对我的关心不能简单归结为给我讲述西方马克思主义原著和前沿问题这些课程，不能简单归结为把我带到了西方马克思主义领域，也不能简单地归结为帮我修改开题报告、中期考核报告、论文初稿等，虽然毫无疑问，在这些环节中，导师都给了我细心的指导。陈老师对我的关心更多地体现为一种操心，一种对我的生活学习、生存发展，甚至是前途命运的操心。这种操心与我生活学习的每一方面、每一环节紧密相连。因此，操心就本质性地与欢喜、欣慰、不安、甚至焦虑等联系在一起。这种操心如师如父，塑造了我的新的生命历程。

感谢俞吾金老师。来复旦大学求学之前，我就经常阅读俞老师的文章。甚至可以说，我对马克思哲学的理解是通过俞老师的论著中介的。俞老师是我理解马克思哲学的引路人之一。来复旦读书后，每次听俞老师说话，总是能感受到智慧的流淌，总是能在睿智的“笑话”中，感受到轻松与严谨。感谢汪行福老师给我的帮助，无论是课上，还是课下，汪老师总是热情地答疑解难。感谢王凤才老师在德国访学期间还抽空给我的论文提出了建设性修改意见。

感谢张双利老师,听张老师的课是一种享受,也是一种鞭策,常常被她犀利的问题惊出冷汗,但她爽朗的笑声总是给人温暖和阳光。聆听张老师的教诲,是我莫大的荣幸。感谢复旦大学当代国外马克思主义研究中心的林晖老师、鲁绍臣老师、吴猛老师等,他们都给了我无私的帮助。

感谢复旦哲学学院所有帮助过我的老师,尤其是教学办、学工办、外马中心、资料室的老师们。感谢复旦大学各个岗位上的老师们。正是老师们的辛苦奉献,才有了我们优越的学习生活环境。感谢哲学 11 博士班的所有同学,尤其是我的室友彪哥、张默和爱民。

感谢我的硕士生导师张传开老师。感谢我的父母、岳父母、家人和我的妻子。感谢在我的成长过程中关心和帮助过我的人。谢谢你们!

单传友

复旦大学哲学学院资料室

2014 年 6 月 5 日

补　　记

摆在读者面前的这部著作是在我的博士论文基础上修改完成的。还记得 2014 年博士论文答辩时各位专家给出的修改意见，还记得这么多年来我的导师陈学明先生一直督促我尽快修改，早日出版，但囿于本人学识能力的限制，修改的过程变成了一场马拉松，漫长而痛苦。如果不是导师的不断催促，如果不是学界各位师友的不断帮助，恐怕这本书稿还会一直停留在我的电脑中。师恩难忘，尤其是出版之际，邀请陈老师作序他爽口答应之时，尤其是读到陈老师发来的序言，一幕幕往事映入眼帘。愧对恩师厚爱，唯有不断努力！

虽然我已尽力修改完善拙著，但难免还有这样或那样的错误，敬请学界同人批评指正！

博士毕业虽已多年，但学术的道路才刚刚开始，我也一直在探索摸索。感谢学界各位师友对我的帮助。感谢安徽师范大学马克思主义学院在出版时给予的各种支持。特别感谢人民出版社孔欢博士的帮助，没有他的鼎力帮助和全力支持，就没有这本书的问世。

路漫漫其修远兮，吾将上下而求索！

单传友

江城芜湖

2022 年 7 月 16 日

责任编辑：孔　欢
封面设计：王欢欢

图书在版编目（CIP）数据

经典诠释视域下的《历史与阶级意识》/单传友 著. —北京：人民出版社，
2023.4
ISBN 978－7－01－025626－9

Ⅰ.①经…　Ⅱ.①单…　Ⅲ.①唯物辩证法-研究　Ⅳ.①B024

中国国家版本馆 CIP 数据核字（2023）第 068038 号

经典诠释视域下的《历史与阶级意识》
JINGDIAN QUANSHI SHIYU XIA DE LISHI YU JIEJI YISHI

单传友　著

人民出版社 出版发行
（100706　北京市东城区隆福寺街 99 号）

北京汇林印务有限公司印刷　新华书店经销

2023 年 4 月第 1 版　2023 年 4 月北京第 1 次印刷
开本：710 毫米×1000 毫米 1/16　印张：17.75
字数：256 千字

ISBN 978－7－01－025626－9　定价：79.00 元

邮购地址 100706　北京市东城区隆福寺街 99 号
人民东方图书销售中心　电话（010）65250042　65289539